Carolin Länger

# Im Spiegel von Blindheit

# Qualitative Soziologie · Band 4

Herausgegeben von

Klaus Amann

Jörg R. Bergmann

Stefan Hirschauer

Die Reihe 'Qualitative Soziologie' präsentiert ausgewählte Beiträge aus der qualitativen Sozialforschung, die methodisch anspruchsvolle Untersuchungen mit einem dezidierten Interesse an der Weiterentwicklung soziologischer Theorie verbinden. Ihr Spektrum umfasst ethnographische Feldstudien wie Analysen mündlicher und schriftlicher Kommunikation, Arbeiten zur historischen Sozialforschung wie zur Visuellen Soziologie. Die Reihe versammelt ohne Beschränkung auf bestimmte Gegenstände originelle Beiträge zur Wissenssoziologie, zur Interaktions- und Organisationsanalyse, zur Sprach- und Kultursoziologie wie zur Methodologie qualitativer Sozialforschung und sie ist offen für Arbeiten aus den angrenzenden Kulturwissenschaften. Sie bietet ein Forum für Publikationen, in denen sich weltoffenes Forschen, methodologisches Reflektieren und analytisches Arbeiten wechselseitig verschränken. Nicht zuletzt soll die Reihe 'Qualitative Soziologie' den Sinn dafür schärfen, wie die Soziologie selbst an sozialer Praxis teilhat.

# Im Spiegel von Blindheit

Eine Kultursoziologie des Sehsinnes

von Carolin Länger

 Lucius & Lucius · Stuttgart

Anschrift der Autorin:

Carolin Länger
Spindelstr. 89 H
33604 Bielefeld

Die Deutsche Bibliothek - CIP-Einheitsaufnahme

**Länger, Carolin :**
Im Spiegel von Blindheit : eine Kultursoziologie des Sehsinnes / von Carolin
Länger. - Stuttgart : Lucius und Lucius, 2002
    (Qualitative Soziologie ; Bd. 4)
    Zugl.: Bielefeld, Univ., Diss.
    ISBN 3-8282-0223-3

© Lucius & Lucius Verlagsgesellschaft mbH, Stuttgart 2002
    Gerokstr. 51, D-70184 Stuttgart
    www.luciusverlag.com

Druck und Einband: Ebner & Spiegel GmbH, Ulm-Böfingen

Printed in Germany

# Inhalt

# 1    Blindheit als kulturelles Phänomen

Wenn ich Bekannten von meinem Forschungsvorhaben erzählte, Blinde zu untersuchen, reagierten die meisten sehr redselig. Oft kam ich kaum zu Wort. Ein häufiger Kommentar lautete: „Die hören bestimmt sehr gut." Dem folgte häufig ein Vortrag über das menschliche Gehör – bis hin zu fachkundigen Bemerkungen über das Echolotsystem von Fledermäusen. Eine weitere Reaktion bestand in einer 'Ich kenne auch einen'- Geschichte: „Der Freund von meinem Schwager, der ist blind, das ist ein ganz Netter. Toll, wie der das alles macht! Also, ich würde mich nicht mal trauen, eine Straße zu überqueren..." Wenn es mir dann irgendwann gelang, meine Selbstversuche unter einer Augenbinde anzubringen, konnte ich mich gelassen zurücklehnen. Ich sammelte zahllose Geschichten aus der Jugend bzw. Kindheit der Erzählenden: Von „Blinde Kuh"-Spielen, Hüpfwettkämpfen mit einem Tuch vor den Augen, Erlebnissen bei einer Nachtwanderung im Winter 1976 bis zur Anekdote von der vierjährigen Tochter, die sich letzten Sonntag die Augen mit den Händen zuhielt, wegdrehte und begeistert schrie: „Ich bin nicht da! Ich bin nicht da!"

Blindheit scheint für Sehende anders als manche andere Behinderung ein Quell der Inspiration und Faszination zu sein. Nichts zu sehen ist für viele unvorstellbar und fremdartig. Schließlich beruhen viele elementare Dinge des Lebens auf 'Optik' bzw. Sichtbarkeit, wie z.B. der erste Schöpfungstag oder das cremefarbene Abendkleid. Die Versuche von Sehenden, Brücken zu eigenen Erfahrungen zu bauen, kreisen dementsprechend meist um das Thema 'Licht und Finsternis'. Es gehört zum Common Sense, Blindheit als Schattenseite des Sehens zu betrachten bzw. als einen Defekt der Augen oder des Sehzentrums im Gehirn, der im Körper 'sitzt'. Auch Professionellen gilt es als gesichertes Wissen, dass es sich bei Blindheit um einen Sinnesverlust handelt, was impliziert, dass 'Sichtigkeit' eine normale Funktion des menschlichen Körpers ist: Der Augensinn oder Sehsinn wird als naturgegeben verstanden. Eben dieser Annahme wird meine Geschichte über Blindheit nicht entsprechen.

Das Leitmotiv dieses Buches liegt in dem Versuch, Blindheit einmal nicht von vornherein mit einem Zustand von 'Lichtlosigkeit' zu identifizieren. Diese Bestimmung beinhaltet schließlich, dass man eher über sich als *Sehende* als über Blinde spricht: Die Feststellung von Dunkelheit rekurriert auf eine optische Erfahrung. *Blinde* leben *NICHT* in einer dunklen Welt. Ich wollte aber etwas über Blindheit in Erfahrung bringen. Dabei zeigte sich natürlich, daß es ebenso aussichtslos ist eine 'echte' Blindheit entdecken zu wollen, die vollkommen verschieden ist von der Welt des Sichtbaren. Die Rückbindung von Blindheit an Sichtigkeit lässt sich als Referenzrahmen nicht ignorieren: Blindheit wird kulturell effektiv über Sichtigkeit bestimmt. Um eine *kulturalistische* Beschreibung von Blindheit zu erreichen, betrachtete ich deswegen genau diese Beziehung und machte die selbstverständlichen Annahmen über den Sehsinn zum Teil dieser Untersuchung. Ihre Pointe sei vorweggenommen. Unsere Annahmen über das Sehen entstammen einem Mythos des Offensichtlichen, mit dem der Sehsinn naturalisiert wird. Eine Natur des Sehens gibt es nicht. Nur, wer mit dieser Annahme bricht, kann etwas über Blindheit in Erfahrung bringen.

Bislang wurde Blindheit fast ausschließlich von medizinischen, psychologischen und (blinden)pädagogischen Disziplinen untersucht. Gemeinsam ist fast allen Arbeiten, dass sie – mehr oder weniger ausgeprägt – Blindheit als eine Funktionsstörung im Körper lokalisieren. Blindheit wird innerhalb dieser Studien als ein anthropologisches Faktum des menschlichen Körpers behandelt – auch wenn man sowohl bei den Auswirkungen der Erblindung als auch bei der Erforschung ihrer Ursachen davon ausgeht, dass eine „Vielzahl endogener und exogener Faktoren" (Lang 1995: 88) ausschlaggebend ist. Die daran anschließenden Forschungsfragen zielen auf eine Untersuchung der (Rest-)Sinne (Senden 1932, Erismann 1951), auf entwicklungspsychologische Unterschiede zwischen sehenden und blinden Kindern (Fraiberg 1977) sowie auf (Früh-)Förderungsmöglichkeiten für Blinde (Gosch/Brambring 1996, Nielsen 1993). Im Gegensatz zu Ansätzen, deren erkenntnisleitendes Interesse von Funktionsstörungen des Körpers ausgeht, suchte ich einen wissenssoziologischen Ansatzpunkt, mit dem eine *Soziogenese* von Blindheit fokussiert werden kann.

In soziologischen Foren wurde Blindheit bislang nur unter dem Aspekt der 'Behinderung' thematisiert. Dies geschieht etwa in der Medizinsoziologie, im Kontext der 'Randgruppenforschung', der Soziologie 'sozialer Probleme' oder des abweichenden Verhaltens (Bendel 1999: 301). Die Studien widmen sich einem 'Merkmal Behinderung', denn: „Krankheit und Behinderung sind... nicht nur biologische Zustände von Individuen (...), sondern soziale Kategorien" (Neumann 1995: 23). Daran anschließend werden Strukturelemente des Gesundheitswesens und der medizinischen Behandlung von Gesundheit, Krankheit und Behinderung (Parsons 1968) eruiert. Die Lebenssituation Behinderter wird in Bezug auf wohlfahrtsstaatliche oder ökonomische Gesichtspunkte fokussiert (Runde/Heinze 1979). Oder es werden Aspekte einer sozialen Benachteiligung verfolgt, die zusätzlich vor dem Hintergrund der Geschlechterproble-

matik untersucht werden: „Geschlecht: Behindert. Besonderes Merkmal: Frau"
(Boll/Degner 1985).

Diesen Untersuchungen, die versuchen, 'Behinderung' als ein strukturelles
Problem zu erfassen, stellt sich allerdings ein erkenntnistheoretisches Problem.
Die Studien müssen jeweils ein bestimmtes Sample von Merkmalen voraussetzen, mit dem eine Personengruppe identifiziert wird. Die Frage nach der Lebenssituation Behinderter z.B. enthält eine Fülle von Vorannahmen, die Eigenschaften einer 'behinderten Person' bereits festlegen – was ebenso für Ansätze
zutrifft, die von einer „Kranken- bzw. Behindertenrolle" (Bendel 1999) ausgehen.[1] Eine Studie über Blinde würde dementsprechend die heute üblichen amtlichen bzw. medizinischen Klassifikationen von 'Personen mit Sehdefekten'
übernehmen. Damit bleibt allerdings die Frage unbeantwortet, wie diese Kategorien überhaupt entstehen.

Einen Ansatz, der soziale Entstehungsmechanismen von 'Behinderungen'
miteinbezieht, entwickelte die Devianz- und Stigmaforschung, die in den 70er
Jahren entstand und sich insbesondere an einer Arbeit von Erving Goffman
orientierte: „Stigma. Über Techniken der Bewältigung beschädigter Identität".[2]
Ein Stigma wird von Goffman als eine Relation beschrieben, die zwischen einem diskreditierbaren Merkmal einer Person und einem diskreditierten Stereo-
typ sozial hergestellt wird (Goffman 1994: 11). Eine Behinderung wird demzufolge weniger als natürliches, sondern als ein soziales Datum betrachtet, das
durch Stigmatisierungen mit entsprechenden Verhaltenserwartungen festgelegt
wird. Die wenigsten Arbeiten verfolgen allerdings die von Goffman angesto-
ßene Frage, wie der 'natürliche Tatbestand', behindert zu sein, denn situativ
hervorgebracht wird: „The Making of Blind Men" (Scott 1969).[3] Vielmehr wird
das Stigmakonzept auf ein kognitives Problem reduziert: „Die Zuweisung des

---

[1] Auf die Unterscheidung von 'Krankheit' und 'Behinderung' werde ich nicht weiter eingehen.
Ein minimaler Nenner der laufenden Diskussionen besteht darin, dass eine Behinderung als nicht
heilbar, d.h. im Sinne des Gesetzes als eine nicht vorübergehende Einschränkung betrachtet wird
(Häußler u.a. 1996). Vgl. weiterführend zur Kritik an der Konzeption von Krankheit bei Parsons:
Gallagher (1976) und Bendel (1999).

[2] Vgl. die hervorragend recherchierte Dissertation von Klingmüller (1990) zu Quellen und
Rezeption von Goffmans „Stigma" (1994).

[3] Die Arbeitsweise von Goffman wird am konsequentesten von Krähenbrühl (1977) verfolgt.
Seine Reformulierung von „Stigma" ist insgesamt bemerkenswert, da sie mit autobiografischem
Material des späterblindeten Autors arbeitet. Krähenbrühl fügt der Unterscheidung einer persönlichen und sozialen Identität bei Goffman (1994: 10ff; 67ff) eine „endogene Identität" (Krähenbrühl 1977: 45) hinzu, mit der er Selbst- und Fremdwahrnehmungen Blinder beschreibt. Seine
'Blindenperspektive' bleibt jedoch innerhalb des gängigen sinnesphysiologischen Verständnisses,
wodurch das Verständnis von Blindheit als Sinnesdefekt naturalisiert wird. Krähenbrühl gelingt es
aber, das Thema Blindheit konsequent aus der Perspektive von Goffman durchzuspielen und
damit eindringlich alltagsrelevante Problemzonen von Blinden zu illustrieren.

Stigmas 'behindert'" (Neumann 1995: 29). Offen bleibt dabei die Frage, wie ein bestimmtes Stigma zu einem diskreditierbaren Merkmal wird: In manchen Ländern wird z.B. Korpulenz als eine unnatürliche Verfassung des Körpers betrachtet, die z.B. durch Schonkost und Fitnesstraining wieder normalisiert werden soll. In anderen Ländern wird 'Leibesfülle' als Zeichen von Reichtum und damit als ein prestigeträchtiges Äusseres behandelt, das es zu pflegen gilt (Goffman 1994: 12). Die Anlässe und Begründungen von Stigmatisierungen sind demzufolge mannigfaltig und fluktuierend.[4] Goffman untersuchte deswegen gerade nicht die Zuschreibungsinhalte, sondern die Praktiken, die ein Stigma 'sichtbar' werden lassen, um zu ergründen, wie ein Stigma zu einem Stigma wird.

Mit dieser Herangehensweise gelingt es zwar einerseits, Stigmatisierungen innerhalb eines kulturellen Referenzrahmens zu verorten, unabhängig davon, ob es sich um das Vorstrafenregister einer Person, eine Hasenscharte oder um Taubheit handelt. Gerade im Bereich körperlicher Abweichungen ziehen sich an dieser Stelle ansonsten die meisten Studien diskret zurück: Eine Beinamputation führt quasi natürlicherweise zu Verhaltensauffälligkeiten der Betrachter. Andererseits verwendet Goffman aber einen Erklärungsansatz, der gerade für Blinde schwer nachvollziehbar ist: Er geht von der Sichtbarkeit eines Stigmas aus. In seiner Untersuchung setzt er dadurch implizit eine bestimmte Wahrnehmung von Personen und Situationen – und damit eine bestimmte sinnesphysiologische Konstitution des Körpers – als natürlich voraus: Die von Sehenden.[5]

Insbesondere durch die Übernahme 'biologischer Fakten' bleiben damit innerhalb soziologischer Studien elementare Forschungsfragen in Bezug auf die soziale Genese von Behinderungen unbeantwortet. Sie werden als ein amorphes (halb)soziales Phänomen konzipiert und erhalten „eine eigentümliche Doppelnatur in Form einer biologisch-medizinischen und einer soziologischen Perspektive, die üblicherweise mit dem Begriffspaar Schädigung (Beeinträchtigung) vs. Behinderung (Benachteiligung) charakterisiert wird" (Bendel 1999: 302).

---

[4] Zuschreibungen können sich empirisch deswegen nicht durchgängig bestätigen, wie z.B. die, Behinderte würden latent oder manifest viktimisiert, da mit Stigmatisierungen gleichzeitig Identitätsschädigungen unterstellt werden: „Einige Autoren fanden überraschend positive Selbstbilder (...) bei Behinderten" (Neubert/ Billich/ Cloerkes 1991: 673).

[5] Goffman spricht zwar von der „entziffernden Fähigkeit des Publikums" (1994: 67), die nicht nur optische Praktiken einschließt, sondern die Erkennbarkeit eines Stigmas meint, z.B. die Sprachauffälligkeit eines Stotternden. Insgesamt setzt Goffman aber in seinen Beschreibungen von Situationsabläufen ein kognitives Erkennen von Personen voraus, das wiederum mit optischem Wissen gleichgesetzt wird. Auf die Frage, wie face-to-face-Situationen untersucht werden können, ohne visuelle Vorannahmen zugrundezulegen, werde ich ausführlich in Kapitel 4 und 5 eingehen.

Mit dieser Eigentümlichkeit beschäftigt sich meine Untersuchung. Ihr Ausgangspunkt wurde von der Körperhistorie und Geschlechterforschung inspiriert, die ebenfalls versuchen, ein biologisch definiertes Phänomen innerhalb sozialer Kontexte zu relokalisieren. Die Diskussion um 'sex' und 'gender' problematisierte, dass Körper nicht als eine „vorsoziale Materie" (Butler 1991: 22) verstanden werden können[6], die durch geschlechtercodierte Verhaltensweisen nur unterschiedlich kulturell überformt werden. Das Verhältnis stellt sich genau umgekehrt dar: Eine Geschlechterdifferenz wird erst über Körperdarstellungen sozial fortgepflanzt (Hirschauer 1994). Körper können folglich nicht als ein immer gleicher Rohstoff begriffen werden, der nur einmal mehr, einmal weniger sexuiert oder schambesetzt wird. Das Gleiche gilt für die sinnesphysiologische Ausstattung des Körpers. 'Die Sinne' reichen von Annahmen über den Sehstrahl oder die fünf inneren Sinne, dem Herz als Sitz von Erfahrungen bis zu Computertomographien des Gehirns. Diese Mannigfaltigkeit von Phänomenen nötigt dazu, eine sozialkonstruktivistische Betrachtung der Sinne ernst zu nehmen: Wenn Blindheit immer primär als körperlicher Defekt oder Funktionsstörung des Sehens untersucht wird, bleibt die Frage unbeantwortet, wie denn 'die Sinne' sozial konstituiert werden. In dieser Studie wird Blindheit deswegen als ein kulturelles Phänomen behandelt, das es in seinen Eigenheiten erst noch zu entdecken gilt.

Diese Herangehensweise verlangt erstens eine erkenntnistheoretische Position, die Blindheit als ein soziales Ereignis 'durch und durch' versteht. Das Merkmal 'leere Augenhöhlen' wird als kulturelles Zeichen (Kessler/ McKenna 1978: 155)[7] behandelt. Die Untersuchung von Blindheit findet damit aus einer kulturalistischen Perspektive statt, die sich ontologischer Aussagen über Blinde enthält. Die alltagsweltlichen Irritationen werden dagegen als „epistemologische Verunsicherung" (Nassehi 1999: 350)[8] genutzt, um natürliche Seinsgewissheiten

---

[6] Die Formel, Biologie sei Schicksal, wurde von der Formel, Kultur sei Schicksal, abgelöst (Butler 1991: 25). Vgl. einführend zur Diskussion um 'sex' und 'gender': Feministische Studien (1993-2) und Wobbe/ Lindemann (1994); zu körperhistorischen Arbeiten: Duden (1991), Laqueur (1992), zu Diskussionen um die Sozialität von Körpern: Hirschauer (1993) und Lindemann (1993). Gerade die Diskussionen um die Konstruktion des Körpers mündete in der deutschsprachigen Geschlechterdiskussion häufig in einem falsch verstandenen Sozialkonstruktivismus. Die Tatsache, dass ein 'Geschlechtskörper' sozial hergestellt wird, bedeutet gerade nicht, dass es sich nicht um 'gelebte Materie' handelt. Essentialismus und Konstruktivismus stehen in einem Bedingungs- und nicht in einem Ausschlussverhältnis.

[7] Kessler/ McKenna (1978) formulierten den Begriff im Kontext der Geschlechterforschung. Im Gegensatz zu einem Verständnis von Geschlechtsinsignien als natürliche Zeichen verweisen sie auf die Bedeutung von Praktiken, durch die Geschlechtsorgane als kulturelle Zeichen signifikant werden.

[8] Der Essay von Nassehi über Aufgaben und Ziele der heutigen Wissenssoziologie, durch die „mit liebgewordenen Sicherheiten, mit vertrauten Ordnungen, mit gewöhnlichen Seh-Erkenntnis-

von Sehenden zu hinterfragen – und Blindheit als erklärungsbedürftiges Phänomen zu untersuchen.

Dieses Buch ist zweitens wissenssoziologisch angelegt: Weder Blindheit noch Sichtigkeit werden als natürliche Tatsachen behandelt.[9] Eine ernsthafte Soziologisierung von Blindheit zieht notwendig eine Rekonstruktion 'des Sehsinns' nach sich: als ein Set von Praktiken, mit denen optische Sinnzusammenhänge hergestellt werden. Ansätze für ein solches Verständnis von Methoden der Sichtbarmachung bzw. von Praktiken des Sehens innerhalb einer Kultur finden sich bislang fast ausschließlich in der Wissenschaftssoziologie.[10] Die Arbeiten beschäftigen sich aber nur nachgeordnet mit der Soziogenese des *alltäglichen* optischen Hintergrundwissens, an das die Wissenschaftspraxis anschließt.[11] Eine visuelle Soziologie des Alltags muss folglich erst noch geschrieben werden (Amann 1997, vgl. dazu auch: Evans/ Hall 1999). Die Explikation und damit die Denaturalisierung von alltagstheoretischen Annahmen über die 'Natur des Sehens' wird deswegen zu einer zentralen *Neben*beschäftigung dieser Arbeit: Die Untersuchung von Blindheit führt zu einer Kultursoziologie des Sehsinns.

Mit dieser strategischen Symmetrisierung von Blindheit und Sichtigkeit soll allerdings die bestehende Handlungsasymmetrie keinesfalls ignoriert werden: Blinde werden anders behandelt als Sehende. Diese Andersartigkeit wird als sozialer Herstellungsprozess explikationsbedürftig. Nichtsehende[12] leben

---

gewohnheiten" (Nassehi 1999: 349f) aufgeräumt werden soll, übersieht allerdings die letzten Jahre mikrosoziologischer und insbesondere ethnographischer Forschung, in der seine Forderung nach einer reflexiven Wissenschaft (vgl. ebd.: 360) schon längst Praxis ist. Sein Plädoyer lässt Transsexuelle, Klone und Migranten deswegen etwas leicht Voyeuristisches anhaften: Man schielt über den Zaun zu den 'Exoten' und staunt, was man jenseits des Mainstreams alles entdecken könnte.

[9] Dieses Prinzip der Symmetrisierung entnehme ich der wissenssoziologischen Wissenschaftsforschung, die sich seit den 70er Jahren mit epistemischen Praktiken insbesondere der Naturwissenschaft beschäftigt (Heintz 1993: 528). Bloor (1976) formulierte im Anschluss an Mannheim eine Programmatik der Wissenssoziologie, in der er das Prinzip der Symmetrisierung als eine Forschungsprämisse folgendermaßen begründet: „It would be *symmetrical* in its style of explanation. The same types of cause would explain, say, true and false beliefs" (ebd.: 7).

[10] Exemplarisch genannt seien: Mulkay (1979), Woolgar (1988), Knorr-Cetina (1988), in Bezug auf Methoden der Sichtbarmachung insbesondere: Latour (1986), Law/ Lynch (1990), Lynch (1985, 1990), sowie Amann/ Knorr-Cetina (1990). Darüber hinaus finden sich zunehmend historische Arbeiten über den Sehsinn wie z.B. über Formen des Blickens und über Theorien des Sehens: etwa Duden (1995), Simon (1992).

[11] Vor allem Law/ Lynch (1990) widmen sich Praktiken, mit denen ein 'soziales Programm der Wahrnehmung' in der Wissenschaft im Anschluss an Alltagspraktiken konstituiert wird. Wahrnehmungen werden in letzter Instanz allerdings mit Wittgensteins 'Sprachspielen' analogisiert. Law/ Lynch gelingt damit zwar einerseits, optische Wahrnehmungen als eine reflexive Entzifferungstätigkeit zu begreifen, andererseits akzentuieren sie mit der Textmetaphorik der Interpretation von Welt wieder einen Leser und etwas Betrachtetes, was einem interaktionistischen Fokus auf Praktiken eher im Wege steht.

[12] Der Begriff 'Nichtsehende' wird im Zuge der Arbeit für Blinde verwendet, um die übliche alltagsweltliche Identifikation von Blinden als Träger bestimmter Merkmale während des Lesens

schließlich nicht in einem asozialen Raum, sondern in einer kulturellen „Infrastruktur" (Hirschauer 1994: 680). Diese Infrastruktur reicht von face-to-face-Ausrichtungen in Gesprächen bis zu zahllosen Artefakten wie dem Passfoto einer Person, dem formästhetischen, aber leider unbequemen Designerstuhl, dem Bewegungsmelder an der Haustür bis zu farblich abgestimmten Kleideretiketten. Innerhalb dieser Infrastruktur kann Blindheit immer nur *in Relation* zu Sichtigkeit existieren. Die Studie fokussiert deswegen genau diese *Beziehung.* Die kulturellen Entstehungsorte der Differenzbildung von Blindheit und Sichtigkeit werden untersucht.

## 1.1    Die Studie und ihre Methoden

Eine kulturalistische und wissenssoziologische Explikation von Blindheit ist methodisch ein anspruchsvolles Unterfangen. In Untersuchungen, in denen Blindheit als Körperdefekt behandelt wird, besteht das methodische Problem überspitzt formuliert vorrangig darin, geeignete Messverfahren zu finden, um z.B. die Frequenzbereiche des Hörvermögens in einer schalltoten Kammer zu prüfen (Domes 1957: 140). Vor allem aber verfügt man über einen eindeutigen Ansatzpunkt und Ort für eine Untersuchung: Man erforscht Körperfunktionen. Mit der Frage nach der sozialen Genese und der kulturellen Praxis von Blindheit ist dagegen zunächst völlig offen, *wo* Blindheit sitzt.

Forschungspraktisch spitzt sich das Problem einer wissenssoziologischen Untersuchung von Blindheit noch weiter zu. Ein Kommentar von Kollegen veranschaulicht – wenn auch ungewollt – das methodische Dilemma: „Wie kannst du denn als Sehende Blinde untersuchen?" Konzeptionell zielt der Einwand zwar an meinem erkenntnisleitenden Interesse vorbei, Blindheit gerade nicht authentisch nachzuvollziehen, sondern die Unterscheidungspraxis von 'Sehenden' und 'Blinden' untersuchen zu wollen. Zurück bleibt aber die Frage, welche Instrumentarien es erlauben, eine Differenz zur üblichen ‚Sehendenperspektive' herzustellen bzw. es ermöglichen, eine dritte Position zu entwickeln, von der aus Blinde *und* Sehende betrachtet oder beschrieben werden können. Der Kommentar trifft insofern das grundsätzliche methodische Problem der Verwicklung von Alltagspraktiken und wissenschaftlichen Methoden.

---

zumindest zu irritieren bzw. zu verzögern. Im Zuge der theoretischen Symmetrisierung werden Sehende dementsprechend alternativ als 'Nichtblinde' bezeichnet.

Die Untersuchung musste aber noch eine weitere Hürde überwinden. Ich hoffte, Abstand von 'Visualismen' dadurch zu erreichen, dass ich optische Praktiken mit blindenspezifischen Beschreibungs- bzw. Codierungsformen kontrastiere. Die sind aber selten anzutreffen, da Blinde einfach die Alltagssprache nutzen: „Das muss ich mir jetzt mal ansehen." Darüber hinaus verwenden Blinde keine kollektiven Formen, um z.B. ein 'liebevolles Lächeln' haptisch zu vermitteln. Im Gegensatz zu Gehörlosen, die über zahlreiche Gebärdensprachen verfügen (Sacks 1992), verwenden Blinde lediglich ein eigenes Schreibsystem, das Braille[13], bei dem die einzelnen Buchstaben des Alphabets als Variation aus sechs Punkten erhaben auf Papier gedruckt werden. Blindenspezifische Ausdrucksformen, die z.B. ein nicht-optisches Farbverständnis, Geruchseindrücke oder nonverbale Gesten kennzeichnen, bilden aber die Ausnahme.[14] In Gesprächen ergibt sich dadurch eine besondere Form von Fremdsprachendialog: Man spricht zwar die gleiche Sprache, die Semantik, welche die Beteiligten jeweils zugrunde legen, ist aber verschieden. Der gemeinte Sinn von Äußerungen bleibt dadurch ambivalent. Diese semantische Differenz kann auch nicht durch die elaborierten Beschreibungen von Blinden seitens der zahlreichen Expertengruppen[15] wie z.B. der Ärzte, Psychologen oder Mobilitätstrainerinnen[16] überbrückt werden. Innerhalb einer wissenssoziologischen Studie sind deren Beschreibungen Teil der Herstellung von Blindheit und Sichtigkeit: Sie sind Gegenstand der Untersuchung.

---

[13] Louis Braille (1809–1852) entwickelte das 6-Punktsystem, das sich ebenfalls zur Umschrift von Noten eignet. Vorher wurden Schriftsysteme wie z.B. der Linienhochdruck (erhabene Buchstabentexte), die Moon-Schrift oder das System Barbier (12-Punkte-Code) verwendet (Mosel 1995: 42-47).

[14] Poetische Ausnahmen, die nicht-optische Erfahrungen eindrücklich schildern, finden sich z.B. bei Helen Keller (1977) oder bei Jacques Lusseyran (1989). In mancher blindenpädagogischen Literatur werden sie als prototypische Vertreter zitiert (Schlegel 1995), womit jedoch eher eine Mystifizierung von Blindheit gefördert wird und Vorurteilen von einer homogenen Gruppe 'der Blinden' Vorschub geleistet wird als ein Verständnis für die Heterogenität einer Gruppierung zu fördern, die nicht zuletzt gerade dadurch entsteht, dass man über kein eigenes Mitteilungssystem verfügt.

[15] Zur Bezeichnung von Berufsgruppen wird innerhalb der Arbeit die männliche bzw. weibliche Schreibweise verwendet, um auf die Vergeschlechtlichungspraxen bestimmter Professionen (Wetterer 1992) zu verweisen. Auf eine geschlechtsnivellierte bzw. ausgleichende Schreibweise des weiblichen Plurals wird darüber hinaus verzichtet, um 'Geschlecht' nicht an Stellen zu betonen, an denen es nur eine nachgeordnete Relevanz besitzt.

[16] Beim Mobilitätstraining handelt es sich um eine spezielle Form von Verkehrserziehung, bei der Blinde und Sehbehinderte lernen, sich selbständig im Straßenverkehr zu bewegen. Entwickelt wurde das Training vor circa 40 Jahren im Zuge des Zweiten Weltkrieges in den USA. Es verbreitete sich anschließend im 'Zivilblindenwesen'. Seit den 70er Jahren werden auch in Deutschland Trainer ausgebildet. In den USA gibt es heute acht Universitäten, die Trainer ausbilden, in der BRD zwei Institute, eines in Marburg und eines in Hamburg (Hug 1990: 4).

Die kurzen Ausführungen in Bezug auf Zugangsoptionen verdeutlichen, wie hochgradig selbstbezüglich eine Untersuchung von Blindheit/ Sichtigkeit ist: Der Sprachgebrauch der Untersuchten umfasst Formulierungen, für die wir gemeinhin optische Erfahrungen voraussetzen. Deshalb sind einfache Befragungen nur bedingt anwendbar, um etwas über Blindheit in Erfahrung zu bringen. 'Blind spots' können sich aber ebenfalls bei der Verwendung von Beobachtungen ergeben, wenn sie nicht als eine Verfahrens*praxis* reflektiert werden. Vor dem Hintergrund dieser Ausgangslage entschied ich mich dafür, Blindheit mit *ethnographischen Methoden* zu untersuchen. Sie stellen sowohl forschungspraktisch als auch in Bezug auf die textuelle Darstellung eines Phänomens Strategien bereit, die eine kulturelle Verortung von Blindheit ermöglichen und vor allem erlauben, die Reflexivität von Untersuchungsmethoden in den Forschungsprozess miteinzubeziehen bzw. innovativ zu nutzen.[17]

Durch ethnographische Instrumentarien wird eine kulturelle Explikation von Blindheit umgesetzt, indem sie spezifische 'Suchmethoden' für die Untersuchung zur Verfügung stellen. In der Tradition kulturanthropologischer Studien versuchen ethnographische Arbeiten, mit möglichst wenig Vorannahmen 'ein Feld' zu untersuchen, um Alltags-Selbstverständlichkeiten der Teilnehmer nicht unhinterfragt zu übernehmen, sondern ihren Ursprung zu untersuchen. Im Gegensatz zu inhaltlich orientierten Hypothesen stellen ihre Methoden deswegen vor allem *Entdeckungsstrategien* bereit, die zu möglichen sozialen Produktions*orten* führen, mit denen ein bestimmtes Wissen über ein Phänomen innerhalb einer Kultur erzeugt wird. Ein kulturalistischer Zugang muss sich in diesem Sinne zunächst für alles interessieren, was im Kontext von Blindheit auftaucht: Vom Spaltlampenmikroskop des Arztes über Wäschemarkierungsknöpfe für Blinde und Sehbehinderte, bis hin zu taktilen Ausstellungen, Fachzeitschriften oder Blindenvereinen.[18]

---

[17] Berechtigterweise fordert Stoller (1989) in seiner Studie „The Taste of Ethnographic Things" allerdings auch für Ethnographien eine größere Forschungsaufmerksamkeit gegenüber den „sensual aspects of the field" (ebd.: 9). In seiner Feldforschung über die Songhay konnte er mit einer Ausrichtung auf optische Praktiken wenig bis gar nichts Kulturspezifisches entdecken, bis er akustische und vor allem olfaktorische Praktiken mit einbezog: „In Songhay one can taste kinship, smell witches, and hear the ancestors" (ebd.: 5). Um die übliche optische Ausrichtung von Forschungen zu verändern, wird deswegen eine Erweiterung einzelner ethnographischer Beobachtungsverfahren vorgenommen.

[18] Für eine Recherche über blindenspezifische Themen und Arbeiten lohnt sich ein Besuch des Dokumentationszentrums AIDOS in Marburg, wo (fast) alles, was über und von Nichtsehenden bisher publiziert wurde, gesammelt wird: von der Darstellung Blinder in Witzen über psychologische und blindenpädagogische Wahrnehmungsexperimente bis hin zu Dokumentationen der zahlreichen Vereine. Vor allem verfügt das Institut über ein Archiv fast aller Abschlussarbeiten von Blinden aus unterschiedlichen Einrichtungen.

Eine phänomenologische *Öffnung* von Blindheit erfordert demnach, sehr unterschiedliche Materialien und Feldzugänge in die Untersuchung miteinzubeziehen. Meine Fährtensuche führte deswegen ebenso in Amtsstuben und Arztpraxen wie in einen Straßenverkehrsunterricht für Blinde. Die Suchrichtungen werden dabei über Kontextualisierungen gesteuert: Man findet Blindheit an spezifische Dinge bzw. Lokalitäten gebunden wie z.B. an eine taktile Karte, eine amtliche Einstufungstabelle oder eine Straßenverkehrsübung. Von diesen Fundorten ausgehend, werden die lokalen Praktiken der Teilnehmer fokussiert. Einem ethnographischen Verständnis zufolge entstehen kulturelle Ordnungen schließlich *in actu*, sie sind an das Verfahrenswissen von Teilnehmern gebunden, das selten explizit, sondern meist nur in der 'gekonnten' Praxis 'gewusst' wird. Ethnographische Arbeiten beinhalten deswegen immer eine Lehrzeit 'im Feld'.

Die Auswahl eines Feldes für die Untersuchung fiel auf Landesbildungszentren für Blinde und Sehbehinderte. Die Einrichtungen bieten ein umfassendes Angebot von Schul- und Berufsausbildungen bzw. umfangreiche Spezialtrainings für Blinde, wie z.B. Blindenschrift, Mobilitätstraining, Ergotherapie, Tanzpädagogik oder Kunsttherapie. Zudem sind an die meisten Schulen Internate angeschlossen, da die Einzugsbereiche der Ausbildungsstätten sehr weiträumig sind und integrativer Unterricht nach wie vor eher die Ausnahme bildet.[19] Es handelt sich demnach um eine Lokalität mit einer komplexen Infrastruktur, die zahlreiche Beobachtungsmöglichkeiten bietet, um das Routinewissen der Teilnehmer – vom Internatsbewohner bis zum Trainer – als situierte Praktiken *vor Ort* zu erforschen. Bei meinem insgesamt viermonatigen Aufenthalten in Landesbildungszentren begleitete ich Trainings-, Schul- und Internatsbereiche, wodurch ich Alltagspraktiken der Teilnehmer in „gemischten und in reinen Situationen" (Krähenbrühl 1977: 12) verfolgen konnte, d.h. zwischen Blinden und Sehenden und unter 'ihresgleichen', da sich gerade in den Wohngruppen, in denen ausschließlich Nichtsehende zusammentreffen, eine Fülle von Alltagssituationen ergeben. Zusätzlich nahm ich an Tagesausflügen einzelner Gruppen sowie an einer Ferienfreizeit speziell für Blinde teil, die von einem Institut für Mobilitätstrainer angeboten wurde.[20]

---

[19] Integrierter Unterricht von Blinden innerhalb des allgemeinen Schulwesens wird erst seit den 80er Jahren erprobt. Vorher besuchten Blinde fast ausschließlich Sonderschulen (Seuß 1995: 93f). Lebensläufe von Blinden werden daher durch Sondereinrichtungen geprägt (vgl. dazu auch: Bendel 1999), der Besuch bestimmter Ausbildungsorte in Deutschland führt zu Standardbiographien. Das Abitur können Blinde z.B. nur an einer Schule in Deutschland absolvieren. Insgesamt existieren in der BRD 59 Bildungseinrichtungen für Blinde und Sehbehinderte (VzfB 1993: 12-26).

[20] Außerhalb von Ausbildungskontexten sprach ich zudem mit unterschiedlichen Blindenvereinen, um Einblick in die Problemthemen, die an Beratungsstellen herangetragen werden, zu

Während der Teilnahme wird das praktische Wissen der Untersuchten in einer spezifischen Form entdeckt: Die Forscherin wird zum 'context of discovery', indem sie als eine besondere Kontrastfolie agiert. Ihre Kopräsenz erlaubt es, die Differenz der Erfahrungshintergründe und des Common-Sense-Wissens zwischen ihr und den Beforschten auszuspielen. Die Konfrontation mit einer anderen Lebenswelt und die Irritation des ihr Vertrauten eröffnet Einblicke in lokale Wissensformen: Ihre Verwunderung dient als Ansatzpunkt der Erkenntnisfindung. An die Stelle eines Porträts von einer Kultur als „Gegenstand" (Fuchs/ Berg 1993: 73) tritt damit die Beschreibung der *reziproken Beziehung* zwischen Forscherin und Beforschten. Die 'Natives' übernehmen dabei die Rolle von Lehrenden, die die Forschende in die spezifische Ordnung des Feldes einweisen: „Rather than *studying people*, ethnography means *learning from people*" (Spradley 1980: 3).

Die Irritationen und die Differenz zwischen der Forscherin und den Untersuchten sind im Falle von Blindheit allerdings markant: Sie trennt ein gemeinsamer Erfahrungshintergrund, der im Sinne von Schütz ein „Wir-Verhältnis" (1979: 96) herstellt und eine Reziprozität der Teilnehmerperspektiven ermöglicht. Von einer 'Integration in die Fremde' (Amann/ Hirschauer 1997: 17) konnte insofern nur bedingt die Rede sein. Mein Forschungsimpetus bestand allerdings auch gerade nicht darin, die 'Lebenswelt Blinder' nachzuvollziehen, er zielte darauf, sich die Alltagskompetenzen der Teilnehmer anzueignen, die nicht an 'die Sinne an sich', sondern an bestimmte Praktiken gebunden sind.[21]

Mit ethnographischen Methoden konnte die Situation der Beobachtung insofern innovativ genutzt werden: Das *Handicap des Sehens* wurde produktiv gewendet. Vor dem Hintergrund eines ethnomethodologischen Verständnisses 'der Sinne' werden Beobachtungen eben nicht als naturwissenschaftliche Aufzeichnungstechnik[22] verstanden, die dazu verhelfen, Sachverhalte zu dokumen-

---

erhalten und führte Interviews mit Blinden und Späterblindeten, die mir der Deutsche Verein für Blinde im Studium und Beruf vermittelte.

[21] Im Gegensatz dazu fördern Kamper (1984) und vor allem Welsch (1993), die ein „Großprogramm einer auditiven Kulturrevolution" (1993: 87) gegen eine Dominanz des Sehens formulieren, eher wieder eine Renaturalisierung der Sinne, da sie ein bestimmtes physiologisches Verständnis der Sinne weiterhin als anthropologisches Datum voraussetzen (Länger 1998).

[22] Der Überbietungsgestus eines blinden Ethnologen gegenüber sehenden Forschern macht insofern wissenssoziologisch ebenso wenig Sinn: „Sehen zu können bedeutet oft nicht mehr, als intakte Augen zu haben. Die Gabe, mit dem Verstand sehen zu können, vermittelt oft schätzenswerte Einblicke, aber zu durchschauen ist nur der in der Lage, der zu hören und das Gehörte zu begreifen versteht" (Cain 1985: 141). Der 'wissenschaftliche Blick' ist aber ebenso wie ein 'wissenschaftliches Belauschen' weder an eine Sinnesleistung an sich, noch an ihre Verwendung, noch an die Fähigkeit des Einfühlens in Gehörtes oder Gesehenes gebunden. Einen mikrosoziologischen Blick kennzeichnet vielmehr eine Distanzierung von den eigenen Wahrnehmungsroutinen, indem sie als Methoden der Sichtbarmachung rekonstruiert werden.

tieren (Mohn 2002). Bei wissenschaftlichen Beobachtungen handelt es sich, wie bei jeder anderen Untersuchungsmethode, nicht um natürliche Abbildungsprozesse, sondern um verfahrensabhängige Tätigkeiten. Im Unterschied zu einem objektivistischen Vorgehen werden die Betrachtungsweisen der Forscherin in dieser Studie deshalb reflexiv in den Untersuchungsprozess miteinbezogen und als erkenntnisinstruktives Moment genutzt, um Relevanzen Sehender bzw. ihre Methoden der Sichtbarmachung aufzuspüren. Neben Erfahrungen mit Selbstbeobachtungen in face-to-face-Situationen mit Blinden wurde ich diesbezüglich vor allem durch Verfahren von anderen sehenden Experten inspiriert, wie den Prüfungsverfahren von Augenärzten und vor allem den Methoden der Mobilitätstrainerinnen, deren hochspezifische Beobachtungsverfahren mir innerhalb von Trainingseinheiten und vor allem durch ein Fortbildungswochenende für Trainer zugänglich wurden.

Das Verständnis von Beobachtungen als 'Praktiken der Sichtbarmachung' ermöglichte ferner, blindenspezifische Kompetenzen nachzuvollziehen bzw. bedingt selbst zu erwerben, wie z.B. Formen von Kontaktaufnahmen, die nicht über Blickführungen organisiert werden, aber das Erkennen bzw. die Zuordnung von Personen ermöglichen. Darüber hinaus experimentierte ich mit Beobachtungsformen, um nicht die übliche, ausschließlich optische Ausrichtung von Blindenstudien zu wiederholen, sondern Methoden zu verwenden, die sich dem Phänomen anpassen und nicht umgekehrt.

Ich besuchte Dunkelausstellungen von Blinden für Sehende[23], unternahm Selbstversuche unter der Augenbinde sowie innerhalb eines Seminars, das von einem psychologischen Sonderforschungsbereich der Universität Bielefeld angeboten wird, bei dem eine Person zweieinhalb Tage unter einer Verdunklungsbrille verbringt und währenddessen von einer zweiten z.B. im Kino oder Restaurant assistiert wird. Zusätzlich wurde mein Selbsttraining von einer Mobilitätstrainerin unterstützt, von der ich mehrere Stunden Orientierungsunterricht unter der Augenbinde erhielt, um Situationen nicht-optisch erfahren zu können. Darüber hinaus ließ ich Doppelbeschreibungen von Situationen anfertigen – einmal aus meiner Warte, einmal aus der Perspektive von Nichtsehenden – und

---

[23] Die Stiftung Blindenanstalt Frankfurt am Main entwickelte eine Ausstellung mit dem Titel „Dialog im Dunkeln", welche die Erlebenswelt Blinder für Sehende in vollkommen lichtlosen Räumen nachvollziehbar machen soll. In dem ersten Raum wird eine Straßenverkehrsszene simuliert, indem der Lärm von Kraftfahrzeugen aus plötzlich wechselnden Richtungen ertönt, unterschiedliche Bodenbeläge auftauchen, und man schließlich unweigerlich gegen ein parkendes Auto läuft. In einem zweiten Raum entfaltet sich eine 'Naturzone': ein Geräuschteppich aus Vogelstimmen, fließendem Wasser, ein Temperatur- und Luftgemisch aus Windzügen und diversen Gerüchen. In einem anschließenden Skulpturengarten können Figuren und Tiere ertastet werden. Die letzte Station der Ausstellung ist eine Bar, in der Getränke und Speisen angeboten werden.

verwendete schließlich ein optisches Setting par excellence, mit dem ich am meisten über Zugangsformen und -barrieren Blinder zu Darstellungsrepertoires erfuhr: die Bühne. In szenischer Theaterarbeit spielten wir eine Reihe von Alltagssituationen durch – und entdeckten Unbeschreibbares wie z.B. 'cool' an der Theke einer Bar zu lehnen oder gelassen den Blick schweifen zu lassen.

Außerdem betrachtete ich Methoden von 'professionellen Übersetzern' für Blinde, um blindeneigene Relevanzen aufzuspüren wie z.B. die Beschreibungen einer sehenden Führerin, die monatlich Ausstellungen in einer Kunsthalle für Blinde und Sehbehinderte illustriert. Eine Fülle von didaktischen Methoden wurde mir ebenfalls innerhalb der Ausbildungsstätten zugänglich. Ich nahm am Schulunterricht teil, um mit blindenspezifischen Lehrmitteln vertraut zu werden, z.B. mit abtastbaren Modellen des Biologieunterrichts, und begleitete vor allem die Arbeit der 'Körpertrainer'.

Doch auch oder gerade zur *Beschreibung* von Situationen bedarf es diskursiver Mittel. Bei der Verschriftlichung der Beobachtungen holte mich daher wieder das sprachliche Handicap ein, über keine blindenspezifischen Codierungen zu verfügen. Die Vermittlung einer Binnenperspektive, die in ethnographischen Arbeiten als Ergebnis der teilnehmenden Beobachtung (Clifford 1993: 126) gefordert wird, äußerte sich deswegen in Form eines Beschreibungsnotstands. Meine anfänglichen Versuche, die eigene Autorschaft zu unterlaufen, indem ich Doppelbeschreibungen von Situationen anfertigen ließ, erwiesen sich aufgrund der geteilten Sprache von Nichtblinden und Nichtsehenden als wenig differenzierende Methode. Es entwickelte sich keine Mehrstimmigkeit (Lynch/ Bogen 1991: 272), welche die monologische Stimme einer Sehenden konterkariert. Da jede Beschreibung jedoch zwingend Bezug auf sinnliche Momente haben muss, werden innerhalb der Arbeit eine Reihe von Behelfsstrategien verwendet. Im ersten Teil der Arbeit wird Blindheit und Sichtigkeit vor dem Hintergrund von Fremdbeschreibungen einzelner Professionen rekonstruiert. Im zweiten Teil werden Krisensituationen im Sinne der Ethnomethodologie (Garfinkel 1967) und eine fiktive Versuchsanlage verwendet, um situative Aufgaben 'der Sinne' praxeologisch zu beschreiben.

Die Behelfsstrategien bedienen sich dabei vor allem besonderer *Darstellungsformen*, die zu den wesentlichen Instrumenten ethnographischer Arbeiten zählen. Das Ziel einer „Ethnographie des Inlands" (Michael Rutschky) besteht schließlich darin, eine Befremdung der eigenen Kultur (Amann/ Hirschauer 1997: 9), d.h. des vermeintlich Vertrauten, zu erreichen, und sie ist umso mehr gefordert, je näher der Untersuchungsbereich an alltagsweltlichen Seinsgewissheiten angesiedelt ist – was für die sinnesphysiologische Ausstattung unmittelbar zutrifft.

Als wesentliche Heuristiken der Befremdung müssen die textuellen Mittel folglich Beobachtungen aus dem Feld in eine Form übersetzen, die erkenntniserweiternde Einblicke zulässt.

Für eine Beschreibung von Blindheit heißt das, nicht das alltägliche „Othering" (Fuchs/ Berg 1993: 13) von Sehenden gegenüber Blinden fortzusetzen. Gerade die Exotik von Blinden ist das Vertraute und birgt wenig Überraschendes in sich. Ebenso besteht bei dem Versuch, 'verstehende Einblicke' zu entwickeln, die Gefahr, eine Supervisionsposition zu beziehen, die vorgibt, Blinde im Zweifelsfall besser zu verstehen als sie sich selbst. Im Gegensatz zu Interpretationen, die mit einem monologischen Textduktus verbunden sind, wird das Feld deswegen *interaktiv* dargestellt, indem sehr unterschiedliche Textgenres eingesetzt werden. Szenische Collagen und diskursive Montagen werden verwendet, um zumindest eine Simulation unterschiedlicher Sprecherpositionen zu erreichen[24] – sei es um Differenzen innerhalb von Expertendiskursen oder Binnendifferenzierungen zwischen den Teilnehmern zu verdeutlichen. Insbesondere werden aber Alltagssituationen und Trainingsstunden im Kontext der Experten in Form von „dichten Beschreibungen" (Geertz 1994) rekonstruiert, um das Zusammenspiel der Personen in situ zu begreifen.

Eine weitere wesentliche Aufgabe der Verschriftlichung besteht darin, die reflexive Beziehung zu den Lesern miteinzubeziehen, und ihre „Leseerwartungen als Schattendialog" (Fuchs/ Berg 1993: 90) in die Darstellungen zu integrieren. Auf dieser Textebene geht es um die Wahl textdidaktischer Mittel, die Momente der Erkenntnisfindung für die Leser (nach)vollziehbar werden lassen sollen: Die Naturalisierung der Sinne nötigt zu einer Text-Didaktik, die mehr oder weniger frontal das Selbstverständnis Sehender einigen kreativen Krisen unterzieht. Dem Unterfangen der Dekonstruktion wird deswegen ein gesamtes Kapitel in Form eines Exkurses gewidmet. Nicht nur die Feldphase, sondern auch die textuelle Arbeit bleibt damit ein *prozessorientiertes* Unterfangen: Von der Interaktion im Feld zum Dialog mit den Lesern.

---

[24] Die ethnographischen Versuche, 'dem Feld' eine eigene Stimme zu geben, indem eine Beschreibung einmal aus Perspektive der Forscherin und einmal aus der einer Informantin erfolgt (Shostak 1992), halte ich für eine misslungene Form von Authentizitätsrhetorik. Die Repräsentation mag erfolgreich eine monologische Autorenschaft kaschieren. Es handelt sich aber immer noch um die Gesamtkomposition einer Autorin: Shostak lässt Nisa erzählen. Gegenüber der Furcht vor der eigenen Autorenschaft ziehe ich eine Transparenz des Forschungsvorgehens vor, und gegenüber der Agonie im Angesicht des unlösbaren Problems objektiver Repräsentationen präferiere ich einen Umgang mit textuellen Strategien, der im Stande ist, die 'Soziologik' eines Feldes zu vermitteln (Amann/ Hirschauer 1997: 20).

## 1.2    Ein kurzer Leitfaden durch den Text

Die Kapitelabfolge gibt meine Suchbewegungen an, eine wissenssoziologische
Perspektive auf Blindheit zu entwickeln. Die Annäherung erfolgt in zwei unterschiedlichen Kontexten. Im ersten Teil der Arbeit (Kap. 2 und 3) wird das Terrain der Experten betreten und professionelle Bestimmungsverfahren untersucht, um nachzuvollziehen, wie und wo Blindheit als physisches Leiden 'erkannt' wird. Im zweiten Kapitel werden daraufhin drei wesentliche Professionen, die Einstufungen vornehmen, näher untersucht: Augenärzte, Sachbearbeiter kommunaler Ämter und Mobilitätstrainerinnen. Sie verfügen über die Definitionsmacht über Blindheit, in ihren Zimmern wird festgelegt, wer sieht und
wer 'nichts' sieht. Die Untersuchung der lokalen Praktiken der Experten führt
en passant in die situative Konstruktion von Sichtigkeit/ Blindheit ein – denn
alle Prüfungsinstanzen haben ein *Zugangsproblem* zu lösen. Sie müssen Methoden
entwickeln, mit denen Sehleistungen 'messbar' werden. Das Ergebnis ist
schließlich genau das: Die Prüfer legen Kriterien fest, was eine menschliche
Optik ausmacht – Blindheit wird fast ausschließlich als 'Nichtoptik' bestimmt,
was wenig über blindeneigene Wahrnehmungen aussagt.

Im dritten Kapitel wird die Arbeitsweise der Mobilitätstrainer weiterverfolgt,
da sie sich als einzige Prüfungsinstanz mit nicht-optischen Praktiken befassen.
Mit ihren Trainings führen sie einen Straßenverkehrsunterricht durch, der Blinden Methoden der Navigation vermitteln soll. In den Unterrichtseinheiten zeigt
sich Blindheit als ein *Verständigungsproblem* zwischen Klienten und Trainern, da
beide Parteien mit den Übungen grundsätzliche 'Sachverhalte' klären müssen,
um *eine* Betrachtung von Dingen oder Lokalitäten festzulegen. Die Trainer erklären allerdings in letzter Instanz 'Umwelten' als optische Oberflächen, denen
sich Blinde nur durch Substitute annähern können. Sie vermitteln Blinden damit
visuelle Ordnungsmuster – was erneut mehr Aufschlüsse über optische als über
blindeneigene Praktiken zulässt.

Die Untersuchung der Expertenverfahren führt demnach beständig zu einem scheinbar unumstößlichen Naturgesetz: 'Sehen' wird als *das* natürliche Modell von Erfahrungen behandelt. Im anschließenden Exkurs wird deswegen eine
reflexive Wende auf selbstverständliche Vorannahmen über die 'Natur des Sehens' vollzogen. Basisannahmen über den Sehsinn werden einigen Krisenexpe-
rimenten ausgesetzt: In literarischen Gesprächsrunden führen Wissenschaftler
und Gelehrte einen Disput über eine angemessene Beschreibung des Sehorgans
als Sehstrahl oder Fotoapparat, Geisteswissenschaftler diskutieren die Mehrdeutigkeit von Betrachtungsweisen und Sinnesbehinderte in einer Klinik die 'Nor-

malität' des Blickens. Mit dem Exkurs wird eine Symmetrisierung zwischen Blindheit und Sichtigkeit zumindest gedanklich vollzogen und Naturalisierungsprozesse des Sehens soweit ergründet, wie sie einer Untersuchung von Blindheit im Wege stehen.

Erst eine Lokalisierung des Sehsinns innerhalb von professionellen Bestimmungspraktiken und das Zerstreuen einiger visuellen Befangenheiten ermöglichen dann, Blinde und Sehende im zweiten Teil der Arbeit (Kapitel 4 und 5) in alltagsweltlichen Kontexten aufzusuchen. Eine denaturalisierende Beschreibung von Alltagssituationen beginnt im vierten Kapitel mit einer schlichten Erkenntnis: Blindheit nötigt zur Reformulierung interaktionistischer Grundbegriffe. Schon die einfachste soziale Situation lässt sich nicht mit herkömmlichen interaktiven Entwürfen beschreiben. Nicht einmal die Anwesenheit einer Person kann als selbstverständliches, da optisches Faktum, vorausgesetzt werden. Face-to-face-Situationen werden daraufhin in Bezug auf drei wesentliche Bezugsprobleme untersucht: Die Anwesenheit, das Erkennen und die Selbstdarstellung einer Person müssen durch spezifische Praktiken 'sichtbar' werden. Zwischen Sehenden und Blinden entstehen dabei eine Reihe von *Kommunikationsproblemen*, die von den nichtsehenden Teilnehmern dadurch gelöst werden, sich als eine 'aussehende Person' zu zeigen. D.h. Nichtsehende lernen, optische Zeichen zu setzen – zumindest wenn sie Stigmatisierungen vermeiden wollen. Die Aneignung von Informationen über das gängige Repertoire von Darstellungen stößt jedoch auf elementare *Übersetzungsprobleme* Sehender, was Thema des fünften Kapitels sein wird. Es zeigt sich, dass die Behinderung Blinder darin besteht, dass Sehende ihre Darstellungsrepertoires naturalisieren, wodurch Nichtsehenden nur die Wahl von Substituten bleibt. Im letzten Kapitel werden einzelne Entstehungsorte von Blindheit und Sichtigkeit, die innerhalb der Arbeit auftauchten, herausgegriffen und die wesentlichen 'Erblindungsfaktoren' illustriert, die innerhalb einer visuellen Infrastruktur entstehen. Die Natur der Sinne zeigt sich am Ende als eine Beziehung zwischen Betrachtern und Betrachteten: Es handelt sich weniger um das Ergebnis natürlicher Reflexe, sondern um die Praxis sinn-stiftender Tätigkeiten.

# 2 Professionelle Prüfungsverfahren von Blindheit – ein Zugangsproblem

## 2.1 Alltägliche und professionelle Bestimmungen von Sehstörungen und Sehdefekten

Nähert man sich vor dem Hintergrund alltäglicher Erfahrungen dem Phänomen, etwas sehen bzw. nicht sehen zu können an, könnte man zunächst feststellen, dass es normal ist, etwas nicht erkennen zu können. So kann man nachts, ohne Unterstützung von künstlichen Lichtquellen, wenig bis gar nichts erkennen. Ebenso ist es schwierig, im Dämmerlicht z.B. Kleingedrucktes in einer Zeitschrift lesen zu können. Das ist ebenso normal, wie den Mond in Form einer Sichel wahrzunehmen. Tatsächlich ist der Mond natürlich rund – das kann man nur zu bestimmten Zeitpunkten nicht erkennen. Solche Ausfallerscheinungen werden folglich als zeitlich begrenzte erklärt und z.B. auf ungünstige Lichtbedingungen oder auf die persönliche Tagesverfassung wie Müdigkeit oder Konzentrationsmangel zurückgeführt.

Natürlich ist für viele allerdings ebenso das Gesicht einer Person, die direkt vor ihnen auftaucht, nur unscharf wahrzunehmen oder die Nummerierung einer weit entfernten Straßenbahn nicht zu entziffern. Bezüglich der Art und Weise der 'richtigen' Sichtweise taucht folglich bei näherer Betrachtung ein eher lückenhaftes Wissen darüber auf, welche optische Wahrnehmung eigentlich für wen normal ist. Schließlich ist es im Alltag eher unüblich, anderen zu beschreiben, wie man z.B. den Schriftzug einer Milchtüte auf einer Reklametafel wahrnimmt. Abgesehen davon dürfte der Versuch einer Verbalisierung schnell an Beschreibungsgrenzen führen: „Ich sehe einen mittelblauen Schriftzug von ca. vier Zentimeter Größe!" Indirekte Vergleichsmöglichkeiten entstehen in Situationen, in denen eine Person feststellt, dass die anderen Anwesenden, z.B. im Kino, anscheinend den Abspann eines Films lesen können. Über die Anzahl der Personen, die solche Lesestandards ignorieren und sich beim nächsten Kinobesuch einfach in die vorderste Reihe setzen, lässt sich allerdings nur spekulieren.

Es besteht natürlich auch die Möglichkeit, eine störende Sichtabweichung zu beseitigen, indem man sich eine optische Prothese, d.h. Kontaktlinsen oder eine Brille, verschreiben lässt. Da es jedoch nicht üblich ist, sich zur Begrüßung wechselseitig die Brille abzunehmen und über die unterschiedlichen Verzerrungen zu staunen, bleibt das tatsächliche Spektrum von Sichtweisen unter den optischen Prothesen latent. Darüber hinaus wird ein Brillengestell inzwischen eher als ein modisches Accessoire betrachtet und weniger als ein medizinisches Hilfsmittel.[25] Das Tragen einer Prothese wird folglich als eine normale Abweichung behandelt, die man mit vielen anderen teilt. Die wenigsten Brillenträger werden deswegen als „Sehbehinderte", geschweige denn als „Blinde" bezeichnet. Im Alltagsbetrieb scheint es folglich anstelle eines Wissens über das Spektrum von Sichtweisen eher Unterstellungen über eine 'normale Betrachtungsform' zu geben. Vorübergehende Ausfälle werden als Naturerscheinungen erklärt, anhaltende Abweichungen durch Prothesen normalisiert. Eine scharfe Demarkationslinie wird allerdings zu einer spezifischen Abweichung gezogen: dem Zustand der Lichtlosigkeit.

In Deutschland leben zur Zeit etwa 500.000 Sehbehinderte und 150.000 Blinde (VzfB 1993: 172). Diese Bezeichnungen wären für einige 'Sichtexperten' allerdings noch nicht präzise genug: Im Gegensatz zu alltagspraktischen Auffassungen von Sichtigkeit/ Blindheit unterscheiden professionelle Gutachter ein vielfältiges Spektrum von abweichenden Sehformen. Personen werden als hochgradig Sehbehinderte, Farbenblinde, Gesichtsfeldgeschädigte, Kontrastblinde, Vollblinde oder als Personen mit 0,2 % Sehrest bezeichnet. Die Begriffsgenauigkeiten verweisen auf spezifische Einstufungsverfahren, mit denen das Seh(un)vermögen einer Person bestimmt wird. Zuständig für Sichteinschränkungen sind aber nicht nur Mediziner, sondern eine Reihe von Professionen. Gerade die Bestimmung des Phänomens „Blindheit" zeigt sich jedoch innerhalb ihrer Verfahren weniger eindeutig als vermutet:

Psychologin: „In der Einstufungswoche für unsere Schul- und Ausbildungsbereiche[26] tauchten ziemliche Widersprüche über die Erblindung bzw. ihre Folgen bei einem Kandidaten auf: Tobias Rentzer. Wir müssten jetzt einmal klären, ob

---

[25] Auf den Statuswechsel der Brille zur Modeerscheinung verweist auch das Tragen von Gestellen mit Fenstergläsern. Zur Umwertung der Prothese trug insbesondere die Verwendung von Kunststoffgläsern bei, die Personen mit starken Sichteinschränkungen ein diskretes Auftreten ermöglichen. Durch die leichtgewichtigen Gläser lässt sich optisch kaum noch feststellen, wie stark die Sehverminderung einer Person ist.

[26] Als Zulassungsbedingung durchlaufen Anwärter eines speziellen Ausbildungszentrums für Blinde und Sehbehinderte eine „ophthalmologische Woche". Die Kandidaten werden einer Reihe von Tests unterzogen, mit denen z.B. ihre Fingerfertigkeit, Motorik, Merkfähigkeit u.a. geprüft wird, um ihre Eignung für die einzelnen Schul- und Ausbildungsbereiche zu bestimmen. Mit den Einstufungen sind insbesondere für Blinde eine Reihe von Zusatzausbildungen wie dem Erwerb der Brailleschrift oder einem Mobilitätstraining, bis hin zu speziellen Freizeitaktivitäten wie Reiten oder Segeln verbunden.

das bei ihm gezieltes Verweigerungsverhalten ist oder nicht. Man muss die Diagnose kennen, es muss abgeklärt werden, ob das organisch oder psychisch ist – ist es eine Verhaltensweise oder darüber hinausgehend, das muss diagnostisch abgeklärt werden."

Medizinische Mitarbeiterin: „Es besteht Verdacht auf Rindenblindheit, d.h. von außen die Projektion von der Netzhaut klappt nicht, außer Stagmus natürlich."

Psychologin: „Ich habe in meinem Augenkundebuch nachgeschlagen: Leber'sche Amaurose gibt es bei Kindern gar nicht."

Medizinische Mitarbeiterin: „Der Bericht aus Hamburg ist noch nicht da. Das Versorgungsamt hat Tobias jedenfalls als blind eingestuft."

Motopädin: „Ich denke, er hat massive Wahrnehmungsstörungen. Es ist Fakt, alles, was er macht, sieht etwas steif, unbeholfen aus – aber er kann 'ne ganze Menge."

Mobilitätstrainer: „Das sehe ich anders. Seine Orientierung ist teilweise sehr schlecht. Die Arbeit mit der 'inneren Landkarte' war nicht einfach mit ihm, er kann sich Wegstrecken sehr schlecht merken."

Psychologin: „Das ist ganz gezieltes Verweigerungsverhalten!"

Lehrer: „Er arbeitet mit der Braillezeile zumindest mit der rechten Hand recht flott, Befehlseingaben – das geht zügig. Ob er geistig retardiert ist, weiß ich nicht. Ich weiß auch nicht, ob es für einen qualifizierten Hauptschulabschluss reicht. Für die Berufsausbildung pendelt er zwischen Telefonist und Bürokraft – er war auf jeden Fall immer pünktlich und sehr bemüht."

Motopädin: „Auffallend ist, dass er bei allen Bereichen, die ins logische Denken, in Abstraktion gehen, da setzt es bei ihm aus. Beim Rollbrett z.B. sollte er mit Ines ausprobieren, was man mit dem machen kann. Er bekam kaum Ideen, seine Reaktionsmuster waren sehr erhärtet."

Psychologin: „Das widerspricht dem Intelligenztest. Da war er gerade ziemlich gut im abstrakten Denken."

Mobilitätstrainer: „Aber da haben Sie wahrscheinlich auch konkrete Fragen gestellt. Aber seine kreative Selbständigkeit fehlt. Ich muss mit ihm wahrscheinlich alle Wege auswendig lernen. Er war selbst der Meinung, dass ihm im Gehirn etwas fehlt."

Medizinische Mitarbeiterin: „Das ist ja seltsam für ein Kind."

Innerhalb der fiktiven Besprechungsrunde[27] zitieren die Gutachter sehr unterschiedliche Bestimmungsmethoden von Blindheit. Sie beziehen sich auf eine Messung bzw. Untersuchung des Sehorgans, einen Intelligenztestbogen und auf Beobachtungen von körperlichen Fertigkeiten. Die einzelnen Verfahren ermitteln Blindheit bzw. deren Folgen demnach einmal als sinnesphysiologischen Defekt des Körpers, einmal als kognitives Unvermögen, worunter logisches Denken und Abstraktionsvermögen verstanden wird, einmal als motorische De-

---

[27] Bei den zitierten Äußerungen handelt es sich um eine Collage von mehreren Fällen, die innerhalb eines regelmäßig stattfindenden Teamtreffens von Mitarbeitern einer Blindenschule diskutiert wurden. Ihre Beurteilungen wurden zusätzlich durch die eines Mobilitätstrainers und eines amtlichen Mitarbeiters ergänzt.

fizite, die Tastfertigkeiten und Orientierungskenntnisse beinhalten, und schließlich werden sogar Tugenden des Schülers wie Pünktlichkeit und Engagement
mit einbezogen.[28] Die multiplen Formen von Blindheit, die innerhalb der
Gesprächsrunde auftauchen, führen damit unmittelbar zu einem wesentlichen
methodischen Problem der Experten. Es stellt sich die Frage, wie man feststellen kann, ob eine Person etwas sehen bzw. nicht sehen kann und welche
Folgen ein 'Nichtsehen' nach sich zieht. Für die Bestimmung von Blindheit/
Sichtigkeit muss demnach ein besonderes *Zugangsproblem* gelöst werden. Die Experten müssen Verfahren entwickeln, mit denen das Seh(un)vermögen einer
Person messbar und beschreibbar wird.

Drei wesentliche Instanzen bei der Einstufung von Sichtigkeit/ Blindheit
werden im Folgenden in ihren *lokalen Produktionsweisen* nachgezeichnet: Die Prüfungsverfahren von Augenärzten, städtischen Amtsmitarbeitern und die von
Mobilitätstrainern. Eine Untersuchung lokaler Praktiken bedeutet, die einzelnen
Methoden mit einer gewissen archäologischen Akribie nachzuvollziehen, um
herauszufinden, wie ein Seh(un)vermögen jeweils „beigemessen" (Freidson
1979: 185) wird. Die Untersuchungsergebnisse werden folglich in Relation zu
ihrem „Erzeugungsprozess" (Knorr-Cetina u.a. 1988: 86) vor Ort betrachtet
und nicht im Verhältnis zur Rekonstruktion eines tatsächlichen Sehleidens. Um
den Prozess der Verfahren wiederum in den Blick zu bekommen, werden die
Bestimmungsverfahren als ein Zusammenspiel der Beteiligten in situ beschrieben. Nicht nur alltagsnahe, sondern auch spezielle technische Einstufungsverfahren werden damit vor dem Hintergrund alltagsweltlicher Praktiken betrachtet. Die einzelnen Vorgehensweisen der drei Bereiche werden dabei zunächst
chronologisch porträtiert (2.1.1-2.1.3), um sie anschließend als spezifische Bewertungspraktiken und Behandlungsformen zu rekonstruieren (2.2).

---

[28] Die Feststellung der Behinderung führt häufig zu einer Überdosierung von Diagnosen bzw.
Interpretationen ihrer Folgen (Goffman 1994: 25). Fast alle Eignungen einer Person werden in
Frage gestellt. Die Zuschreibung einer Behinderung wird daraufhin zu einer Erklärungsprothese,
mit der je nach Bedarf normales oder abweichendes Verhalten einer Person begründet wird (vgl.
dazu auch: Walthes 1995). Einzelne Fähigkeiten werden darüber hinaus hochspezifisch geprüft.
Ein Mobilitätstrainer merkte einmal lakonisch an, dass wenige seiner normalsichtigen Freunde
seinen Unterricht erfolgreich absolvieren könnten.

## 2.1.1 Medizinische Messverfahren

Zuerst wird eine Person, deren Seh(un)vermögen geprüft wird, das Behandlungszimmer eines Augenarztes betreten. Der Arzt übernimmt die Position eines 'Gatekeepers', da der medizinische Bereich die Definitionshoheit über das Phänomen besitzt. Mit Goffman gesprochen, wird ein Seh(un)vermögen innerhalb des „primären Rahmens" (1993: 37) als ein natürliches Ereignis behandelt und als ein körperlicher Defekt vom Arzt untersucht.[29] Der Untersuchungsfokus richtet sich dabei auf das Auge bzw. Gehirn der Patienten. Der Arzt prüft zunächst die „Sehkraft", indem er vier Simulationsverfahren anwendet, mit deren Hilfe alltägliche Verrichtungen des Sehens nachgestellt und medizinisch gemessen werden sollen: über einen Sehtest, die Perimeterprüfung, einen manuellen Test und einen Verdunklungstest. Im Anschluss wird eine ärztliche Prüfung der organischen Funktionen des Sehsystems des Patienten vorgenommen.

Das Behandlungszimmer ist gefüllt mit Messinstrumenten, an einer Wand hängen eine Reihe von anatomischen Skizzen und plastische Darstellungen des Sehorgans. Die Ärztin begrüßt die Patientin und erklärt ihr den Ablauf des Sehtests: „Sie stellen sich jetzt bitte einmal an die Markierung hier auf dem Boden und decken einmal das linke, einmal das rechte Auge ab!" Die Patientin erhält eine Abdeckbrille, und die Ärztin merkt an: „Das ist jetzt der 5-Meter-Visus, mit dem können wir die Fernsicht bestimmen." Die Ärztin tippt auf eine Fernbedienung und projiziert ein Dia auf eine Wand des Behandlungsraumes: „Lesen Sie mal von oben nach unten die Zahlen vor!" Die Patientin liest, stockt leicht bei der letzten Ziffernreihe. Die Ärztin kommentiert die erbrachte Leistung mit einem: „Gut. Und jetzt noch den 'Nahvisus'. Setzen Sie sich einmal dort drüben hin!" Sie zeigt auf einen Stuhl. Die Ärztin stellt sich vor die Patientin und zeigt ihr aus ca. einem Meter Entfernung eine Handtafel. Die Patientin liest fließend die einzelnen Buchstaben vor. Die Ärztin nickt zufrieden.

Der Sehtest bedient sich zunächst einer alltagsnahen Bestimmungsmethode. Die Ärztin testet die Kenntnisse der Patientin durch eine Befragung auf Grundlage der Sehprobentafeln. Die Patientin braucht ihre optischen Eindrücke dadurch nicht selbst zu formulieren, sie muss z.B. nicht beschreiben, wie sie das Nachbargebäude außerhalb der Arztpraxis erkennt oder das Gesicht der Ärztin

---

[29] Eine andere Möglichkeit besteht darin, Sehstörungen psychosomatisch zu begründen: „Die Augen vor etwas verschließen – psychogene Blindheit" (Bek 1995). In medizinischen Lehrbüchern wird „psychische Blindheit" (Sachsenweger 1981: 156) zwar erwähnt, sie wird gegenüber organischen Ursachen allerdings als fast vollständig nachgeordnet behandelt. Ein weiterer Begründungszusammenhang taucht vereinzelt in religiösen und magischen Kontexten auf: Erblindung wird als Sündenfall bzw. Fall von Besessenheit betrachtet (Hull 1990: 85-89).

wahrnimmt. Mit Hilfe der Tafeln werden der Patientin konkrete Zeichen zur Verfügung gestellt, die eine einfache Rückmeldung ermöglichen: Eine „3" oder ein „A". Unter der Voraussetzung, dass Symbole wie Buchstaben oder Zahlen bekannt sind, schaffen die Chiffren damit für beide Seiten eine Verständigungsgrundlage über Gesehenes. Insbesondere für Kinder im Vorschulalter, aber auch für Analphabeten werden andere Sehprobenzeichen eingesetzt, wie Abbildungen eines speziellen „E-Hakens" oder „L-Ringes", bei denen jeweils die Öffnungslage benannt werden soll, oder auch Piktogramme, die Lebewesen und Gegenstände abbilden wie Hunde, Tassen, Stühle u.a.

Damit der Test im Sinne der Ärzte ordnungsgemäß stattfinden kann, müssen die Patienten bestimmte Verhaltensauflagen erfüllen. Sie sind insbesondere aufgefordert, sich aufrichtig an dem Verfahren zu beteiligen: *„Die Zahlenreihen sollen ja ernsthaft vorgelesen werden"* (Ärztin). Die Ärzte sind folglich auf die „Compliance"[30], d.h. die Mitarbeit der Patienten, angewiesen, da sie allein auf der Grundlage ihrer Äußerungen eine *Sehleistung* beurteilen können. Ihr 'Vortragsstil' wird zum entscheidenden Moment der Prüfung. Die Ärztin verwendet z.B. ein stockendes Lesen als Hinweis auf die Sehschwäche des Patienten, ein flüssiges Lesen deutet dementsprechend auf ein funktionierendes Sehvermögen hin. Ein ungewöhnlich flüssiges Lesen impliziert jedoch nicht unbedingt ein außergewöhnliches Sehvermögen. Es könnte auch bedeuten, dass der Patient die Tafeln kennt.

Die prüfenden Ärzte rechnen bei dem Sehtest demnach mit *„Betuppversuchen"*[31] (Ärztin) der Patienten und wechseln deswegen die Tafeln, wenn eine Person den Test häufiger absolviert. Die Ärzte intervenieren folglich wie eine Lehrerin in der Schule, die in jeder Klasse unterschiedliche Übungsaufgaben stellt, damit die Schüler die Aufgaben nicht schon kennen und Spickzettel verwenden. In beiden Fällen erhalten die zu Prüfenden eine Zensur für ihre erbrachten Lei-

---

[30] Unter „Compliance" wird im medizinsoziologischen Bereich das Problem der Kontrollierbarkeit bzw. Mitarbeit von Patienten während der Untersuchung, aber auch bei der Nachbehandlung, wie z.B. bei der Einnahme von Medikamenten, diskutiert. Mit dem Verständnis der Patienten als 'complier' bzw. 'non-complier' wurde das Verhältnis zwischen Arzt und Patient neu gefasst, wodurch z.B. Verhaltensanalysen der Patienten zu einem wesentlichen Teil der Behandlung wurden (Schneller/ Wildgrube 1980: 81f). Vgl. dazu einführend: Haynes u.a. (1982), Freidson (1979).

[31] Die Vortäuschungen von Patienten sprechen dafür, dass für sie mit den Tests eine Prüfungssituation aufgerufen wird. Manche nehmen demnach eher eine falsche Brille als den Gesichtsverlust eines durchgefallenen Tests in Kauf. Vor dem Hintergrund amtlicher Nachteilsausgleiche, die mit den Testergebnissen verbunden sind, kann ein Nichtbestehen eines Tests darüber hinaus finanziell motiviert sein. In einer Einrichtung für Blinde und Sehbehinderte wurden vereinzelt Auszubildende 'ertappt', die von ihren Eltern instruiert wurden, den Sehtest nicht zu bestehen, damit die Familie mehr Blindengeld beziehen kann.

stungen. Im Behandlungszimmer wird das sinnesphysiologische Vermögen der Patienten als ein Leseergebnis eingestuft. Die Bestimmung des Seh(un)vermögens einer Person wird damit zu einem *Leistungsnachweis* umgewertet.

Mit den Sehprobentafeln wird demnach nicht nur festgelegt, was es zu sehen gibt, sondern auch, wie etwas gesehen wird. Die Tafel für 'Fernsichtverhältnisse' stellt z.B. eine Fläche von 100 Meter Größe nach, auf der bildlich gesprochen ein Objekt in zehn Metern Abstand, drei Metern Abstand etc. hin- und hergeschoben wird. Der Effekt entsteht dadurch, dass die Größenverhältnisse der einzelnen Zeichen variiert werden. Die Art der Variation ist dabei für die einzelnen Tests genau festgelegt. Als Referenzstelle einer Prüfung wird von den Ärzten deswegen stets der Herausgeber bzw. Entwickler einer Tafel angegeben: Verwendet werden z.B. eine „Nieden-, Jäger- oder Snellen-Tafel" bzw. ein „Pflügerscher Haken" oder ein „Landoldring". Die grafische Festlegung führt zu der medizinischen Codierung der Zeichen. Jedes Symbol erhält einen Wert innerhalb einer Punkteskala von 0 bis 100 und repräsentiert jeweils eine spezifische Sehleistung. Konnte eine Patientin z.B. die kleinste Zahlenreihe nicht erkennen, wird ihr ein Sehvermögen von 10% bescheinigt. Die Tafeln installieren damit einen Messvorgang, mit dem das Seh(un)vermögen einer Person *metrisiert* wird.

Nach dem Sehtest widmen sich die Ärzte dem Sichtausschnitt, den eine Person wahrnehmen kann. Untersucht wird das „Gesichtsfeld", verstanden als „der Bereich eines Raumes, der sich mit unbewegten Augen überblicken lässt" (Kaden 1978: 32). Dieses zweite Testverfahren erfolgt mit Hilfe eines speziellen Messgerätes, dem *Perimeter*.

Der Patient legt sein Kinn und die Stirn an zwei Gesichtsjustierungen. Er erhält vom Arzt die Anweisung, auf einem ihm gegenüberliegenden Monitor ständig einen Lichtpunkt zu fixieren. Auf dem Bildschirm erscheinen in unterschiedlichen Quadranten weitere Leuchtpunkte. Während der Patient starr geradeaus blickt, misst das Gerät, ob die Punkte aus den Augenwinkeln wahrgenommen werden können. Nach wenigen Sekunden druckt der Perimeter die stattgefundenen Fixationen aus. Die einzelnen Messpunkte werden auf einem Perimeterbogen innerhalb eines 360-Grad-Radius abgebildet. Zonen, die nicht erkannt wurden, werden mit einer Linie verbunden und mit schwarzer Farbe gekennzeichnet. Als Ergebnis hält der Arzt z.B. fest: Gesichtsfeldausfall im linken unteren Quadranten.

Die Messungen des Perimeters sollen den natürlichen Blickradius eines Menschen rekonstruieren. Über ein „normales Gesichtsfeld" verfügt jemand, der alle gezeigten Quadranten einsehen kann. Patienten, die einzelne Bereiche nicht erkennen konnten, leiden unter „Gesichtsfeldausfällen". Ihre genauere Bestimmung erfolgt auf der Grundlage des Perimeterbogens. Die einzelnen Fixationsleistungen werden als Messpunkte auf einem geometrischen Gitter aufgetragen, deren Verbindung mit Hilfe von geometrischen Grundformen gebildet wird. Die Ausfälle werden daraufhin nach Größe, Form, Intensität, Begrenzung und Lage unterschieden und z.B. als „konzentrische Einschränkungen" oder als „keilförmiger Defekt im unteren Sichtquadranten" (Sachsenweger 1981: 54) klassifiziert. Eine zweite Typik rubriziert einzelne Ausfälle alltagsmetaphorisch als einen „Röhrenblick" oder ein „Flintenrohrgesichtsfeld" (Kaden 1978: 32).

Im Gegensatz zum Sehtest ist der Arzt während der Prüfung nur auf eine minimale Beteiligung des Patienten angewiesen. Er wird eher zum „virtuellen Teilnehmer" (Hirschauer 1996: 109) einer Messung, die (fast) unabhängig von seiner Mitarbeit stattfinden kann. Der Perimeter versetzt ihn dabei in einen narkoseähnlichen Zustand, in dem er sich zwar noch regt (Fixation der Pupille), ansonsten als beteiligte Person aber 'ausquartiert' ist. Im eigentlichen Prüfungsmoment, der Begutachtung des Perimeterbogens durch den Arzt, brauchen die Patienten nicht einmal mehr anwesend zu sein. Ihre Sehleistungen wurden synthetisch eingefroren, ihr hinterlassener 'Abdruck' kann unabhängig von ihrer Präsenz ausgewertet werden. Bei der Begutachtung des Bogens findet schließlich ein endgültiger Positionswechsel zwischen Arzt und Patienten statt. Die Illustrationen der Perimeterbögen simulieren den Blick der Patienten. Der Arzt erhält damit eine verfahrensimmanente Idealisierung der Sichtweise des Patienten: Er 'sieht', was die Patienten sehen.

Die Probanden überspringen die Perimeterprüfung, wenn sie bei den Visusmessungen die höchste Stufe von 1/50 Sehrest nicht bestanden haben. Sie erreichen unmittelbar die Teststufe drei, die zwei Verfahren einschließt, eine *manuelle Prüfung* und einen *Verdunklungstest* (Luxtest).

Der Arzt stellt sich dicht vor die Patientin und winkt seitlich auf deren Kopfhöhe mit seinem Arm mehrmals von oben nach unten: „Bemerken Sie das?" Die Patientin verneint. Der Arzt trägt das Ergebnis in seinem Prüfbogen ein: „Handprüfung: negativ." Er stellt sich daraufhin vor die Patientin und richtet einen Leuchtstab auf ihre Augen und fragt erneut: „Bemerken Sie das?" Die Patientin verneint. Schließlich verdunkelt der Arzt das Zimmer. Er zieht die Vorhänge zu, geht zum Lichtschalter und schaltet die Zimmerbeleuchtung mehrmals an und aus: „Können Sie einen Unterschied feststellen?" Die Patientin schüttelt den Kopf: „Nein!" Der Arzt vermerkt in seinen Unterlagen: „Amaurosa, vollblind, keine Hell-dunkel-Unterscheidung möglich."

Das Sehvermögen der Patientin wird in beiden Tests nur noch grob als ein *Sicht-verhältnis* eingestuft und dementsprechend einfach codiert. Der Handtest bestimmt die Sicht der Patientin als einen Zustand mit oder ohne Kontrastwahrnehmung, der Luxtest verweist auf das Erkennen von Helligkeit bzw. einen Zustand der Dunkelheit. Die Zensurenbandbreite für die erbrachten Leistungen der Patienten ist dementsprechend zusammengeschmolzen. Der Arzt vergibt nur noch zwei Punktwerte: ein „positiv" oder „negativ".

Im Vergleich zur Perimeterprüfung muten die Testverfahren etwas schlicht an. Der medizinische Handtest erinnert an die alltagsweltliche Methode, mit der die Verfassung einer stark angetrunkenen Person geprüft wird. Man wedelt mit der Hand vor ihrem Gesicht und hofft auf eine Reaktion. Beide Tests sind prekär: Wenn festgestellt wird, dass die befragte Person nicht reagiert, scheitert ein letzter Inklusionsversuch in eine gemeinsam geteilte Welt. Die Person befindet sich damit in einer 'anderen Sphäre'. Hinter der Bezeichnung „negativ" als Ergebnis der Handprüfung verbirgt sich demnach bereits die drohende Exklusion. Eine Ausgrenzung wiederum wäre in Alltagskontexten moralisch schwer zu verantworten. Die Prüfung des Arztes erfordert deswegen eine Versachlichung des Verfahrens, die letztlich durch die Selbstausgrenzung der Patientin ermöglicht wird. Ihre Rückmeldung mit einem „Ja" bzw. „Nein" beschließt das Vorliegen von Kontrast- bzw. Schwarzblindheit.

Wurden innerhalb der Testverfahren Sehbeeinträchtigungen einer Person festgestellt, wendet sich der Arzt anschließend ihren möglichen Auslösern zu. Die Patienten werden dafür zuerst über einzelne Verursachungsfaktoren von Defekten wie z.B. Vererbung, vorgeburtliche Ernährungsmängel, Unfälle (Verletzungen), Folgeschäden von anderen Krankheiten (Tumoren, Gefäßstörungen) u.a. befragt. Für eine präzise Lokalisierung des Sehschadens werden danach zwei Bereiche des Körpers vom Arzt direkt untersucht: das Auge und das Gehirn. Die Untersuchung erfolgt durch technische Hilfsmittel, die dem Arzt zu einigen außeralltäglichen Betrachtungspositionen verhelfen. Er zieht das Auge eines Patienten z.B. mikroskopisch nah an sich heran und begutachtet einzelne Bereiche nach Schädigungsmustern wie Eintrübungen der Linse oder Degenerationen der Netzhaut. Oder der Arzt blickt computertomografisch in den Kopf des Patienten, d.h. er betrachtet Fotografien des Schädelinneren als eine zerebrale Landkarte, die er nach Anomalien 'durchblättern' kann. Mit den Aufnahmen erhält der Arzt demnach ein Artefakt, das wie der Perimeterbogen einen optischen Zugang zu dem Sehsystem der Patienten simuliert. In beiden Fällen verfügen die Ärzte damit am Ende der Untersuchung über visuelle Bestandsaufnahmen, die die organischen Funktionsbeeinträchtigungen der Patienten langfristig dokumentieren sollen.

Insgesamt stellt sich für die Augenärzte das Problem des Zugangs zu der Sichtweise eines Patienten vorrangig als die Schwierigkeit, seine Mitarbeit auf eine bestimmte Prüfungssituation einzustellen. Die Vorgaben der einzelnen Testverfahren wie die Sehprobentafeln oder das Tages- bzw. Nachtlicht ermöglichen dabei zwar einerseits medizinisch festzulegen, was es zu sehen gibt, anderseits sind die Vorgaben als Prüfungsmethode auf die Rückmeldungen der Patienten angewiesen. Deren Äußerungen betrachten die Ärzte wiederum nicht als verlässliche Indikatoren einer sinnesphysiologischen Messung. Da die Ärzte jedoch wenig Einfluss auf die Ursachen der Störungen (Täuschungsversuche, Müdigkeit oder geringe Konzentration der Patienten) ausüben können, versuchen sie das Problem durch eine Triangulation der Verfahren zu neutralisieren und praktizieren einen Methodenmix.

Beim Luxtest achtet der Arzt nicht nur auf die Rückmeldung der Befragten, sondern beobachtet sie zusätzlich genau, da die körperlichen Reaktionen eher als zuverlässige Informationsquelle eingestuft werden. Die technischen Geräte verhelfen dem Arzt schließlich dazu, Funktionsprüfungen weitgehend autonom von der Beteiligung der Patienten vornehmen zu können. Die Perimeterprüfung avanciert auf Grund dessen zum Idealtypus einer ärztlichen Inspektion. Das einzige, was das Messverfahren von den Geprüften erwartet, ist eine minimale körperliche Aktivität: ein starrer Blick geradeaus. Das Messergebnis verweist zudem auf das wesentliche Muster medizinischer Bestimmungspraktiken. Die Perimeterbögen *spiegeln* dem Arzt die Sichtweise der Patienten. Ihr Sehunvermögen kann am Ende der Simulationsverfahren dementsprechend in Form von vier Spiegelungseffekten beschrieben werden: als ein horizontal bzw. vertikal verzerrter Reflex (verminderte Sehschärfe), ein Reflex mit blinden Stellen (Gesichtsfeldausfall), ein trüber Reflex, der nur noch Sichtverhältnisse wiedergibt (kontrastarm/ kontrastreich bzw. hell) und ein vollständig blinder Reflex (dunkel).

## 2.1.2   Amtliche Verfahrenswege

Die offizielle Anerkennung eines Sehdefektes als eine „Behinderung" führt in zweiter Instanz auf rechtsstaatliches Gebiet. Der Status der betroffenen Personen wechselt, sie werden von Patienten zu Antragstellenden.[32] Zuständig sind

---

[32] Eine Antragstellung beinhaltet folglich, die eigene Person innerhalb einer juristischen Öf-

eine Reihe von Ämtern, wie das Versorgungsamt, das u.a. einen Schwerbehindertenausweis ausstellt, örtliche Fürsorgestellen und die jeweilige Landschafts-
behörde, die über die Vergabe von Blindengeld entscheidet (LWL 1993). Beurteilt werden die einzelnen Anträge nach der sozialen Folgelast eines Sehleidens.
Das Seh(un)vermögen eines Antragstellenden wird damit als *soziales Handicap*
bestimmt. Die Feststellung einer Behinderung erfolgt im Einzelnen über drei
Arbeitsschritte: Ein juristischer Verfahrensweg wird eröffnet, die Sehtests der
behandelnden Ärzte werden überprüft, und eine tabellarische Zuordnung eines
„Behindertengrades" wird vorgenommen.

Die Bewerberin füllt einen Standardantrag aus oder lässt ihn von einer sehenden
Person ausfüllen. Anzugeben sind auf der ersten Seite Alter, Geschlecht, Staats-
angehörigkeit, Geburtsort und Wohnort. Auf der zweiten Seite sollen kursorisch
„Gesundheitsstörungen" eingetragen werden. In einer gesonderten Spalte werden ärztliche Behandlungsform, Dauer und Name des Arztes vermerkt. Der
Antrag wird anschließend von einem Sachbearbeiter mit einem Eingangsstempel
versehen, und eine Akte des Falles wird angelegt. Als nächstes ordert er bei dem
behandelnden Arzt einen Befundbericht, der Angaben über die Art, Ausprägung
und die Funktionsauswirkung eines vorliegenden Augenleidens enthalten soll.
Sobald der Bericht eingetroffen ist, wird die gesamte Akte an den Versorgungs-
arzt bzw. den ärztlichen Dienst des Amtes weitergeleitet, der als nächstes eine
rechtliche Einstufung der Funktionsbeeinträchtigungen vornimmt, d.h. den
Grad der Behinderung ermittelt. Im Anschluss daran geht die Akte wieder an
den Sachbearbeiter, der die Schlüssigkeit der versorgungsärztlichen Stellungnahme überprüft und abschließend einen Bescheid über den Behinderungsgrad
an die Betroffene ausstellt.

An die Stelle der Messinstrumente im Behandlungszimmer des Arztes treten im
Amtszimmer vorrangig Aktenschränke. Sachbearbeiter eines Versorgungsamtes
prüfen das Vorliegen einer Behinderung bürokratisch auf der Grundlage von
schriftlichen Aussagen. Mit dem Erhalt eines Antrages leiten sie ein *juristisches
Prüfungsverfahren* ein, mit dem der Antrag den Status eines „Falls" erhält, der auf
den Schwebezustand des Verfahrens verweist. Für die „*gutachterliche Beurteilung
nach Aktenlage*" (Sachbearbeiterin) bilden die Angaben über die vorliegenden
Gesundheitsstörungen das Herzstück des Antrages. Die Angaben müssen von

---

fentlichkeit prüfen zu lassen, was – ähnlich wie bei Anträgen auf Sozialhilfe – von vielen unterlas-
sen wird, um nicht 'offiziell' stigmatisiert zu werden. Die Dunkelziffer von Personen, welche die
Voraussetzungen für Nachteilsausgleiche erfüllen, die aber kein Verfahren einleiten, wird auf eine
Million geschätzt (Thimm 1994: 84-87). Häufig fehlen Betroffenen aber auch Informationen
über die Nachteilsausgleiche: „*Neulich hatten wir wieder so einen Fall, einen Kriegsblinden, lebt seit vierzig
Jahren auf einem Bauernhof, ist vollblind. Der hätte seit Jahren Anspruch auf eine Rente, das wusste er gar nicht*"
(Sachbearbeiterin).

den Antragstellenden durch die Referenz auf einen oder mehrere Augenärzte abgedeckt werden, die während des Verfahrens als 'professionelle Augenzeugen' zur Verfügung stehen müssen.

Die Antragstellenden selbst werden nach Abgabe des Antrags unmittelbar zu virtuellen Teilnehmern der Amtsstube, sie sind an dem weiteren Ablauf des Verfahrensweges nicht mehr beteiligt und tauchen erst wieder bei Bekanntgabe des Prüfungsergebnisses auf. In der Zwischenzeit werden sie von ihrer Akte 'vertreten', die eine Reihe von Stationen durchläuft, die einer immer gleichen Chronologie folgt. Zuerst befindet sich das Schriftstück bei dem Sachbearbeiter im Wartezustand, bis ein Befund des behandelnden Arztes eingetroffen ist, dann wandert die Akte als Transferpassagier in das Zimmer des Versorgungsarztes, der eine Einstufung des Behindertengrades vornimmt, und schließlich wird sie zu einem bezifferten Stückgut, das von Sachbearbeitern ein letztes Mal geprüft, ausgewiesen und eingelagert wird.

Auf dem Schreibtisch der Mitarbeiter des versorgungsärztlichen Dienstes werden die externen medizinischen Befunde zunächst hinsichtlich ihrer Glaubwürdigkeit geprüft. Die Prüfungskriterien sind dabei durch den juristischen Arbeitsauftrag festgelegt. Die medizinischen Befunde sollen eine Vergleichbarkeit von Gesundheitsstörungen der einzelnen Antragstellenden ermöglichen. Ein Sachbearbeiter erklärt: „*Leider werden die Tests häufig ungenau durchgeführt, die Ärzte delegieren die Tests häufig an ihre Sprechstundenhilfen, weil sie an dem Gutachten fast nichts verdienen. Die schieben ihre Patienten lieber in eine ihrer Mikrowellen, um die Gerätekosten reinzukriegen. Und dann dauert es meistens auch noch Wochen, bis wir das Gutachten kriegen*" (Sachbearbeiter).[33] Im Kontext der amtlichen Arbeitsrelevanzen stellt sich die Störanfälligkeit der Messverfahren demnach weniger als ein Problem, das durch die Patienten ausgelöst wird, als durch das medizinische Personal. Damit die Tests in einem amtlichen Sinne durchgeführt werden, erhalten die Ärzte deswegen eine Reihe von Auflagen, die eine eigene amtliche Durchführung bzw. Überwachung der Ärzte vor Ort ersetzen sollen.

Ein Merkblatt mit dem Titel „Richtlinien für die Durchführung von Augenuntersuchungen" legt die Programmatik der amtlichen *Metaprüfung* folgendermaßen fest: Für die Sehtests sollen nur Bildtafeln verwendet werden, deren Zeichen Größenverhältnissen der DIN-Norm entsprechen (Anger 1997: 173).

---

[33] Einige praktizierende Ärzte kommen damit nach Auffassung der Amtsmitarbeiter ihrer Auskunftspflicht nicht nach, die automatisch mit der Behandlung von Patienten verbunden ist. Als Aufwandsentschädigung erhalten die Ärzte deswegen nur ein Anerkennungshonorar: „*Die tun immer so, als würden wir wer weiß was Unverschämtes von ihnen verlangen. Die sind aber dazu verpflichtet, eigentlich kostenfrei Ergebnisse der Tests auf Anfrage an uns weiterzugeben, das können wir selbst vor Gericht einklagen*" (Sachbearbeiterin).

Die Prüfentfernung für die Visusmessungen beträgt mindestens vier Meter bzw. für den Nahvisus 40 Zentimeter. Die Zimmerausleuchtung soll einen „nur mäßig beleuchteten Raum" (Merkblatt: Sehschärfe nach DIN 58220) ergeben. Der Sehtest darf nur einmal wiederholt werden, ausgenommen die Brille des zu Prüfenden beschlägt während des Tests. Für die Messung eines Gesichtsfeldes soll ein Perimeter der Firma Goldmann verwendet werden, dessen Justierung, d.h. die Größe des Öffnungswinkels, die Leuchtdichte, die Prüfpunktgeschwindigkeit und das weiße Licht einer Wolfram-Glühlampe nach Richtlinien der Deutschen Ophthalmologischen Gesellschaft für Gesichtsfelduntersuchung eingestellt werden soll.

Das medizinische Personal wird von den Amtsmitarbeitern demnach indirekt überprüft, indem die Behandlungszimmer in Form einer naturwissenschaftlichen Versuchsanordnung präpariert werden. Die Lichtverhältnisse der Praxen werden gleichgeschaltet, für den Sehtest wird eine Normsehtafel eingeführt und für die Gesichtsfeldprüfung die Verwendung eines speziellen Perimeters angewiesen. Darüber hinaus legt das Merkblatt den Verlauf der Testreihen fest. Die Aktionen der Ärzte und Patienten werden amtlich geführt, indem die Handhabung der Geräte vorgegeben und die Abstände zu den Sehprobentafeln genau vermessen werden. Einzelne Auflagen stoßen allerdings an die Grenze des Machbaren. Insbesondere die Anweisung, ausschließlich mit dem Goldmann-Perimeter zu arbeiten, entpuppt sich als ein amtlicher Anachronismus. Die meisten Arztpraxen nutzen inzwischen nicht mehr manuell-kinästhetische, sondern computerunterstützte Perimeter: *„Die müssen alle ihre verstaubten Goldmann-Perimeter wieder aus dem Keller holen. Das lässt sich leider noch nicht ändern"* (Sachbearbeiterin).

Weitere Unstimmigkeiten zwischen Amt und Praxis entstehen bei der schriftlichen Fixierung der Ergebnisse. Kontroversen ergeben sich vor allem durch die unterschiedlichen 'Befundungsstile'[34] der Ärzte und Amtsmitarbeiter: *„Wir werten zielorientiert aus, was kann jemand mit der Sehbehinderung noch machen und was nicht, die Ärzte beurteilen nur hinsichtlich Therapie, wie man das behandelt"* (Sachbearbeiter). Zum Leidwesen einer Versorgungsärztin wird ein Sehtest z.B. ohne Zuhilfenahme der gebräuchlichen Prothese des Patienten durchgeführt. Die

---

[34] Insbesondere Knauth/ Wolff (1991) untersuchen die Autorisierung von Textstücken als ein interaktives Problem. Sie bestimmen psychiatrische Gutachten als Praktiken der Akteure, die jeweils an der Papierkommunikation beteiligt sind. Die einzelnen Dokumente werden als 'turn-takings' zwischen Arzt und Sachbearbeiter untersucht. Die Schwierigkeiten der Zusammenarbeit zwischen den beiden Professionen werden daraufhin als kommunikative Missverständnisse erklärbar, die dadurch entstehen, dass die einzelnen Akteure ihre Schriftstücke für unterschiedliche Adressatenkreise verfassen.

Eintragung des „Rohvisus" lässt für die Amtsmitarbeiterin jedoch kaum Rückschlüsse auf die alltägliche Einschränkung des Patienten zu, die juristisch einschließlich des Gebrauchs einer Prothese beurteilt wird.

Die medizinischen Befunde werden demzufolge häufig nicht nach Gesichtspunkten verfasst, die für die Amtspraxis relevant sind. Die Ärzte richten ihre
Untersuchung auf die Feststellung eines 'Naturzustandes' von Blindheit aus, die
mit einer individuellen Diagnose und Vorschlägen zur Behandlungsmöglichkeit
abschließt. Die Amtsmitarbeiter arbeiten bereits mit einem sozial kontaminier-
ten Begriff von Blindheit und fokussieren nur Einschränkungen, die den Alltag
der Person beeinträchtigen. „*Häufig haben nur wenige der Angaben des Arztes tatsächlich Rechtscharakter*" (Sachbearbeiterin).

Nach einer „*gezielten Beiziehung von Befunddaten*" (Sachbearbeiterin) nimmt der
ärztliche Dienst schließlich die eigene *amtliche Einstufung* eines Sehleidens vor.
Ein Sehleiden wird tabellarisch eingestuft, indem ein „Behindertengrad" auf der
Grundlage von Gesetzesauflagen bestimmt wird. Im Paragraph 3 des Schwer-
behindertengesetzes wird das Vorliegen einer „Behinderung" definiert als:
„Auswirkung einer nicht nur vorübergehenden Funktionsbeeinträchtigung, die
auf einem regelwidrigen körperlichen, seelischen oder geistigen Zustand beruht.
Regelwidrig ist der Zustand, der von dem für das Lebensjahr typischen ab-
weicht. Als nicht nur vorübergehend gilt ein Zeitraum von mehr als sechs Mo-
naten. Bei mehreren sich gegenseitig beeinflussenden Funktionsbeeinträchtigungen ist deren Gesamtauswirkung maßgeblich" (BAS 1998: A 81f). Dieser
Grundtext wird für die amtliche Praxis weiter ausgearbeitet in den „Anhalts-
punkten für ärztliche Gutachtertätigkeit im sozialen Entschädigungsrecht und
nach dem Schwerbehindertengesetz (BAS)" – ein Sachbearbeiter bezeichnete sie
als „seine Maobibel".[35] Nach Absatz 23 gilt als „blind der Behinderte, dem das
Augenlicht vollständig fehlt. Als blind ist auch der Behinderte anzusehen, dessen Sehschärfe (...) auf keinem Auge und auch nicht bei beidäugiger Prüfung
mehr als 1/50 beträgt oder wenn andere Störungen des Sehvermögens von
einem solchen Schweregrad vorliegen, dass sie dieser Beeinträchtigung der Sehschärfe gleichzusetzen sind." (BAS 1998: A 152). Als Sehbehinderter gilt, „wer
auf dem besseren Auge trotz Brille eine Sehschärfe von nicht mehr als 1/10

---

[35] Ihr Charakter wird als eine „normähnliche Verwaltungsvorschrift" beschrieben (BAS 1998:
A7), die gesetzliche Bestimmungen erläutert und Verwaltungsvorschriften mit aktuellen Rund-
schreiben des BMA (Bundesministerium für Arbeit und Sozialordnung) zusammenführt. Erar-
beitet und überarbeitet werden die ärztlichen Richtlinien in einem festgelegten Turnus von einem
speziellen Gremium.

besitzt. Als hochgradig Sehbehinderter, wer trotz Brille nicht mehr als 1/20 besitzt" (ebd.).

Für die einzelnen Sehleiden werden schließlich Listen erstellt, mit denen Beeinträchtigungen nach Art und Ausmaß klassifiziert werden:

| | |
|---|---|
| Augenmuskellähmung, Strabismus | 30 |
| Bitemporale Hemianopsie (Gesichtsfeldausfall) | 30 |
| Ausfall des Farbensinns | 00 |
| Sehschärfe 0,4 und mehr | 10 |

(BAS 1998: A 183)

Auf der Grundlage dieser Listen wird die Bestandsaufnahme eines Falles vorgenommen, indem die Versorgungsärzte die einzelnen Punkte des medizinischen Befundes reklassifizieren. Ein Vergleich der Befunde mit den Listen führt zum einen zu einer Selektion von Sehleiden. Im Gegensatz zu medizinisch bestimmten Defekten werden amtlich nur Einschränkungen einbezogen, die alltagsrelevante Belastungsfolgen mit sich bringen. Die 'amtliche Optik' berücksichtigt dabei aber den jeweiligen medizinischen Erkenntnisstand, z.B. wurden „Doppelbildsehstörungen" letztes Jahr als ein anerkanntes Sehleiden in die Liste aufgenommen (Anger 1997: 174). Zum anderen werden die Ergebnisse der Sehtests ein zweites Mal numerisch codiert. Ein Sehleiden erhält einen Punktwert innerhalb einer Skala von 0 bis 100, der jeweils den Grad der Behinderung angibt und einen Mittelwert bzw. eine 'Durchschnittsfolgelast' der betroffenen Gruppe repräsentiert. Die Metrisierung erfolgt damit nicht auf der Grundlage individueller Testleistungen, sondern proportional vor dem Hintergrund eines Gruppenvergleichs. Gesichtsfeldausfälle im unteren Sichtfeld werden z.B. im Vergleich zu Ausfällen im oberen Bereich als schwerwiegende Einschränkungen eingestuft, da sie grundlegend die Fortbewegung der Betroffenen beeinträchtigen.

Nach der Zuordnung einzelner Grade wird daraufhin eine Gesamtschätzung der
Behinderung vorgenommen:

| | |
|---|---:|
| durch Diät und alleinige Insulinbehandlung | |
| gut einstellbare Zuckerkrankheit | 40 |
| Verlust eines Auges mit dauernder, einer Behandlung | |
| nicht zugänglicher Eiterung der Augenhöhle | 20 |
| Sehschärfe 0,4 und mehr | 10 |
| mittelgradige Bewegungseinschränkung in einem | |
| Kniegelenk | 20 |
| | —— |
| Gesamt – GdB | 70 |

(aus: BAS 1998: A 113)

Die Gesamtsumme soll dabei nicht additiv gebildet werden, sondern wiederum
das Verhältnis der einzelnen Behindertengrade zueinander berücksichtigen: *„Die
Überschneidungen der Auswirkungen sind wesentlich und ihre wechselseitigen Beziehungen
untereinander"* (Sachbearbeiterin). Die 'Maobibel' beschreibt Gewichtungsprinzi-
pien mit: „ist ungünstiger als x (... ), ist günstiger als x (...), hat etwa gleiche
Auswirkungen wie x" (BAS 1998: A113).

Die Begründungen für die Gewichtungen stützen sich zum einen auf den
jeweiligen medizinischen Erkenntnisstand. Beispielsweise wird seit 1996 die
Fehlfunktionen der Augen nicht mehr einzeln verbucht, sondern nur noch zu-
sammengenommen in Rechnung gestellt, da inzwischen davon ausgegangen
wird, dass das bessere Auge Fehlfunktionen des geschädigten Auges mit übernehmen kann. Zum anderen erfolgt die Einschätzung des Gesamtbehinderten-
grades jeweils auf der Grundlage der Erfahrung und des Wissensstandes der
Versorgungsärzte: *„Letztlich hängt die Einschätzung an dem einzelnen Sachbearbeiter"*
(Sachbearbeiterin). In einem letzten Arbeitsschritt werden der Gesamtsumme
schließlich von den Mitarbeitern drei Formen von Behinderungen zugeordnet:
Bis zu einem Wert von 30 liegt eine „leichte Behinderung bzw. Sehbehinderung" vor, bei einer Marge bis zu 1/50 handelt es sich um eine „hochgradige
Sehbehinderung", ab 1/50 um „Blindheit".

Charakteristisch für die amtlichen Bestimmungsverfahren ist insgesamt ein
'Objektivierungsproblem' im Dienste der Allgemeinheit. Die Amtsmitarbeiter
folgen einer Gleichbehandlung von Anträgen innerhalb des Verfahrensweges,
um eine gerechte Behandlung von Nachteilsansprüchen zu gewährleisten. In der
ersten Phase der Bestimmung werden die medizinischen Befunde insofern ge-
nauen Prüfungen unterzogen, um bestimmte Qualitäten der Einstufungsgrund-

lagen zu garantieren. Die Einstufung eines Sehleidens beinhaltet damit zunächst eine *Kontrolltätigkeit*. Die Amtsmitarbeiter gehen dabei wie Lebensmittelprüfer vor, die durch regelmäßige Prüfungen versuchen, mögliche Verunreinigungen durch das Betriebspersonal einzudämmen, und präventiv Vorschriften erlassen, die – ähnlich Kühl- oder Lagerbedingungen für Nahrungsmittel – das Signet eines Produkts erhalten sollen.

In der zweiten Phase, der Bestimmung des Gesamtbehinderungsgrades stehen ebenfalls Kollektivkriterien im Vordergrund. Wie bei allen quantifizierenden Verfahren taucht dabei die Schwierigkeit auf, eine repräsentative Auswahl sowohl der Kriterien der Klassenbildung als auch der Gewichtungen untereinander festlegen zu müssen, die jeweils über die Relevanz eines sozialen Handicaps bestimmen. Die alltäglichen Folgebelastungen der Betroffenen können sich dabei nur teilweise mit der amtlichen Mittelwertbildung treffen. Der amtliche Arbeitsauftrag orientiert sich an einer Tabellistik, die selbst bei minimalen numerischen Differenzen die Klassenzuordnung gegenüber dem Einzelfall privilegiert: Eine Person mit 2,02 % Sehrest bzw. 1/49 wird amtlich als blind, eine Person, mit 2 % Sehrest als hochgradig sehgeschädigt eingestuft. Die zweite Aufgabe der Amtsmitarbeiter besteht folglich darin, zwischen medizinischen Diagnosen, Nachteilen der Betroffenen und den rechtlichen Bestimmungen nach dem Schwerbehindertengesetz *vermitteln* zu müssen. Die Bestimmung eines Seh(un)vermögens mündet in einer amtlichen Zuordnungspraxis, mit der Antragstellende als Mitglied einer bestimmten Behindertenklasse ausgewiesen werden: Sie gehören entweder zu der Gruppe der schwach Sehbehinderten, der hochgradig Sehbehinderten oder zu den Blinden.

### 2.1.3    Alltagspädagogische Beobachtungsverfahren

Wurde einer Person von Amtsseite das Vorliegen einer hochgradigen Sehbehinderung oder das von Blindheit attestiert, wechseln ein weiteres Mal Status und Örtlichkeit der Einstufung. Die Antragstellenden finden sich als Klienten im Straßenverkehr wieder und absolvieren in dritter Instanz ein Mobilitätstraining. Das Training beinhaltet eine spezielle Verkehrserziehung, mit der die Klienten lernen, sich zu Fuß oder mit öffentlichen Verkehrsmitteln durch ihren Wohnort zu bewegen, ohne dabei auf die Hilfe von sehenden Begleitern angewiesen zu sein. Für den Unterricht nehmen die Trainer eine alltagspädagogische Bestimmung des Seh(un)vermögens der Klienten vor, indem sie ihre *Orientierungsdefizite* prüfen. Die Diagnosen der behandelnden Ärzte werden dabei zwar als Ausgangsgrundlage verwendet, sie geben nach Auffassung der Trainer aber keine konkreten Anhaltspunkte für die pädagogische Einstufung der Klienten: *„Die Zahlen sagen ja nichts aus, mit denen kann ich nichts anfangen. Die Schüler mit Sehresten werden meist völlig überschätzt, bzw. das, was sie mitkriegen. Die kriegen teilweise aber nichts von ihrer Umgebung mit, die fallen dann die erste Treppe runter – da sind manche Geburtsblinde fitter. Einer kann mit 5 % gar nichts machen, der andere mehr"* (Trainer).

Auf die praxisrelevante Einstufung der Klienten haben die Trainer sich in einer besonderen Form vorbereitet. Angehende Trainer lernen fast die Hälfte ihrer zweijährigen Ausbildungszeit, sich unter Verdunklungsbrillen im Straßenverkehr zu orientieren, um ihre nicht-optischen Wahrnehmungen zu sensibilisieren und Problemzonen innerhalb von Verkehrssituationen zu kennen. Die Prüfungsverfahren der Trainer zeichnen sich deswegen als ein Kanon sehr unterschiedlicher Verfahren aus. Die Trainer klassifizieren ihre Klienten mit Hilfe von Testläufen, durch Videoaufnahmen, durch ein Führen innerhalb von Verkehrsgebieten, sie lassen Wohnräume erkunden und einen speziellen Zeichentest durchführen. Die Verfahren werden nicht einheitlich von allen Trainern angewendet und bauen wenig systematisch aufeinander auf. Sie ergänzen eher wechselseitig die Bestimmung einzelner Defizite. Die Methoden werden aber sukzessive in dem Sinne subtiler gestaltet, als sie einen Zugang zu dem bisherigen Orientierungsverhalten der Klienten suchen.

Die Trainer lassen ihre Klienten in der Regel als Erstes eine Reihe von *Testläufen* absolvieren. Zur Probe gestellt werden Routen innerhalb und außerhalb von Gebäuden. Die Routenverläufe auf der Straße beziehen ruhige Wohngebiete und verkehrsreiche Einkaufszonen mit ein. Die Begehungen von *„geschlossenen Räumen"* (Trainer) finden in der Regel in öffentlichen Gebäuden wie einem Amt oder einem Supermarkt statt. Zusätzlich werden witterungsbedingte Konditionen wie Regen oder Schnee für einzelne Probeläufe sowie tageszeitliche Bedingungen berücksichtigt. Sehbehinderte Klienten absolvieren in der Regel einen *„Nachtlauf"* (Trainerin).

Der Prüfling erhält vom Trainer den Auftrag, von dessen Büro aus zu einem naheliegenden Supermarkt zu gehen. Der Klient startet. Sein Langstock schwingt in rhythmischen Bögen den Flur des alten Gebäudes entlang, er schlägt hart auf dem kalkweißen Kachelboden auf – laut hallend zieht er seine Bahn durch den muffigen Gang. Traineraugen folgen ihm. Der Stock greift plötzlich ins Leere. Schließlich schlägt der Stockschaft auf dem Treppenabsatz auf. Eine Hand beginnt nach dem knorrigen Geländer zu suchen, sie gleitet langsam nach unten. Am Treppenabsatz sucht der Stock weiter, bis er auf die Außentür trifft. Die Hand tastet nach dem Türgriff. Sie streicht über die Glasfläche der Tür, seinen Holzrahmen und erreicht den Knauf. Der Prüfling klemmt sich den Stock unter, zerrt an der schweren Tür, verwickelt sich leicht zwischen Öffnung und Stock und gelangt schließlich ins Freie. Er gleitet die Treppe abwärts. In einem leichten Linksbogen geht er weiter über eine Parkplatzfläche auf einen Fußgängerweg zu. Der Trainer folgt ihm langsam. Nach kurzer Zeit erreichen die beiden eine Straße, die den Fußgängerweg kreuzt. Der Prüfling wartet kurz, halb auf einem Radweg, halb auf dem Fußweg stehend, geht plötzlich ruckartig los und überquert zielstrebig zwischen einigen entgegenkommenden Passanten die Straße. Auf der andere Straßenseite läuft er unmittelbar in einen Hinterhof hinein und steuert soeben auf einen Kellereingang zu, als der Trainer ruft: „Warte mal, du bist in einer Einfahrt gelandet!" Er geht zu dem Prüfling, und sie besprechen den ersten Wegabschnitt.

Die Routenverläufe werden von den Trainern systematisch als Testinstrumente eingesetzt, indem sie bestimmte Situationen provozieren, in denen die Prüflinge ihre bisherigen Verkehrskompetenzen unter Beweis stellen müssen. Die Strekken enthalten eine Reihe alltagsnaher, aber auch ungewöhnlicher Belastungsproben, für deren Auswahl die Trainer auf ihren Erfahrungsschatz verweisen, Problemzonen der Orientierung zu kennen: „*Man weiß halt, an welchem Kreuzungstyp sich welche Orientierungsdefizite gut zeigen*" (Trainer). Ähnlich klassifizieren die Trainer z.B. Witterungsbedingungen in Bezug auf ihre Anforderungen an den Klienten: „*Regen oder Schnee stellen Vollblinde vor echte Herausforderungen, da sich sowohl die Akustik als auch taktile Eindrücke völlig verändern*" (Trainerin). Die Testparcours entlasten folglich die laufende Beobachtungssituation, da sie 'Krisensituationen' enthalten, die sich nach Auffassung der Trainer besonders dafür eignen, die Bandbreite des üblichen Orientierungsverhaltens der Klienten sichtbar werden zu lassen. Während der Begehung beobachten die Trainer ihre Prüflinge aus einigen Metern Entfernung und dokumentieren nach dem Lauf deren Parcoursmeisterung auf einem Beobachtungsbogen.[36]

In der Kopfspalte eines Bogens sind drei Rubriken aufgeführt, die an die jeweiligen medizinischen Einstufungen anschließen: „blind", „geringer Sehrest" und „nachtblind". Es folgt eine Liste, die in mehreren Spalten einzelne Bereiche eines Orientierungsvermögens benennt, die die Trainer mit einem „erledigt" abhaken. Zu den wesentlichen Fertigkeiten zählen: die Sicherheit des Klienten beim Überqueren von Straßen, sein Umgang mit dem Langstock, die Beherrschung bestimmter Grundhaltungen beim Stehen oder Gehen, Kenntnisse über

---

[36] Beobachtungsbögen werden nicht bundesweit einheitlich verfasst, da sich die inhaltlichen Ausrichtungen der Ausbildungsinstitute der Trainer unterscheiden. Zusätzlich stellen sich die meisten Trainer an ihrem Arbeitsplatz selbst einen Bogen zusammen, der ihren individuellen Sonderausbildungen, wie z.B. im „Low-Vision-Bereich" von Sehbehinderungen, Rechnung trägt. Darüber hinaus werden die Bögen lokalen Gegebenheiten angepasst und z.B. bestimmte Routen innerhalb einer Einkaufszone oder eines Ausbildungsgeländes für Blinde und Sehbehinderte vermerkt.

räumliche Begebenheiten und seine Nutzung der (Rest)sinne. Mit der Liste wird das Seh(un)vermögen der Klienten nach Merkmalen einer 'idealen Orientierung' bestimmt, indem ihre körperlichen und mentalen Kenntnisse jeweils präzise klassifiziert werden. Für die genauere Einschätzung einzelner Defizite nehmen die Trainer nach den Testläufen noch einige Detailstudien vor.

Bei dem zweiten Prüfungsverfahren werden *Videokameras* eingesetzt, mit denen Übungsstunden aufgezeichnet werden, auf deren Grundlage mehrere Trainer gemeinsam Bewegungsanalysen der Klienten erstellen: *„Ach ja, das ist ja Beate, ich erinnere mich an sie. Ihr Gangbild stimmt nicht, das fiel mir sofort auf. Die Abrollbewegung ihrer Füße verläuft nicht achsengerecht. Sie geht sehr dezentriert und wackelt, wirkt trotzdem insgesamt sehr steif, fast eckig."* Eine zweite Trainerin schließt sich dem an: *„Das Problem ist, dass sie auch kein Gefühl für ihr Körperschema hat. Sie weiß zwar, wo oben und unten ist, aber sie kann die Raumebenen ihrem Körper nicht zuordnen."* Ein dritter Trainer ergänzt: *„Guckt mal! Jetzt sieht man sehr schön, dass die Raumnutzung kaum vorhanden ist, eine Rumpfrücklage ist deutlich zu erkennen, außerdem fehlt ein Übergreifen über die Mittellinie: Ihre rechte Hand arbeitet rechts, die linke nur links."*

Mit den Bewegungsanalysen werden *motorische Defizite* genauer bestimmt. Für die Auswertung verwenden die Trainer eine spezielle Beobachtungssprache, mit der sie die Körperbewegungen der Klientin räumlich bestimmen. Man arbeitet mit einem speziellen 'Partitursystem'. Ein Trainer skizziert, wie dieses System aufgebaut ist. Er zeichnet eine Person auf ein Blatt Papier. Mit einem Pfeil weist er ihr jeweils eine Vorder- und eine Rückseite, eine rechte und linke Körperseite zu: *„Das ist das Vier-Seiten-Konzept des Körpers"* (Trainer). Durch den Rumpf zieht er anschließend vertikal eine Linie, wodurch die Person in zwei symmetrische Seiten halbiert wird, und zeichnet horizontal oberhalb der Schultern, der Hüften und der Knie jeweils drei weitere Linien: *„Das sind die drei Raumlagen eines Körpers: eine obere, eine mittlere und eine untere"* (Trainer).

Mit Hilfe dieser Unterscheidungen von Körperseiten und Raumebenen bestimmen die Trainer die Abläufe einzelner Bewegungen: Ein Arm bewegt sich von rechts über die Mittellinie nach links. Die jeweiligen Ausführungen werden dabei nach 'idealen Verlaufskurven' beurteilt. Eine ergonomisch richtige Art des Gehens reicht nach Auffassung der Trainer von einer senkrechten Aufrichtung der Wirbelsäule bis zur achsengerechten Abrollbewegung der Füße, bei der die Fußgelenke nicht verdreht werden sollen. Neben der Bewertung des technischen Könnens von Drehungen oder Schrittkombinationen wird von den Trainern zusätzlich eine B-Note vergeben. Die Bewegungen des Klienten werden nach ihrer 'Eleganz' beurteilt. Die ästhetische Seite der Bewegungskoordinationen wird dabei primär geschlechtlich konnotiert. Frauen erhalten eher als Männer Punktabzüge bei eckigen Bewegungsabläufen. Die Priorität der Bewertung liegt jedoch insgesamt auf der Seite des technischen Könnens, die Feinarbeiten werden untergeordnet behandelt. Als Ergebnis der Videoanalyse erstellen die Trainer schließlich ein Sample von Unterrichtseinheiten, das speziell Störungen im motorischen Bereich ausgleichen soll: die *„Techniken der selbständigen Fortbewegung"* (Trainerin).

Neben motorischen Fertigkeiten werden durch ein drittes Verfahren insbesondere die Nutzung der (Rest)sinne der Klienten subtiler ausgewertet. Die Trainer beurteilen ihr Wahrnehmungsvermögen durch ein *leibliches Miterleben*, indem sie die Klienten beim Gehen führen und ihre körperlichen Reaktionen unmittelbar im Kontakt zu erspüren suchen.

Trainerin und Prüfling starten einen Probelauf durch ein Wohngebiet. Die Trainerin eröffnet: „Na denn wollen wir mal!" Sie streckt ihren rechten Arm in Richtung ihrer Klientin. Nach einer kurzen Suchbewegung entdeckt die Klientin den Arm und hakt sich bei ihr ein. Die Trainerin: „Machen Sie das meistens so?" Die Klientin bestätigt: „Ja, bei meinem Mann mache ich das immer so." Die Trainerin korrigiert: „Versuchen Sie es einmal so": Sie nimmt den Arm der Frau, löst ihn von ihrem Arm und führt eine Hand an ihren Oberarm: „Umgreifen Sie mich einmal hier!" Die Trainerin geht los, die Mitlaufende folgt leicht versetzt. Die beiden gehen eine Einbahnstraße entlang, bis ihnen einige Passanten entgegen kommen. Die Trainerin: „Warum halten Sie denn die Luft plötzlich an?" Die Klientin: „Oh, ich bin nur kurz erschrocken, da war gerade ein seltsames Geräusch." Die Trainerin verlangsamt leicht das Gehtempo und weicht auf die rechte Seite des Bordsteins aus. Sie gehen weiter, umlaufen einige Hindernisse und halten an einer Straßenkreuzung an. Die Trainerin fragt: „Gehe ich Ihnen zu schnell?" Die Klientin erwidert: „Nein, mein Mann geht auch so." Sie überqueren die Straße, und schließlich hält die Trainerin vor dem Haus ihres Büros an, leicht verzögert stoppt auch die Geführte.

Die körperliche Nähe während des Führens wird von der Trainerin für detaillierte Studienmöglichkeiten eingesetzt. Die Trainerin prüft 'hautnah', ob die Klientin bestimmte sinnliche Umwelteindrücke bemerkt[37]: *„Da reichen minimale Hinweise, die würde man nicht sehen, z.B. ob eine auf den Wechsel von Pflastersteinen, Asphalt oder Rasen reagiert"* (Trainerin). Die Trainerin achtet demnach auf bestimmte Körperreaktionen der Klientin, wie z.B. auf kurze Stoppbewegungen oder plötzliche Anspannungen einzelner Körperbereiche und vor allem auf ihren Atemfluss. In diesem Sinne lässt sich die Trainerin eher von der Klientin füh-

---

[37] Geprüft wird von den Trainern ebenso das 'Führungsverhalten' der Klienten: *„Der Klient soll sich nämlich nicht mitschleifen lassen und auch nicht wie bei einem Spaziergang im Omagriff unterhaken"* (Trainerin). Für die meisten Klienten wird deswegen ein Unterrichtsblock vorgesehen, mit dem sie *„effiziente und elegante Führungstechniken"* (Trainerin) erwerben sollen.

ren: Sie folgt deren Reaktionen auf Umweltbegebenheiten. Für die zukünftigen Unterrichtsstunden werden dementsprechend Übungen vorgesehen, mit denen vor allem das akustische und taktile Wahrnehmungsvermögen der Klienten verfeinert werden soll.

Mit den letzten beiden Testverfahren wenden sich die Trainer speziell den mentalen Kenntnissen der Klienten zu. Die Trainer beobachten die *Begehung* eines Wohnraums, dessen Erkundung sie anschließend *zeichnen* lassen.

Der Prüfling erhält den Auftrag, das Wohnzimmer des Trainers zu erkunden. Der Trainer beobachtet dabei seine Vorgehensweise, d.h. ob der Klient eher wahllos durch den Raum geht oder systematisch vorgeht, indem er die Beziehungen der Wände und die Positionen der Möbel untereinander untersucht. Der Klient beendet die Begehung, wenn er glaubt, genügend Eindrücke gesammelt zu haben, und zeichnet sein Erkundungsergebnis auf einer taktilen Folie auf. Die Folie reagiert auf den Druck des Stiftes, sie wölbt sich leicht nach oben. Im Anschluss wertet der Trainer die Zeichnung aus. Konnte der Klient die Beziehung der Wände untereinander zuordnen, verfügt er über eine „komplexe Raumvorstellung". Konnte der Klient weder Gegenstände (z.B. einen Schrank von einer Wand) unterscheiden noch ihre Anordnung feststellen, verfügt er über eine „einfache Raumvorstellung".

Die Prüfmethode löst das Problem des Zugangs zu den Kenntnissen des Klienten in einer besonderen Form. Die Kommunikation der Beteiligten wird mit Hilfe der taktilen Folie auf eine 'Zeichensprache' umgestellt. Die Zeichnung des Klienten wird zu einem nichtsprachlichen Mittler seiner Wahrnehmungen. Das taktile Medium übersetzt die Erfahrungen des Klienten demnach in eine Form, die beiden Parteien zugänglich ist. Der Trainer und der Klient können optisch bzw. tastend feststellen, wie der Raum rekonstruiert wurde. Der Klient muss allerdings ein vorgegebenes Darstellungsformat für die Zeichnung verwenden, was sich im Unterricht selbst noch als eine schwierige Übung herausstellen wird.[38] Für die Einstufung gilt den Trainern das Zeichenergebnis als Hinweis für das *Raumvorstellungsvermögen* des Klienten, das grob nach zwei Klassen unterschieden wird: „einfach" oder „komplex".

Bei der *Raumbegehung* beobachtet der Trainer zusätzlich, mit welcher Systematik der Klient einen Raum erkundet. Eine ideale Erkundungsform besteht nach Auffassung der Trainer z.B. in der Technik des *„gridpatterns"* (Trainerin), mit der ein heruntergefallener Gegenstand in einer spezifischen Form auf dem Boden gesucht wird. Der Klient beugt sich zunächst *„blindengerecht"* (Trainerin)

---

[38] Die Gründe für die Schwierigkeiten Blinder, taktilen Medien zu verwenden, werde ich in Abschnitt 3.2.3 und 3.3 des folgenden Kapitels näher beschreiben.

herunter, indem er mit einer Hand den Kopf schützt. Die andere Hand führt eine gitterförmige Suchbewegung aus, um eine hohe Trefferquote für den gesuchten Gegenstand zu erreichen. Einen Wohnraum soll der Klient ähnlich systematisch erkunden, indem er von einem Punkt aus – bevorzugt der Türgriff – durch wenige Gänge die geometrische Beziehung der Wände klärt. Die Virtuosität seiner Ausführung wird von den Trainern jeweils tayloristisch eingestuft. Die Suchphasen des Klienten werden dafür präzise in einzelne Ablaufsequenzen zerlegt (Taylor 1917) und nach Kriterien wie Geschicklichkeit, Schnelligkeit und Effizienz beurteilt. Je nach dem Handlungsplanungsvermögen des Klienten berücksichtigen die Trainer schließlich weitere Unterrichtseinheiten, z.B. für einen effizienten Einsatz von „*Körperschutztechniken*" oder den Erwerb spezieller „*Suchtechniken*" (Trainerin). Am Ende der einzelnen Einstufungsverfahren verfügt der Trainer damit über eine Checkliste der gesamten Orientierungsdefizite eines Klienten, für den daraufhin ein individuelles Trainingsprogramm zusammengestellt wird.

Insgesamt zeichnen sich die Prüfungsinstrumente der Mobilitätstrainer dadurch aus, die Fertigkeiten der Klienten mehrfach durch sehr unterschiedliche Verfahren zu überprüfen. Allein ihr Wahrnehmungsvermögen wird erfragt, beobachtet und zusätzlich haptisch erspürt. Ein verbindendes Moment der Einstufungsverfahren besteht darin, weitgehend auf Selbstbeschreibungen der Klienten zu verzichten und das Verhalten der Klienten innerhalb von konkreten Situationen zu prüfen, d.h. während einer Begehung oder während des Führens. Die Präferenz der Trainer für nichtsprachliche Verfahren ist jedoch weniger durch ein Misstrauen gegenüber den Klienten motiviert. Die Trainer versuchen, eher einen Zugang zum Routinewissen der Klienten zu erreichen, und in diesem Sinne können die Einstufungsverfahren mit einer ethnomethodologischen Herangehensweise verglichen werden. Der Untersuchungsfokus der Trainer liegt demnach auf dem impliziten Wissen der Klienten und richtet sich insbesondere auf ihre Körper „als Depot einer *eingeprägten Verfahrensgeschichte*" (Knorr-Cetina u.a. 1988: 99).

Erschlossen werden die Fertigkeiten der Klienten teilnehmernah durch die grenzgängerischen Kompetenzen der Trainer. Sie praktizieren spezifische Beobachtungen, von denen das Führen der Klienten als Königsdisziplin behandelt wird, da es über optische Wahrnehmungen hinaus nach Auffassung der Trainer ein sehr subtiles 'Belauschen' von Körperroutinen ermöglicht. Die Trainer betätigen sich in diesem Sinne als *blindenspezifische Alltagsforscher*. Mit ihren Forschungsergebnissen klassifizieren sie das Orientierungsvermögen der Klienten nach körperlichen und mentalen Kompetenzen. Ein verkehrsgeeigneter Einsatz des Körpers zeigt sich nach Auffassung der Trainer an ergonomischen Bewegungsabläufen und an einer effizienten Nutzung der (Rest)sinne. Das Raumvorstellungsvermögen der Klienten wird für die Trainer dadurch erkennbar, ob der Klient eine Illustrationstechnik beherrscht, mit der er seine räumlichen Eindrücke grafisch zu rekonstruieren vermag.

## 2.2    Prüfungsergebnisse: Bewertungspraktiken und Behandlungsformen

Die Bestimmungsverfahren der Ärzte, Amtsvertreter und Trainer konstituieren drei sehr unterschiedliche Formen von Blindheit. Gemeinsam ist allen drei Instanzen, dass ihre Methoden zu Prüfungen von Defiziten werden, d.h. die Kenntnisse bzw. Unkenntnisse, das Vermögen bzw. Unvermögen der Probanden werden klassifiziert. Die Einstufung des Seh(un)vermögens einer Person wird damit jeweils zum Fall eines spezifischen Leistungsnachweises, dessen Bewertung streng der Logik der lokalen Praktiken folgt.

Medizinisch wird Blindheit/ Sichtigkeit als *sinnesphysiologische Leistung* bestimmt. Ein Sehunvermögen wird als Defizit der Vollfunktionsfähigkeit gratifiziert, je nachdem, welche Punktwerte die Patienten bei den Tests erbringen konnten. In der Bezifferung drückt sich jeweils ein „Erwartungshorizont" (Kalthoff 1996: 111) medizinischer Messpraxis aus bzw. umgekehrt legt sie erst den Standard für das Seh(un)vermögen der Patienten fest. Ihre Leseleistungen werden durch die Skalierung der Sehprobentafeln rubriziert, die Anzahl ihrer Fixationen auf dem Monitor des Perimeters durch den Perimeterbogen bestimmt. Das gleiche Entstehungsprinzip gilt für die Bestimmung von 'Sichtverhältnissen'. Mit der Kohortenbildung von Zuständen kann ein Seh(un)vermögen nur als eine der vier möglichen Varianten auftauchen: als ein kontrastreicher/ armer Zustand oder ein Zustand von Tageshelligkeit/ ausgeschaltetem Zimmerlicht, der nicht von ungefähr als Schwarzblindheit bezeichnet wird. Die Chiffren und Kohorten verweisen demnach ausschließlich auf spezifische Praktiken des „Humanmessens" (Kalthoff 1996: 109): Ein Perimeterbogen verrät wenig über die natürliche Sichtweise der Patienten, um so mehr über die Arbeitsweise eines Goldmanngerätes bzw. über sein System der Bewertung. Das Koordinatensystem des Bogens konstituiert folglich den menschlichen 'Guckkasten'. Die einzelnen Prüfungsverfahren legen damit den Status quo des Seh(un)vermögens einer Person fest, von dem schließlich ausgegangen wird, dass er sich bei späteren Wiederholungen eher verschlechtert hat.

In der Amtspraxis werden einzelne medizinische Testergebnisse zunächst als Ausgangspunkt für die eigene Klassifikation übernommen und anschließend nach der Durchschnittsfolgelast reklassifiziert, die eine Sichteinschränkung im Alltag mit sich bringt. Die amtliche Aufstellung transformiert damit die Folgen eines Sehleidens wiederum in Zahlen, mit denen in amtlichen Kontexten juristisch kalkuliert wird. Sehverminderungen werden zu Chiffren innerhalb eines „Kalkulationsrasters" (Kalthoff 1996: 111), mit denen wiederum umgekehrt die sozialen Folgen erst festgelegt werden. Der Gesamtpunktwert wird zusätzlich in eine Kohorten-Ordnung überführt, indem er drei Behinderten-Klassen zugeordnet wird: schwach, hochgradig sehbehindert und blind. Ein Seh(un)-vermögen wird damit in einem dreistufigen Ordnungsmodell rubriziert, das in einem Steigerungsverhältnis komparativ einzelne *Schadensklassen* bestimmt, die jeweils angeben bzw. festlegen, was der Betroffene nicht kann oder welche Einschränkungen ausgeglichen werden müssen. Die Ergebnisse der amtlichen Bestandsaufnahmen werden schließlich wie im medizinischen Bereich als fluktuierend behandelt, da medizinischer Erkenntnisstand und Lebensbedingungen sich verändern und entsprechend andere Folgelasten berücksichtigt werden müssen.

Im Mobilitätstraining wird das Seh(un)vermögen der Klienten auf der Grundlage eines umfangreichen Katalogs von Orientierungskenntnissen beurteilt. Für ihre Kenntnisse erhalten die Klienten weniger explizite als immanente Noten. Die wenigen ausdrücklichen Bewertungen der Trainer unterscheiden Fertigkeiten eher grob als unterste/ oberste Stufe oder einfache/ komplexe Raumvorstellungen. Eine differenzierte Bewertungspraxis bleibt letztlich ein klientenzentriertes Einzelfallwissen der Trainer – es zeigt sich allerdings bei allen Trainern eine grundlegende Tendenz der Bewertung. Sie klassifizieren die Eignungen der Klienten nach ökonomischen Leistungskriterien. Das körperliche Vermögen des Klienten wird nach seiner Virtuosität, die Rest(sinne) zu nutzen, bewertet, seine Motorik nach ergonomischen Kriterien beurteilt. Seine mentalen Fähigkeiten werden nach Planungsintelligenz und Abstraktionsvermögen klassifiziert, die ein Klient durch systematisch ausgeführte Suchaktionen beweisen kann bzw. dadurch illustriert, dass er eine Zeichnung anfertigt, welche die Winkelbeziehungen der Wände angibt. Als Ergebnis der Einstufung erstellen die Trainer ein individuelles Trainingsprogramm, das gezielt auf die Verbesserungsmöglichkeiten eines Klienten setzt. Das Seh(un)vermögen eines Klienten wird im Training damit zu einem Fall von *Fitness*.

Aus dem Bewertungssystem der drei Instanzen ergeben sich eine Reihe von Behandlungsformen, die einen reflexiven Bezug zwischen der Bestimmung und der Organisation von Defiziten herstellen: Die Maßnahmen der einzelnen Bereiche folgen und bestätigen zwingend die Logik der Verfahren. So ist die medizinische Antwort auf Sehdefekte die Verwendung von *Prothesen*. Funktionsstörungen sollen mit dem Einsatz spezieller Hilfsmittel behoben werden, indem Sehreste soweit als möglich noch nutzbar gemacht werden. Mithilfe eines Monokulars können z.B. obere Gesichtsfeldausfälle ausgeglichen werden, da ein Prisma die Fokussierung des Auges verändert. Trotz einer Fixierung des Auges nach vorn können ebenfalls seitliche Ausschnitte eingesehen werden (Hammerstein 1983: 38-114). Darüber hinaus werden optische Prothesen verwendet, die unmittelbar in den Körper eingepasst werden, wie z.B. die Implantation von Mikrochips auf die Netzhaut, wodurch zumindest schwache optische Wahrnehmungen möglich werden. Im Fall von Blindheit erhalten die Behandelten in der Regel Glasprothesen. Das zerstörte Auge wird operativ entfernt und ein speziell angefertigter Glaskörper eingesetzt. Die medizinischen Behandlungsformen fungieren folglich als Normalisierungspraktiken, mit denen Abweichungen wieder in ein medizinisch bestimmtes Sichtfeld eingestellt werden.

Die amtliche Behandlung einer Behinderung ist die *Kompensation*, die Betroffenen erhalten eine Reihe von Nachteilsausgleichen. Anspruch auf Vergünstigungen haben Antragstellende, deren Behinderungsgrad über 30 eingestuft wurde, die Darunterliegenden erhalten lediglich eine amtliche Bestätigung, „leicht behindert" zu sein. Die Gruppe der hochgradig Sehbehinderten erhält Steuerermäßigungen und Sonderkonditionen auf dem Arbeitsmarkt, wie Kündigungsschutz und zusätzliche Urlaubstage. Antragstellende, die als „blind" eingestuft wurden, erhalten ein Blindengeld, das „die blindheitsbedingten Mehraufwendungen" (Drerup 1993: 17) ausgleichen soll, die z.B. mit der Umrüstung von speziellen Haushaltsgeräten verbunden sind. Darüber hinaus werden Gebühren beim Postversand erlassen und Freifahrten im öffentlichen Nahverkehr eingeräumt, die eine Begleitperson einschließen (ebd.: 34-39). Subventioniert wird zusätzlich von einzelnen Krankenkassen der Erwerb von Hilfsmitteln, wie speziellen Lesegeräten, einem Blindenführhund oder einem Langstock einschließlich eines Mobilitätstrainings von 60 bis 100 Unterrichtsstunden. Insgesamt übernehmen die Nachteilsausgleiche damit einen pädagogischen Auftrag, da sie einzelne Lebensbedingungen und Eigenschaften einer behinderten Person als förderswert bestimmen, wie z.B. Mobilität, Technisierung oder Haushaltsautonomie. Die Nachteilsausgleiche führen in diesem Sinne zu einer amtlichen Standardisierung des Alltagslebens von Behinderten.[39]

---

[39] Die amtliche Anerkennung als Schwerbehinderter ist umgekehrt aber auch mit Pflichten

Die Mobilitätstrainer lehren ihrem verkehrspädagogischen Auftrag entsprechend Methoden der Orientierung. Blindheit wird zu einem Fall von *Training*. Die Trainingspartner erhalten ein Curriculum von *„Techniken"*, mit denen ihre Orientierungsdefizite substituiert werden sollen. Der Erwerb von Techniken bedeutet zum einen, sich zu mechanisieren. Zu Beginn des Mobilitätstrainings werden individuelle Anpassungen von Geräten oder Hilfsmitteln vorgenommen. Die Trainer stellen die angemessene Größe und Schwere des Langstocks fest und prüfen optische Hilfsmittel dahingehend, ob sie sich für die Form der Sehbeeinträchtigung eignen und den jeweiligen Benutzungsvorlieben der Klienten entsprechen. Zum anderen beinhaltet eine 'Technisierung' das Erlernen von Fertigkeiten, die die eigene Fortbewegung erleichtern sollen. Die Klienten sollen *„sichere, effektive und ästhetische Techniken beherrschen und anwenden können"* (Trainerin). Die Kenntnisse beinhalten u.a. Führungstechniken mit Sehenden, spezielle Fortbewegungs-, Langstock- oder Körperschutztechniken. Von einigen Trainern wird am Ende der Unterrichtsstunden eine Abschlussprüfung durchgeführt, in der die Klienten alle erworbenen Fähigkeiten unter Beweis stellen können: Ein *„drop off"* (Trainer) findet statt. Die Klienten werden dabei an einer ihnen unbekannten Stelle mit dem Auto abgesetzt und müssen innerhalb einer bestimmten Zeit einen abgesprochenen Zielpunkt erreichen. Mit der Prüfung durchlaufen die Klienten demnach für die Trainer einen Initiationsritus in die Welt der Verkehrstüchtigen.

## 2.3 Einige Randnotizen über Methoden der Sichtbarmachung und Konventionen des Sehens

Für die zu Prüfenden erwies sich der Gang durch die einzelnen Instanzen als eine expertendirigierte Metamorphose. Sie werden vom Organträger im Behandlungszimmer zum Aktenfall des Amtszimmers und schließlich zu einer Fortbewegungseinheit im Straßenverkehr. Auffallend bei allen Prüfungsverfahren bleibt, dass die Experten sich weitgehend bemühen, ohne Beteiligung der Testpersonen Einstufungen vorzunehmen. Die Informationserhebung wird fast

---

seitens der Anerkannten verbunden. Erstens müssen sie einen Schwerbehindertenausweis mit sich führen. Zum zweiten obliegt die Person nach Paragraph 2 der Straßenverkehrszulassungsordnung der Kennzeichnungspflicht. Blinde oder Sehbehinderte, die sich ohne Begleitung im Straßenverkehr bewegen, „müssen besondere Vorsichtsmaßnahmen treffen, damit sie sich selbst und andere nicht gefährden. Der Blinde benutzt hierfür den weißen Stock oder trägt auf beiden Armen die gelbe Binde mit den drei schwarzen Punkten. Sehbehinderte dürfen nur die gelben Abzeichen tragen" (Drerup 1993: 40).

hermetisch an die Expertensysteme gebunden, die Geprüften können kaum Einblick in die Verfahren gewinnen. Die asymmetrische Deutungshoheit der einzelnen Bestimmungsverfahren spitzt sich im Kontext von Blindheit besonders zu. Die Fachleute bedienen sich zahlreicher Bestimmungsverfahren, auf welche die Betroffenen gar keinen oder kaum selbst Zugriff haben. Selbst die empathisch arbeitenden Trainer verwenden vor allem Methoden der Beobachtung. Die Bestimmung von Blindheit wird damit zu einem besonderen Präzedenzfall: 'Der Sehsinn' scheint im Angesicht von Blindheit in einen Bedrohungszustand versetzt zu werden, was dazu führt, dass das Sehen in einer spezifischen Form aufgewertet wird. Die Untersuchung von Prüfungsverfahren der Experten schließt deswegen mit einigen Randnotizen über ihre Anwender. Anhand einzelner Verfahren wird exemplarisch illustriert, dass die Bestimmungsverfahren vorrangig zu Methoden der Sichtbarmachung führen und fast ausschließlich Konventionen des Sehens konstituieren.

Für die Bestimmung des Seh(un)vermögens der Patienten praktizieren die Ärzte eine Reihe außeralltäglicher Betrachtungen mit Hilfe von Instrumenten. Bei dem Einsatz der technischen Hilfsmittel handelt es sich jedoch nicht um eine Spezifizierung alltäglicher Sichtweisen, sondern um eine spezifische Form medizinischer Wissenserhebung.[40] Informationen über das Sehsystem der Patienten werden eben nicht auf der Grundlage einer Beschreibung von Patienten erhoben, oder aufgrund einer Zeichnung, sondern durch eine Schulung des 'ärztlichen Blicks'. Weder der Blick durch das Spaltlampenmikroskop noch der auf einen Perimeterbogen beinhalten allerdings, alltägliche Betrachtungsweisen nur genauer zu gestalten. Alltägliche Sichtweisen sind im Vergleich zu professionellen Blicken nicht defizitär in dem Sinn, dass das Auge genauso sehen würde wie durch ein Spaltlampenmikroskop, hätte es nur eine höhere Bildauflösung. Die Instrumente stellen folglich keine natürliche Erweiterung alltäglicher Sichtweisen dar, sondern sie schaffen ein eigenes Reich von (medizinischen) *Sichtbarkeiten*, indem das Auge innerhalb spezifischer Praktiken rekonstituiert wird (Knorr-Cetina u.a. 1988: 88).[41] Die Untersuchung des professionellen

---

[40] Auf die Bedeutung technischer Innovationen als kulturelle Praktiken verweist etwa die medizinhistorische Studie von Lachmund (1997), der die Einführung des Stethoskops untersuchte, das sich im 19. Jahrhundert zu der privilegierten Erkenntnistechnik medizinischer Diagnostik entwickelte und dementsprechend „eine weitreichende Transformation des Musters medizinischer Krankenbehandlung beinhaltete" (ebd.: 26) und auch zur Entdeckung 'neuer' Krankheiten führte.

[41] Knorr-Cetina spricht in diesem Zusammenhang von Praktiken des Unsichtbarmachens von Objekten in Laboratorien (Knorr-Cetina u.a. 1988: 87), um deutlich zu machen, dass wissenschaftliche Methoden der Sichtbarmachung keine Erweiterung alltäglicher Sichtweisen beinhalten. Die „Zeichenarbeit" (ebd.: 91), die innerhalb von Laboratorien von Wissenschaftlern geleistet werden muss, besteht darin, eine Beziehung zwischen unterstellten und 'gesehenen' Zeichen

Blicks beinhaltet dementsprechend, die Praktiken zu fokussieren, mit denen das 'Offensichtliche' jeweils erzeugt wird.

Hinweise auf eine entscheidende visuelle Methode, mit der eine Funktionsbestimmung des Auges vorgenommen wird, gibt die Ausstattung der medizinischen Behandlungszimmer: An den Wänden finden sich eine Fülle von anatomischen Skizzen und plastischen Darstellungen des Sehsystems. Die bildlichen Darstellungen geben an, wie ein gesundes Auge 'tatsächlich' aufgebaut ist: „The setting works like a giant 'optical device' that creates (...) a new type of vision and a new phenomenon to look at" (Latour 1986: 19).[42] Durch die grafischen Repräsentationsformen wird folglich das Offensichtliche herauspräpariert. Vor ihrem Hintergrund arbeitet der ärztliche Blick durch ein Mikroskop als „ständige Überblendung von Erfahrung und Repräsentation" (Hirschauer 1996: 114).[43] Die gleiche Vermittlungsfunktion übernimmt das Koordinatensystem des Perimeterbogens. Es wird zu einer Rezeptionsanweisung, wie die Optik der Patienten betrachtet werden soll: Personen mit Gesichtsfeldeinschränkungen sehen keilförmig oder konzentrisch. Das Zugangsproblem zu der Sichtweise des Patienten wird damit über visuelle „Wissensobjekte" (Knorr-Cetina u.a. 1998: 102) gelöst. Die Displays organisieren die ärztliche Untersuchungspraxis und sie bestätigen gleichzeitig die Bestimmung von Sehdefekten als Krankheits*bilder*. Ein Artefakt wie der Perimeterbogen instruiert schließlich nicht nur den Blick des Arztes, sondern produziert verfahrensimmanent ein optisches Untersuchungsergebnis, indem das Gesichtsfeld eines Patienten grafisch rekonstruiert wird. Somit schließt sich am Ende des Verfahrens der Kreis zu Alltagspraktiken. Der Arzt erhält einen optischen Beleg für das Seh(un)vermögen einer Person, eine Beweisführung, die im Alltagsbetrieb als besonders glaubhaftes Indiz behandelt wird: Man hat etwas schwarz auf weiß.

Bei der Auswertung der Videoaufnahmen verwenden die Mobilitätstrainer ebenfalls eine visuelle Methode, durch die die Bewegungen der Klienten mit

---

herzustellen. Die Bezüge wiederum, mit denen Untersuchungsobjekte in einen sinnstiftenden Zusammenhang gebracht werden, entstehen innerhalb spezifischer lokaler Praktiken, wie z.B. in Bildanalysegesprächen oder körperlichen Routinen der Untersuchenden.

[42] Latour beschäftigten allerdings weniger Methoden der Visualisierung als situierte Praktiken. In seiner wissenschaftshistorischen Analyse verfolgt er die Veränderung von Phänomenen durch optische Datenträger im Gegensatz zu textuellen Repräsentationen. Er untersucht daraufhin die Entstehungsorte von Bildsprachen (von der Einführung der Zentralperspektive bis zur Erfindung von reaktivem Fotopapier) und beschreibt die Mythen, die sie über Phänomene verbreiten, wie z.B. die Fiktion eines Überblickes über die Gestirne, ihrer Handhabbarkeit als eine leicht zu beherrschende Oberfläche oder ihre raumzeitliche Verfügbarkeit für die Wissenschaftler (1986: 21).

[43] Hirschauer beschreibt in diesem Sinne die „chirurgische Wahrnehmung" (1996: 114) als eine reflexive Bewegung zwischen dem Wissen des Chirurgen über anatomische Skizzen und dem tatsächlich vor ihm liegenden Körper eines Patienten.

Hilfe eines Koordinatensystems bestimmt werden. Das Umfeld, innerhalb dessen sich der Klient bewegt, wird mit einer mathematischen Fläche analogisiert.
Ihre Bewegungsabläufe werden daraufhin als Verschiebungen von Vektoren
betrachtet, wodurch jede einzelne Aktion als „a place-on-the-grid" (Lynch 1985:
43)[44] justierbar wird. Ein weiteres geometrisches Display wird damit zum wesentlichen Wissenshintergrund, mit dem die Trainer sich wechselseitig anzeigen,
was es zu sehen gibt: ein Übergreifen über die Mittellinie. Die Beobachtungssprache wird damit zum „visual vocabulary" (Latour 1986: 14) der Trainer, sie
erzeugen das 'Offensichtliche' von Bewegungsabläufen der Klienten durch eine
spezifische Kartierungstechnik.

Für die Amtsmitarbeiter steht am Ende eines Verfahrens ebenfalls ein wesentliches „Wissensobjekt", und zwar der Schwerbehindertenausweis. Er wird
mit einem Lichtbild und einer Unterschrift der Person versehen und verweist
auf die Art der Behinderung: 'Bl' für 'blind', ein 'H' für 'Hilflos' oder ein 'B' für
die „Notwendigkeit ständiger Begleitung" (LWL 1993: 26). Weder das Lichtbild
noch die Unterschrift oder die einzelnen Buchstabenhinweise können dabei von
Blinden überprüft werden – das Dokument kann ausschließlich von Sehenden
betrachtet werden und deutet damit auf weitere Praktiken hin, mit denen optische Signaturen einer Person erzeugt werden.

Der Perimeterbogen, die Beobachtungssprache der Trainer und der Ausweis
führen demzufolge zu einem reflexiven Prozess, innerhalb dessen optisches
Wissen über das Seh(un)vermögen einer Person hergestellt wird. Die professionellen Bestimmungsverfahren produzieren Kenntnisse über Blindheit bzw.
Sichtigkeit durch *Strategien der Sichtbarmachung*. Ein 'Sehen' bzw. 'Nichtsehen'
wird über Bildgebungsverfahren visualisiert.

Mit ihren Visualisierungspraktiken formulieren die Experten zwingend fast
ausschließlich *Konventionen des Sehens*. Alles, was der Arzt am Ende der Prüfung
schließlich weiß, ist, dass eine Patientin nichts sieht. Blindheit wird medizinisch
einzig als ein nicht-optischer Zustand bestimmt, was bedeutet, bestimmte Lese-
zeichen wie Zahlen, Buchstaben oder Tassen nicht zu erkennen, Lichtpunkt-
verteilungen nicht zu fixieren und Lichtwellenzustände nicht zu unterscheiden.

---

[44] Lynch beschäftigt sich insbesondere mit der Konstitution eines Untersuchungsobjektes innerhalb naturwissenschaftlicher Beobachtungspraktiken und verweist auf die zentrale Funktion
von Diagrammen, Karten und Fotografien innerhalb der Praktiken. Durch eine grafische Anordnung wird z.B. eine Waldfläche als eine 'mathematische Arbeitsfläche' definiert, indem sie in
geometrische Zonen eingeteilt wird, wodurch die Bewegungen einer Eidechse räumlich und
zeitlich platzierbar werden (1985: 42). Die Kartierungen selektieren demnach zwischen wesentlichen und unwesentlichen Beobachtungen der Wissenschaftler, deren Relevanz wiederum durch
die grafische Darstellung bestätigt wird.

Die Reichweite medizinischer Bestimmungen bleiben damit eher beschränkt. Sie bleiben an ihre eigenen Standards gebunden und lassen wenig bis gar keine Rückschlüsse über nicht-optische Wahrnehmungsformen zu.

Die Amtsleute nehmen dagegen zwar Bezug auf alltagsweltliche Relevanzen der Betroffenen bzw. die, die sie Sehbehinderten und Blinden zuschreiben, wie die Einschränkung der Fortbewegung, Hilfsbedürftigkeit oder der Bedarf an besonderen Hilfsmitteln. Die amtlichen Einstufungen zementieren jedoch eine medizinische Optik, da augenärztliche Befunde den Ausgangspunkt der eigenen Bestimmung bilden. Trotz verbundener Augen Justitias findet damit eine defizitäre Einstufung von Blinden statt. Die Mobilitätstrainer zeigten sich im Vergleich zu den beiden anderen Expertengruppen als einzige, die das Zugangsproblem zum Seh(un)vermögen eines Klienten als ein beidseitiges 'Übersetzungsproblem' betrachten. Die Trainer verwenden Verfahren, die beiden Seiten eine Verständigung ermöglichen soll. Im folgenden Kapitel soll der Arbeitsweise der Mobilitätstrainer weiter nachgegangen werden. Es stellt sich die Frage, was 'Blindheit' als *Verständigungsproblem* innerhalb des Unterrichts bedeutet.

# 3    Blindheit im Mobilitätstraining –
ein Verständigungsproblem

Für die Klienten bedeutet Blindheit im Training zunächst, sich mit der zentralen alltäglichen Anforderung auseinanderzusetzen: Der eigene Körper muß von A nach B transportiert werden. Dabei besteht die wesentliche Voraussetzung für das Erreichen eines Zielortes darin, den Transport *steuern* zu können. Genau an dieser Stelle müssen Blinde nach Auffassung der Trainer spezifische Probleme der Navigation (Ryave/ Schenkein 1974: 266)[45] überwinden. Die Trainer formulieren die Aufgabe des Unterrichts dementsprechend als eine Übung der Mobilität. Die Klienten sollen blindeneigene Methoden erwerben, die ihnen ermöglichen, alltägliche Gänge durch ihren Wohnort zu bewerkstelligen, ohne Kollisionen zu erleiden.

Innerhalb des Unterrichts sind die Trainer jedoch nicht nur als spezielle Verkehrsschullehrer gefordert. Sie müssen sich vor allem als besondere Pädagogen bewähren, die einen blindenspezifischen Unterricht halten können.[46] Im Gegensatz zu Fahrschullehrern für einen Kfz-Führerschein können die Trainer eben nicht im klassischen Stil eines Frontalunterrichts eine Tafel aufstellen, eine Kreuzung aufzeichnen und eine Vorfahrtsregel erklären. Die Trainer müssen eine Explikation von lokalen Begebenheiten vornehmen. Für die Beschreibung von Umgebungen können sie aber kaum an alltagsübliche Verbalisierungen anknüpfen. Im Navigationsbetrieb von Sehenden wird schließlich nur selten über Lokalitäten gesprochen. In der Regel werden räumliche Kontexte 'einfach' gesehen, und nur manchmal wird auf ein leicht zu übersehendes Hindernis wie eine Pfütze hingedeutet oder im Falle einer ungewöhnlichen Begebenheit gege-

---

[45] Ryave/ Schenkein untersuchen den Vorgang der eigenen Fortbewegung, der alltagstheoretisch eher als ein naturgegebenes Phänomen betrachtet wird, in ihrer ethnomethodologischen Studie als eine soziale Hervorbringungsleistung: „The Art of Walking" (Ryave/ Schenkein 1974). Der Transport des eigenen Körpers in der Öffentlichkeit wird als ein Problem der Navigation fokussiert, die nur erfolgreich durchgeführt werden kann, wenn eine Reihe sozialer Kompetenzen beherrscht werden, die sowohl die Zuordnung von Passanten als auch den Vollzug der eigenen Fortbewegung betreffen. Die Studie öffnet mikrosoziologische Einblicke in unhinterfragtes Routinewissen der Teilnehmer, die innerhalb des gesamten Kapitels zur Beschreibung des Mobilitätstrainings genutzt werden.

[46] Ich beziehe mich im Wesentlichen auf die Unterrichtseinheiten für diejenigen, die von den Trainern als „*blind*" und als „*besonders schwierige Fälle*" eingestuft werden, da die Trainingsinhalte für Blinde spezielle Problemstellungen der gesamten Arbeit deutlicher zuspitzen. Die Ausbildungsinhalte für Sehbehinderte werden deswegen nur am Rande erwähnt.

benenfalls noch explizit vermerkt: „Vorsicht da, das braune Ding!"

Solche Beschreibungen sind gerade für Nichtsehende allerdings wenig bedeutungsvoll. Nicht umsonst konstatieren Blinde vielfach, welch schlechte Souffleusedienste sehende Begleiter leisten: „*Den meisten fällt es sehr schwer, etwas präzise zu beschreiben*" (Beate). Ohne visuelle Vermittlungsformen, wie deiktische Hinweise oder Erklärungen, mit denen die Farbe eines Gegenstandes benannt wird, stellt sich bei Sehenden offenbar ein Beschreibungsnotstand ein.

Für den Unterricht wird der Notstand von Seiten der Klienten zusätzlich verschärft, da sie die übliche Alltagssprache verwenden, die den Trainern wenig Anhaltspunkte für eine blindenspezifische Beschreibung eröffnet. Für die Trainer bleibt daher häufig unverständlich, was einzelne Äußerungen der Klienten bedeuten: „*Wenn man nämlich genauer nachfragt, was meinst du denn mit 'Innenhof', was stellst du dir darunter vor, dann merkt man, dass der gar nicht weiß, was er damit meint*" (Trainerin). Die Kenntnisse der Klienten gleichen demnach zu Beginn des Unterrichts für die Trainer einer 'Black Box', die sie auch durch Nachfragen kaum illuminieren können. Innerhalb des Mobilitätstrainings zeigt sich Blindheit folglich als ein elementares *Verständigungsproblem* zwischen Trainern und Klienten. Die Trainer müssen innerhalb des Unterrichts eine doppelte Aufgabe bewältigen. Sie müssen blindengerechte Orientierungsmittel *und* Vermittlungsmethoden entwickeln: Sie werden zu Navigationslehrern und Dolmetschern zugleich.

Die Trainer antworten auf die beiden Bezugsprobleme in zwei unterschiedlichen Varianten. Zum einen unterrichten sie spezielle Methoden des 'Fremdtransports' (Ryave/ Schenkein 1974: 265). Die Trainer führen die Klienten, indem sie auf Merkmale lokaler Begebenheiten in vier unterschiedlichen Formen hinweisen[47], d.h. während der Navigation wird von den Trainern gleichzeitig gedolmetscht (3.1). Zum anderen wird der '*Eigentransport*' (ebd.) der Klienten geschult, indem blindeneigene Navigations- und Umweltkenntnisse unterrichtet werden (3.2). Die Trainer führen hierfür eine Spezialsprache ein, die Prinzipien der Navigation vermittelt (3.2.1). Ihr folgt ein umfangreiches Körpertraining (3.2.2) und eine Schulung mentaler Vorstellungshilfen für Umgebungen (3.2.3), die dazu beitragen, die Umweltkenntnisse der Klienten auszubilden und gleichzeitig eine Verständigungsgrundlage zwischen Trainern und Klienten herstellen sollen. Die Aufgabenstellungen der Trainer werden insgesamt in der Form bearbeitet, sich vorrangig mit den Methoden der Navigation zu beschäftigen. Die Problem-

---

[47] Neben dem Führen durch eine Person besteht für Blinde zusätzlich die Möglichkeit, sich z.B. durch Führhunde oder elektronische Hindernismelder wie der 'Ultra-Body-Guard' oder 'Ultra-Touch-Cane', die akustisch auf Entfernungen und Richtungen von Hindernissen hinweisen (Fischer 1990: 20-22), lotsen zu lassen.

zonen der Verständigung, die während des Unterrichts auftauchen, werden zunächst nur eingekreist, um sie abschließend als ein semiotisches Problem zu reformulieren (3.3).

## 3.1   Der Fremdtransport: Steuerungshilfen

Sowohl beim Fremd- als auch beim Eigentransport vermitteln die Trainer den Klienten eine Reihe von Fertigkeiten, die in einem ethnomethodologischen Sinne[48] als Navigationsaufgaben beschrieben werden können. Eine Fortbewegung des eigenen Körpers setzt zum einen voraus, bestimmte Registrierarbeiten zu leisten (Ryave/ Schenkein 1974: 265). Entgegenkommende Passanten müssen als eine spezifische Fortbewegungseinheit identifiziert werden, um das eigene Ausweichverhalten z.B. auf Einzellaufende oder auf ein Paar abzustimmen.[49] Zum anderen beinhalten die konkreten körperlichen Manöver eine Reihe von Produktionsarbeiten (ebd.: 270), durch die der Selbsttransport tatsächlich vollzogen wird. Ein bemerkter Passant sollte eben nicht angestoßen, sondern in einem angemessenen Abstand umlaufen werden.

Im Mobilitätstraining werden diese beiden Aufgaben im Bereich des Fremdtransports vereinfacht, indem die Navigationsrollen verteilt werden: Die Trainer steuern, die Klienten folgen. Die Trainer übernehmen die Registrierarbeiten, indem sie Umweltbegebenheiten, die sie optisch erkennen[50], für die Klienten übersetzen. Die vier Typen von Hinweisen werden im Folgenden sowohl nach ihrer Form als auch dem Grad, mit dem die Klienten von ihnen gesteuert werden, unterschieden. Um die Spezifik der einzelnen Hinweisformen zu ver-

---

[48] Auch die Trainer betrachten die eigene Fortbewegung nicht als ein naturgegebenes Ereignis, sondern als eine Tätigkeit, für die es spezieller sozialer Kompetenzen bedarf. Der Fokus des Mobilitätstrainings richtet sich dabei aber nicht wie bei Ryave/ Schenkein auf die erforderliche Registrierarbeit, mit der Passanten eingestuft werden, sondern fast ausschließlich auf die von Dingen und Lokalitäten. Diese Aufgabe wird von Ryave/ Schenkein thematisch zwar nur gestreift, sie wird aber ebenfalls als eine soziale Hervorbringungsleistung verstanden (1974: 266). Die Trainer betrachten das Erkennen von Umgebungen dagegen als Ergebnis eines kognitiven Wissens. Auf diesen folgenschweren Unterschied einer praxeologischen und einer pädagogischen Perspektive werde ich im abschließenden Teil des Kapitels (3.3) eingehen.

[49] Paare oder Gruppen von Personen sollten nicht getrennt werden, sondern stets von anderen Passanten umlaufen werden. Im Gegensatz dazu sind einzellaufende Personen z.B. nach „spatial patterns" (Ryave/ Schenkein 1974: 271) des Alters oder Geschlechts zu unterscheiden, auf die die eigene Ausweichstrategie ebenfalls jeweils abgestimmt werden muss (vgl. dazu auch Henley 1991: 64-66).

[50] Eine Zulassungsbedingung für die Ausbildung der Trainer besteht darin, über eine normale Sehschärfe und einen normalen Gesichtsfeldausschnitt zu verfügen. D.h. Sehende lehren Blinde bzw. Sehbehinderte.

deutlichen, werden sie vor dem Hintergrund anderer professioneller 'Führungs-
kräfte' beschrieben, die ebenfalls räumliche Hinweise verbalisieren oder in besondere Methoden des Zeigens übersetzen müssen, wie z.B. Radiomoderatoren,
Fluglotsen oder Dirigenten. Abschließend werden die Navigationsmethoden
innerhalb von Alltagspraktiken situiert.

### 3.1.1   Der Lotsendienst

Bei der ersten Hilfestellung der Trainer handelt es sich um ein manuelles Leiten
der Klienten. Sie haken sich unter und werden von den Trainern geführt.

Ella führt Fips durch die Innenstadt. Ella geht leicht versetzt vor Fips, der sich
an ihrem Oberarm festhält. Die kleine Seitenstraße, durch welche die beiden
gehen, ist fast menschenleer. Eine Reihe von Fußgängern passiert das Tandem
problemlos, bis ein Kinderwagen auftaucht. Ella nimmt daraufhin ihren führenden Arm weit hinter ihren Rücken, wodurch Fips fast hinter ihr geht. Der
Kinderwagenanschiebende drückt sich eng an eine Häuserwand. Ella und Fips
gehen an dem Wagen vorbei, Ella nickt dankend mit dem Kopf. Ella führt ihren
Arm wieder nach vorn, die beiden gehen nebeneinander weiter. Fips korrigiert
den Laufschritt, er zieht sanft am führenden Arm, woraufhin Ella ihr Tempo
verlangsamt.
Die beiden gehen auf ein Geschäft zu, was Ella veranlasst, etwas langsamer zu
gehen, bis sie stehen bleibt und sagt: „Tür rechts!" Sie überkreuzt ihre Arme am
Rücken, und Fips wechselt auf die andere Seite. Ella legt ihre freie Hand auf den
Türgriff. Fips streift ihren Arm entlang, bis er den Türknopf erreicht und öffnet
die Tür. Ella und Fips gehen bis zu einer Treppe, die Ella mit einem „Treppe
nach unten!" kommentiert. Ein Fuß von Fips beginnt nach der ersten Treppenstufe zu tasten, und schließlich gehen beide die Treppe hinunter. An der
letzten Treppenstufe verharrt Ella kurz, woraufhin die Füße von Fips wieder
ebenerdig tasten.

Mit den von Ella und Fips verwendeten „*Führungstechniken*" (Trainerin) übernimmt die Trainerin die erforderlichen Registrierarbeiten[51] des Transports. Die
Trainerin gibt dabei vorrangig nonverbale Hinweise über Tempowechsel,
Stoppbewegungen oder bestimmte Armführungen. Mit den Körpersignalen
weist die Trainerin auf Hindernisse wie Treppen(absätze) und verengte Stellen
hin, oder sie gibt Laufänderungen wie Richtungswechsel an. Die verbalen Hin-

---

[51] Bei den Registrierarbeiten erhalten die Führenden zusätzlich durch die Aufmerksamkeit anderer Passanten Unterstützung. In der Regel weichen Fußgänger weiträumig aus, wenn sie eine
Fortbewegungseinheit Führer/ Blinde identifizieren. Die Führenden wiederum übernehmen dabei
die für den Navigationsbetrieb erforderlichen Beziehungsarbeiten. Die Passanten werden z.B. für
ihre Ausweichdienste lächelnd bedankt, oder ihre mitleidigen Blicke werden 'pastoral' abgesegnet.

weise beschränken sich auf kurze Ankündigungen der Position einer Türklinke: 'rechts/ links' oder eines Treppenverlaufs: 'Treppe nach oben/ unten'. Umgekehrt kann auch der Klient nonverbal Navigationshinweise geben. Wünscht er eine Verlangsamung des Schritttempos, zieht er leicht am Arm der Trainerin. Bei allen Ansagen weist die Führende jeweils nur auf örtliche Begebenheiten hin: 'Tür rechts!', der Geführte übernimmt selbst die Ausführung und öffnet die Tür. Die Zuarbeit der Trainerin geht soweit, dass der Klient über ihren Körper verfügen kann. Sie stellt ihn als eine 'Navigationsbrücke' zur Verfügung, damit der Klient z.B. ohne Umschweife einen Türgriff finden kann. Insgesamt entscheiden jedoch die Ausführungskompetenzen der Trainer darüber, ob das 'Körpertandem' sich sicher miteinander fortbewegen kann, da sie die Laufrichtungen, Kurvengeschwindigkeiten und Zweipersonenabstände zu Hindernissen abstimmen.

Mit den Führungstechniken wird gleichzeitig das Verständigungsproblem zwischen Trainern und Klienten abgedeckt. Die Trainerin übersetzt mit den Hinweisen das, was sie sieht, in eine beidseitig zugängliche Form. Sie verschlüsselt einzelne Informationen in (non)verbale Codes, wodurch bestimmte Bewegungseinheiten als Chiffren von Umweltmerkmalen eingesetzt werden: 'Stop = Bordsteinabflachung', 'Arm nach hinten = enge Stelle' etc. Die Trainer gehen dabei wie *Fluglotsen* vor. Beide Navigationsexperten koordinieren Manöver einer anderen Fortbewegungseinheit, indem sie diese konkret an eine Stelle führen, sie rückwärts gehend einweisen, sie stoppen etc. Die Aktionen der Lotsen stellen damit eine Miniatursimulation dessen dar, was die anderen tun sollen, die Lotsen vollziehen die erforderliche Bewegung vorab. Charakteristisch für die Hinweise ist demnach eine *'performative Visualisierung'*, d.h. die Lotsen nehmen keine verbalen Beschreibungen räumlicher Hinweise vor, was insbesondere innerhalb des Geräuschpegels auf einem Flughafen auch wenig Sinn machen würde, sondern sie schaffen situativ einen räumlichen Kontext für die laufende Navigation durch Demonstrationen, die einzelne räumliche Hinweise in eine präzise chiffrierte Zeichensprache übersetzen. Durch ein optisches oder manuelles Signal werden damit ein Treppengeländer oder der Endpunkt einer Rollbahn für die Geführten 'sichtbar'.

## 3.1.2  Die Partiturtechnik

Bei der zweiten Form des Leitens bewegen sich die Klienten ohne eine unmittelbare Führung des Trainers. Das Tandem löst sich auf, und jede/r steuert für sich. Die Trainer übernehmen jedoch weiterhin die Rolle von Kopiloten und unterstützen die Orientierung der Klienten durch akustische Hinweise. *Der Trainer ruft seinen Klienten: „Komm doch mal hierher zurück!"* *Der Trainer beginnt, rhythmisch mit einem Finger zu schnippen. Der Klient dreht sich in seine Richtung und pendelt mit seinem Langstock langsam auf ihn zu.* Im Freien, d.h. außerhalb von Gebäuden, geben die Trainer neben dem Fingerschnippen weitere Hinweise, indem sie in die Hände klatschen oder rhythmisch mit dem Fuß klopfen. Mit kurzen Signalen werden Standorte markiert, mit anhaltenden Tönen werden Richtungen angegeben. Zusätzlich weisen manche Trainer auf besondere Merkmale von Hindernissen[52] hin. Auf eine Fortbewegungseinheit, die sich schnell annähert, wird z.B. mit einem kurzen, markanten Sprechtempo hingewiesen: *„Da kommt ein Auto!"* Dementsprechend wird seine Langsamkeit mit einer verzögerten Sprechweise vermerkt: *„Daaa kooomt eiiin Auuutooo!"* In Innenräumen von Gebäuden setzen die Trainer stärker sekundäre Geräuschquellen ein und geben Signale mit Hilfe von Gegenständen. Ein 'Hier!' wird durch ein kurzes Klopfen auf eine Wand artikuliert oder durch ein geräuschvolles Öffnen und Verschließen eines Fensters.

Mit den Hinweisen unterstützen die Trainer wiederum die Registrierarbeiten der Klienten, indem sie ihre Navigation durch ein akustisches Leitsystem führen. Ein Trainer produziert so lange ein Schnippgeräusch, bis der Klient seine Richtung mit ihm zur Deckung gebracht hat oder das Geräusch verstummt, womit der Trainer wiederum signalisiert, dass der Klient sein Ziel erreicht hat. Zusätzlich erhalten die Klienten Informationen über Manöver von anderen Verkehrsteilnehmern, nach denen sie ihre Produktionsarbeit ausrichten können und im Zweifelsfall einem schnell herankommenden Fahrzeug den Vortritt überlassen. Für die Spezifizierung der Hinweise übernehmen die Trainer die Funktion einer Schallquelle. Ihre Akustika produzieren allerdings nicht einfach 'irgendwie' Lärm, sondern sie *dirigieren* die Klienten nach einer musikalischen

---

[52] Im Unterschied zu den Führungstechniken sind die Hinweisformen allerdings nicht national festgelegt. Ihre Formen und Ausführungen unterscheiden sich von Trainer zu Trainer, sie sind nicht explizit im Ausbildungs-Curriculum aufgeführt, bis auf das manuelle Zeigen, das als *„blindengerechtes Zeigen"* bezeichnet wird. Einzelne akustische Hinweise werden ebenfalls in anderen Bereichen der Blindenpädagogik verwendet, z.B. im Sportunterricht für Hoch- und Weitsprung. Ein Sehender setzt sich dabei an den Absprungbalken bzw. neben die Matte und klatscht in die Hände, wenn die Athleten die Stelle erreichen, bei der sie abspringen müssen.

Ordnung. Die Trainer geben über das Tempo von Tönen an, welches Stück gerade gespielt wird. Sie intonieren mit einem langgezogenen Ton eine Wegstrecke, mit einem oder kurz aufeinander folgenden Tönen einen Standort. Andere auftretende Akteure wie Kraftfahrzeuge oder Passanten werden namentlich benannt und im Staccatostil intoniert, wenn sie sich schnell annähern – eine moderate Tonfolge verweist auf einen langsamen Akt. Ähnlich dem manuellen Zeigen besteht die Übersetzungsstrategie der Trainer folglich darin, eine optische Zeigegeste durch ein geordnetes System von Signalen zu ersetzen. Die Trainer reformulieren optische Eindrücke als eine akustische Performance. Ihre musiksprachlichen Darstellungen lassen räumliche Begebenheiten für den Klienten 'hörbar' werden.

### 3.1.3 Die Moderationstechnik

Die dritte Form des Leitens arbeitet mit einem speziellen Beschreibungsformat, durch das die Trainer Gesehenes metaphorisch kommentieren:

Eine Trainerin[53] und ein Klient sitzen in einer Eisdiele. Der herbei eilende Kellner erhält von der Trainerin den Auftrag: „Wir brauchen für den jungen Mann etwas mit Schirmchen und Sahne, wir machen Unterricht hier." Der Kellner nickt und eilt zur Theke. Nach kurzer Zeit kommt er mit dem Eis zurück und stellt es auf den Tisch. Die Übung beginnt. An dem Glasrand tastet sich eine Hand langsam nach oben, bis sie auf einen Keks trifft. Die Trainerin merkt an: „Taste mal elegant mit dem Keks, wie hoch der Sahneberg ist!" Der Keks streicht langsam den Sahneberg nach oben und wieder nach unten. Die rechte Hand greift nach dem Löffel. „Geh jetzt mal bei sechs Uhr ran in die Waagrechte, du bist jetzt ja senkrecht, merkst du, dass da eine Masse ist? Der Löffel hat das zu machen, was du möchtest. Halte den Daumen parat auf sechs Uhr – genau. Und halte mal deinen Körper gerade an die Senkrechte an der Tischkante."
Der Löffel schiebt und stochert in der Eismasse, er dreht und krümmt sich. Die Trainerin antwortet: „Machen wir mal eine ganz krasse Drehung!" Der Löffel und die darauf befindliche Eismasse rutscht unruhig auf der Löffelinnenseite hin und her. Die Trainerin kommentiert: „Halte dich am Keks fest, super, ganz klasse, dann hast du 'ne ganz tolle Orientierung." Der Löffel bewegt sich auf die Eismasse zu, sucht, dreht sich langsam, trennt ein Stück aus der Creme und

---

[53] Die Mobilitätstrainerin unterrichtet in dem Beispiel eine Übung aus dem Bereich der lebenspraktischen Fertigkeiten, dem LPF, für die es einer Zusatzausbildung bedarf, die nicht alle Mobilitätstrainer mit abdecken. In der Regel werden Elemente des LPF jedoch in das Mobilitätstraining integriert. Das LPF-Training wurde speziell für Blinde bzw. Späterblindete entwickelt und beschäftigt sich vor allem mit alltäglichen Verrichtungen wie Kochen, Essen, Nähen, der Verwendung von Hilfsmitteln, Hygienekunde, aber auch dem Sozialverhalten der Klienten (Boy 1994: 19-21).

wird, etwas wackelig ob der schrägen Haltung der Sammelfläche des Löffels, Richtung Mund befördert. „Ja, genau: Du isst erst das Flüssige, von oben nach unten, abschieben. Bei sechs Uhr runter, Widerstand spüren, einstechen, den Löffel drehen und hoch. Das Gute an der Abschiebetechnik ist auch, dass du dann nicht so viel auf dem Löffel hast."

Der Löffel hält sich zunehmend sicherer in seiner vertikalen Balance, als die Trainerin fragt: „Wie schmeckt das Zitroneneis?" Der Klient stutzt: „Woher weißt du, dass ich gerade Zitroneneis esse?" Die Trainerin feixt: „Weil die Eiskugel weiß ist." Der Klient reagiert fast erleichtert: „Ach so!" Der Löffel arbeitet weiter, stoppt kurz, als der Klient anmerkt: „Ich habe noch gar nicht gekleckert!" Die Trainerin und die Ethnographin beugen sich leicht nach vorne und begutachten zwei kleine Sahnehäufchen und einige Eisrinnsale auf dem Tablett. Sie erwidert: „Nur ein wenig – das konntest du nicht hören. Das passiert auch vielen Sehenden. Das ist aber auch ein ganz schweres Eis, das man dir da gebracht hat. Die reinste Rutschpartie. Möchtest du mal eine Pause machen?" Der Klient verneint: „Nö, will fertig essen." Der Löffel schabt, beschließt nach kurzer Zeit, ein Ende zu setzen und landet an der Seite des Tabletts. Eine Hand zieht sich zurück. Der gesamte Körper des Klienten wird bewegungslos. Die Trainerin fragt schließlich: „Und was kommt jetzt?" Sie blickt eindringlich in das Gesicht ihres Klienten und erklärt ihm: „Die Serviettenregel: Wenn du keine hast, dann rufst du den Kellner. Warte, ich sage dir Bescheid, wenn er kommt." Die Trainerin winkt dem Kellner. Der Kellner schwänzelt zum Tisch. Die Trainerin merkt an: „Da ist die Bedienung, links von dir!" Der Schüler dreht leicht den Kopf und ruft weit in seinen Rückenraum: „Könnte ich bitte eine Serviette haben?" Der Kellner nickt und kehrt kurz darauf mit einer schlohweißen Serviette zurück: „Bitte sehr!" Die Hand tastet nach vorn, greift. Die Trainerin erklärt: „Das sind mehrere Lagen, denke an deine Nasenspitze und den rechten Handrücken." Die Serviette wischt, bis die Trainerin fragt: „Was machst du denn jetzt mit der Serviette?" Der Klient erwidert trocken: „Einstecken!", die Trainerin dagegen: „Nein, du legst sie an den Rand!" Der Klient hakt nach: „Des Tellers?" Die Trainerin bestätigt: „Ja, genauer gesagt der Schale. Guck mal hier." Sie greift nach dem Löffel und klopft an den Rand der Schale. Die Serviette landet zerknüllt am Rand. Die Trainerin beschließt: „O.K. Also. Iss immer so wie eben. Die Technik noch mal: Bei Sechs anfangen, aufgestellter Löffel, einstechen, runter bis an den Teller, nur ein kleines Stückchen waagrecht werden, Daumen als Gegenhalt, weit vornüber beugen und essen."

Die Trainerin erklärt die Fläche des Tisches mit Hilfe einer Metapher, sie verwendet das Modell einer Uhr als Beschreibungsgrundlage für räumliche Hinweise. Diese Übersetzungsstrategie wird durchgängig innerhalb von blindenpädagogischen Kontexten zur Beschreibung von Mahlzeiten verwendet. Üblich sind Illustrationen wie: „Die Bratwurst liegt auf zwölf, das Sauerkraut auf neun, der Senf auf fünf." Analog zum Zifferblatt einer Uhr wird ein Tisch in zwölf Segmente eingeteilt, um Standorte der Objekte auf dem Tisch zu lokalisieren. In der Übungsstunde wird die Metapher zu einer komplexen Handlungsinstruktion erweitert. Die Trainerin legt zuerst zwei Fixpunkte fest: Ein Keks bildet den einen Bezugspunkt, den anderen der senkrecht Sitzende selbst. Von diesen beiden Punkten aus stellt die Trainerin daraufhin räumliche Bezüge her, indem sie einzelne Bewegungsabläufe mit positionalen Begriffen wie oben/ unten, waagrecht/ senkrecht moderiert. Die Aktionen des Klienten werden damit nach Raumlagen (von der unteren Stellung des Löffels bis zur oberen Kante des Sahneberges) und nach Raumstellungen (eine waagerechte Haltung oder ein Drehung des Löffels) geordnet.

Die Registrierarbeiten des Klienten übernimmt die Trainerin diesmal, indem sie optische Hinweise durch eine spezielle 'Raumsprache' ersetzt: Ein Keks ist nicht: 'dort', sondern ein Keks ist: 'auf vier'. Die Instruktionen erleichtern gleichzeitig aber auch die Produktionsarbeit des Klienten. Sie tragen vor allem zur Koordination von Aktionen des Klienten bei, indem sie einzelne Abläufe etappenweise erläutern und seine Bewegungen in einen räumlichen Bezugsrahmen stellen. Die Form der Ansage geht dabei wie eine Moderation vor. Die Aufgabe von Moderatoren im Rundfunk besteht schließlich genau darin, durch eine Sendung zu führen, die einzelnen Programmpunkte anzukündigen und aktuelle Geschehnisse wie z.B. ein Fußballspiel zu kommentieren. Die Hörer wiederum erfahren jeweils erst mit der Beschreibung, was sich gerade ereignet bzw. was die Moderatoren auf dem Fußballfeld bzw. auf dem Tisch gerade beobachten. Die laufenden Ereignisse entstehen für beide Seiten zeitlich versetzt. Die Trainerin ist dem Klienten, wie ein Radiosprecher den Hörern, stets einen Moment voraus. Für den Klienten ergibt sich eine besondere Rückkopplungsschleife. Er erfährt strenggenommen erst durch die Beschreibung, wie er selbst gerade agiert – allerdings nur, wenn er über einige 'Fachbegriffe' verfügt.

Charakteristisch für beide Szenen ist schließlich, dass die Zuhörer über ein spezifisches Hintergrundwissen verfügen müssen, um zu verstehen, was die Beschreibungen der Moderatoren bedeuten. Die Radiohörer müssen wissen, wie ein Fußballfeld aufgebaut ist, um einer Übertragung folgen zu können. Ansonsten bleibt es für sie unverständlich, wenn ein Moderator davon spricht, dass der Ball gerade am Strafraum oder an der Außenlinie gespielt wird. Ebenso kann der Klient einer Angabe wie 'der Keks befindet sich auf drei Uhr' nur folgen, wenn er das Modell einer Uhr kennt. Alle Beteiligten erweisen sich damit als Kenner einer Linienfeldmesskunst, mit der Flächen in geometrische Formen eingeteilt werden. Die Linien des Fußballfeldes und die Zonen des Zifferblattes werden deswegen letztlich zu den entscheidenden Übersetzungsgrundlagen, durch die einzelne Hinweise räumlich platziert werden können: Wiesenflächen und Tischplatten werden mathematisch codiert.

### 3.1.4    Die Marionettentechnik

Bei der letzten Navigationshilfe müssen die Klienten über wenig Hintergrundwissen verfügen. Sie lebt von einer starken Animation durch die Trainer. Die
Klienten werden nicht nur gelotst, sondern tatsächlich 'fremdtransportiert'. Die
Trainer bedienen sich dabei einiger manueller Praktiken, die die Navigationsmanöver ihrer Klienten teilweise unmittelbar vollziehen.

Die Klientin und der Trainer stehen am Pförtnerhaus des Schulgeländes. Trainer: „Was machst du jetzt, um zur Besenbinderei zu kommen?" Die Klientin
erläutert: „Ich gehe erst links bis zum Untergrundwechsel am Brunnenplatz,
dann wieder links bis zum Deckel." Der Trainer antwortet mit: „Gut. Beim
freien Gehen ist es besser, sich rechts zu orientieren." Die Klientin geht einen
Schritt nach vorn, beginnt dann aber, sich um die eigene Achse zu drehen. Der
Trainer unterbricht: „Hey, Brummkreisel – wo ist links?" Die Klientin geht nach
rechts. Der Trainer korrigiert: „Nein, warte!" Er geht zu der Klientin, greift ihr
mit beiden Händen um die Schultern und dreht sie nach links: „So!" Die Klientin pendelt weiter geradeaus. Nach einigen Metern stellt sie fest: „Hier brummt
es so komisch." Der Trainer erklärt: „Das ist das Heizkraftwerk, da wohnt auch
der Hausmeister. Warte, ich zeige dir mal den Eingang." Die Klientin hakt sich
am Arm des Trainers unter, und sie gehen auf den Eingang zu. Der Trainer
stoppt, die Frau stolpert leicht über die erste Stufe. Der Trainer beginnt: „Das
ist das Haus Nr. 6b." Er greift nach der Hand der Klientin und legt die Hand
auf das Ziffernschild. Die Hand tastet mehrmals über die erhabenen Zahlen.
Der Trainer kommentiert: „Nimm mal nur den Zeigefinger!" Er tippt ihr auf
den Finger: „Den!" Schließlich nimmt er selbst ihre Hand und legt ihren Zeigefinger mit der Bemerkung: „Vorsichtig, ansonsten klingeln wir den alten Herren
aus seinem Mittagsschlaf" an den Rand des Klingelschildes.

Mit den manuellen Hinweisen übernehmen die Trainer für die Klienten eine
Reihe von Produktionsarbeiten, indem sie die Ausrichtung ihrer Körper (mit)-
ausführen. Der Trainer dreht z.B. den gesamten Körper der Klientin in die gewünschte Richtung. Ebenso werden Erkundungen von Objekten von den Trainern ganz oder teilweise (mit)vollzogen. Der Trainer zeigt dabei entweder nur
den Einstiegspunkt des Abtastens und legt die Hand der Klientin z.B. auf den
obersten Punkt des Portals. Oder er lenkt die Hand selbst entlang des Türrah-
mens und führt die Tastbewegung synchron an. Eine Zwischenstufe bildet dabei das Antippen von Körperteilen, bei dem der Trainer nur dem gefragten
Körperteil einen kurzen manuellen Impuls gibt, mit dem z.B. der Zeigefinger
für eine Aktion aufgerufen wird, die die Klientin anschließend selbst ausführt.
Mit den Hinweisen wendet der Trainer eine manuelle Lenkung an, die den Körper der Klientin marionettengleich führt. Er zieht wie ein Marionettenspieler

einen Faden, und die rechte Hand, der Zeigefinger, der Arm etc. bewegen sich. Einzelne Körperteile werden isoliert aufgerufen und damit sukzessive der gesamte Körper in Bewegung gebracht. Weder die Marionette 'weiß' dabei, was der Lenker beabsichtigt, noch erhält die Klientin eine Information darüber, wie sie sich zukünftig eigenständig orientieren soll, wenn sie 'irgendwo' in eine Richtung gedreht wird. Die Geführten bleiben weitgehend auf die Fadenzieher angewiesen. Eine manuelle Steuerung erweist sich gegenüber dem Führen einer Marionette jedoch als sperriger. Der Trainer agiert nicht wie ein Spieler von oben, sondern von der Seite, was dazu führt, dass er sich sehr dicht neben dem Körper der Klientin bewegen muss. Trainer und Klientin verbindet eben nicht ein Fadennetz, sondern punktuell ein unmittelbarer Körperkontakt.

Die Marionettentechnik führt damit zu einer Besonderheit, die für die meisten Navigationshilfen zutrifft. In alltäglichen Kontexten würden insbesondere die manuellen, aber auch manche der akustischen Hinweise schließlich als problematische Aktionen eingestuft werden. Mit dem Finger nach jemandem zu schnippen, erinnert an eine Aufforderung, einen Kellner herbeizuzitieren. Gutturale Laute oder Zungenschnalzer werden vor allem von Hundebesitzern eingesetzt. Eine unmittelbare Berührung einer Person ist gerade noch bei Kindern gestattet, ansonsten könnte dies als Verletzung der Intimsphäre einer Person bzw. als sexuelle Offerte betrachtet werden. Die Hinweise im Training laufen offenbar quer zu kulturellen Besetzungen von Gesten und Berührungstabus.

Das Training muss demnach eine Modulation der üblichen Konnotationen leisten, um einen ähnlich eindeutigen Führungs-Kontext zu schaffen wie der eines Fluglotsen, dessen Aktionen ebenfalls nicht als Schikane, sondern als Navigationshilfe verstanden werden sollen. Die Trainer lösen das Problem durch Strategien der Versachlichung. Nur zu Beginn des Trainings werden manuelle Hinweise angekündigt und später durch konkrete Navigationsaufträge flankiert, wodurch eine Berührung eindeutig als ein Navigationszeichen ausgewiesen werden soll: Auf ein „Jetzt links!" erfolgt eine Drehung des Körpers. Berührungen werden dadurch sukzessive von „Beziehungszeichen" (Goffman 1974: 267)[54] zu einem notwendigen Umgangsstil für Navigationsmanöver umgedeutet, der nicht weiter erklärungsbedürftig ist.

Eine weitere Neutralisierungsstrategie der Trainer besteht darin, sprachliche Hinweise möglichst sparsam einzusetzen. Eine Maxime des Unterrichts beinhaltet, nur wenige Navigationshinweise zu verbalisieren, um das Handicap der

---

[54] Ironische Formen der Trainer, einen Klienten z.B. mit einem „*Piep, piep, piep*" zu rufen oder einen Free-Jazz ähnlichen Singsang anzustimmen, verweisen darauf, dass die Trainer sich der Konnotation der Hinweise durchaus bewusst sind.

Klienten in den Hintergrund treten zu lassen. Im Gegensatz zu der Ankündigung eines Hindernisses: „Jetzt kommt eine fünfstufige Treppe!" substituiert deswegen eine Stoppbewegung die Funktion des Ansagens. Die Trainer bezeichnen nonverbale Hinweise dementsprechend als *„elegante Techniken"* (Trainerin), ein manuell geführtes Zeigen wird dagegen unter der Rubrik *„letztes Mittel"* (Trainerin) geführt.

Insgesamt halten sich die Trainer während des Fremdtransportes durch die Diskretion ihrer Hinweise damit zwar im Hintergrund der Geschehnisse, sie bleiben aber mit ihren Ansagen unentbehrlich. Die Trainer geben die wesentlichen Hinweise auf räumlichen Begebenheiten, deren Kenntnis für die Ausführung der Navigationsmanöver unerlässlich ist, wodurch sich die Geführten weitgehend in die Hände der Führenden begeben. Die Trainer werden zu den 'Sehprothesen' der Klienten. Das Problem der Navigation verschiebt sich damit sukzessive zu einem Problem der sehenden Trainer, Informationen über lokale Begebenheiten blindengerecht weiterzugeben.

Den Trainern stellt sich dabei die Schwierigkeit, Substitute für optische Deiktika finden zu müssen, die eine Verständigung mit den nichtsehenden Klienten ermöglichen. Im Gegensatz zu den anderen Experten lösen die Trainer das Problem allerdings, indem sie die erforderliche Mitarbeit der Klienten weitgehend reduzieren. Die Übersetzungsstrategien im Unterricht beinhalten eben gerade nicht, einen räumlichen Bezug wechselseitig herzustellen, indem z.B. eine Person auf eine Markierung zeigt und die andere Person der Handführung folgt, um den Hinweis zu lokalisieren. Die Kommunikation zwischen Trainern und Klienten stellt damit keine klassische Dolmetschersituation dar, bei der die Verständigung darüber hergestellt wird, sprachliche Zeichen wechselseitig zu übersetzen. Die 'Gespräche' innerhalb des Trainings gehen nur in eine Richtung. Die Trainer zeigen den Klienten, was sie sehen, bzw. was es zu sehen gibt. Im Gegenzug ist weniger relevant, was die Klienten bemerken, sie müssen nur bestimmte Dinge bzw. einzelne Aktionen kennen. Der Hinweis auf eine Treppe nach oben bedeutet für sie, den Fuß anzuheben, die Ansage einer Tür signalisiert, den Arm einer Trainerin entlang zu gleiten und den Türgriff herunter zu drücken. Im Bereich des Fremdtransports werden die Navigationsaufgaben der Klienten folglich durch eine Form von Verhaltenstraining substituiert.

An einer Stelle waren die Klienten allerdings stärker gefordert: beim Uhrenmodell. Die Beschreibung der Trainerin setzt das Wissen des Klienten über den Aufbau eines Zifferblatts einer Uhr voraus, damit er z.B. erkennen kann, in welchem Quadranten der Eislöffel liegt. Ein solches Hintergrundwissen wird im Bereich des 'Eigentransports' geschult, der den Klienten ermöglichen soll, sich ohne Hilfestellungen zu orientieren.

## 3.2 Der Eigentransport: Methoden der Selbststeuerung

Im Bereich des Eigentransports werden die Klienten von den Trainern grundlegend in eine Umweltkunde eingeführt: Die Trainer vermitteln nicht nur, wie man sich durch Lokalitäten bewegt, sondern darüber hinaus, was unter einer 'Umgebung' überhaupt zu verstehen ist. Die beiden inhaltlichen Schwerpunkte lassen sich allerdings nicht eindeutig voneinander trennen. Mit den Navigationsmethoden gewinnen die Klienten teilweise gleichzeitig Informationen über räumliche Begebenheiten. Die Trainer setzen bei den Übungseinheiten deswegen eher Akzente: Ein Teil des Unterrichts beschäftigt sich vorrangig mit Navigationskenntnissen. Die Klienten lernen Grundprinzipien der Navigation über eine Fachsprache kennen (3.2.1) und werden in einer umfangreichen Schulung des Körpers unterwiesen (3.2.2). Im zweiten Block werden eher Umweltkenntnisse ausgebildet. Die Klienten erhalten zwei Vorstellungshilfen (3.2.3), die ihnen ermöglichen sollen, sich *„ein Bild von Umgebungen zu machen"* (Trainerin).

### 3.2.1 Eine Fachsprache für die Ordnung der Dinge

In das Reich der Navigation werden die Klienten von den Trainern zunächst eingewiesen, indem sie eine spezielle Navigationssprache erlernen. Umgebungen werden ausschließlich als Verkehrsumwelten bestimmt, indem Lokalitäten und Dinge nach Prinzipien der Navigation klassifiziert werden.

Mit einer ersten Systematik lernen die Klienten, Lokalitäten aufgrund ihrer architektonischen Begrenzungen als *„Innenräume"* und *„Außenräume"* zu unterscheiden. Ein 'Innenraum' zeichnet sich dadurch aus, eine umgrenzte und damit kontrollierbare Fläche zu sein. Ein Trainer illustriert: *„Na ja, also blöd gesagt: Wenn sich jemand in einem geschlossenen Raum verirrt, ist die Chance, dass er den Türgriff findet, größer, als wenn er sich in der Fußgängerzone verirrt. Innenräume sind vergleichsweise sichere Zonen"* (Trainer). Die Unterscheidung des Trainers betont als einen wesentlichen Aspekt der Navigation die Sicherheit einer Zone, was umgekehrt beinhaltet, dass Lokalitäten zu Gefahrenzonen erklärt werden. Ihr Gefahrenpotential wird von den Trainern jeweils in Abhängigkeit von den auftauchenden Hindernissen bestimmt. 'Außenräume' werden feiner differenziert als *„verkehrsreiche Gebiete"*, *„ruhige Wohngebiete"* oder *„freie Flächen"* (Trainerin). Als besonders unsichere Zonen weisen die Trainer in Verkehrsgebieten darüber hinaus Straßenüberquerungspunkte aus, deren Anordnungen sie deshalb präzise klassifizieren. Eine Klientin trifft z.B. auf eine „*T-Kreuzung*" (Trainerin) d.h. auf eine Kreuzung, bei der sich die Straßen gabeln, oder sie findet eine Kreuzung mit Verkehrsinsel vor, mit Drei- oder Vierspurenbetrieb, mit Bedarfsampel etc. Aber auch 'freie Flächen' werden von den Trainern als ein nicht zu unterschätzendes Terrain beschrieben, da ein Mangel an Hindernissen die Klienten ebenfalls in die Irre führen kann: „*Ohne eine Bordsteinkante oder andere wegweisende Objekte auf einem Parkplatz z.B. laufen die ganz schnell im Kreis*" (Trainerin). Ein Grundprinzip der Navigation bedeutet demzufolge nicht nur, den Umgang mit Dingen als Hindernissen zu beherrschen, sondern auch, sich mit ihrer Hilfe einen Weg zu bahnen.

Die zweite Systematik klassifiziert Objekte bzw. einzelne Eigenschaften von Dingen nach ihren navigationsunterstützenden Eigenschaften. Für eine Unterscheidung der Funktionen führen die Trainer zwei Klassen ein: „*markante Punkte*" und „*Hinweise*". Ein markanter Punkt ist „irgendein bekanntes Objekt, ein Geräusch, ein bestimmter Geruch, die Temperatur oder ein taktiler Hinweis, der leicht zu erkennen ist, immer da ist und eine bekannte, festbleibende Position in der Umwelt hat". Ein Hinweis ist „irgendein akustischer, olfaktorischer, taktiler, kinästhetischer oder visueller Stimulus, der wahrgenommen und leicht ausgelegt werden kann, um Information über Position und Richtung zu bekommen."[55] Die beiden Zuordnungen sollen den Klienten schließlich dazu verhelfen, die Eckdaten eines bestimmten Weges systematisch bestimmen zu können. Auf der Route zum Supermarkt wird zunächst ein Objekt festgelegt, mit dem ein Klient seine Ausgangsposition ausrichtet: Er dreht sich mit dem Rücken zu einem bestimmten Baum (markanter Punkt). Ein Mülleimergeruch (Hinweis) führt das erste Wegstück weiter, er wird als ein „*Richtungsgeber*" (Trainerin) verwendet, bis er von einem Stück Geländer (markanter Punkt) abgelöst wird, das eine Treppe hinabführt. Eine Bordsteinkante (Hinweis) steuert weiter geradeaus. Diese „*Leitlinie*" (Trainerin) wird nur punktuell gekappt von einer Wandnische oder von einer Einfahrt (Hinweise). Kurz darauf trifft der Klient auf den Geruch eines Bäckerladens (Hinweis), und schließlich übernimmt ein bestimmter Pfeiler (markanter Punkt) die Aufgabe, daran zu erinnern, rechts in einen Fußweg einzubiegen.

Mit der Navigationskunde werden Umgebungen von den Trainern damit insgesamt als ausschließlich gegenständliche bestimmt: Die Welt des Trainings ist eine Welt der Dinge. Trainer und Klienten nehmen dabei Objektunterscheidun-

---

[55] Die Zitate entstammen einem Ausbildungsskript für angehende Trainer zu „Orientierung und Mobilität/ Lebenspraktische Fertigkeiten" (Marburg, unveröffentlicht).

gen vor, wie Kartographen es für Biotope[56] tun, wenn sie über Wiesen streifen und mit Hilfe von Bestimmungsbüchern Gewächse sortieren: Doldenblütler oder Strauchgewächs? Sortiert wird in beiden Fällen mit Systematiken, die wenig alltagsgebräuchlich sind. Pflanzen werden nach Populationsgebieten oder nach ihrer Nützlichkeit für den Ernährungskreislauf unterschieden, Dinge nach Verbreitungszonen und ihrer Funktion für die Navigation: Distel oder Lupine, Hindernis oder Leitobjekt. Das digitale Klassifikationsprinzip des Trainings schließt demzufolge ein, dass eine Reihe von anderen Objekteigenschaften neutralisiert werden. Merkmale wie lebend/ tot, schön/ hässlich, zulässige/ unzulässige Benutzung werden eingeschmolzen. An ihre Stelle treten Unterscheidungen wie: gefährlich/ ungefährlich, flüchtig/ konstant oder bekannt/ fremd. Die Fachsprache weist die Klienten damit implizit auf das wesentliche Prinzip ihrer Navigation hin: Sie sind in einem spezifischen Sinne abhängig von Objekten. Dinge behindern zwar einerseits ihren Weg, andererseits werden sie zu *den* Hilfsmitteln ihrer Fortbewegung. Vollständig sind die Klienten als Navigierende strenggenommen erst mit ihrem 'Leitobjekt'.

Die Navigationssprache deckt zusätzlich den zweiten Aspekt des Trainings ab, da sie eine verbale Verständigung zwischen den Trainern und Klienten ermöglicht. Als Grundlage einer gemeinsamen Sprache werden Fachbezeichnungen verwendet, die Lokalitäten nach navigatorischen Gesichtspunkten reklassifizieren. Die Begriffe abstrahieren dabei sowohl von alltagsüblichen Betrachtungen einer Umgebung als auch von dem Versuch, sie detailgetreu für Blinde zu rekonstruieren. Eine 'blindenspezifische Übersetzung' beinhaltet demnach eine Verschiebung der wissenswerten Informationen. Entscheidend ist weniger, was einzelne über einen Bäckerladen wissen oder was sie sich unter einem Bäckerladen vorstellen. Sein süßlicher Geruch soll als ein 'Richtungsgeber' notiert und dieser Funktion entsprechend als handlungsinstruktiver Hinweis genutzt werden. Trainer und Klienten inkludieren sich damit in eine Dingwelt, die ausschließlich Navigationserfordernisse kennt: Das Reich des Trainings ist das Reich der 'Navigauten'.

---

[56] Vgl. dazu: Lachmund (1999), der die Unterscheidung zwischen natürlichen und städtischen Umgebungen vor dem Hintergrund von Techniken der Biotopkartierung untersucht, mit denen 'Räume' sozial hergestellt werden bzw. die Existenz bestimmter Umgebungen erst begründet wird.

## 3.2.2 Ein Navigationsprogramm für den Körper

Für die Bestimmung von Dingen unterrichten die Trainer ein umfangreiches Programm von *„Körpertechniken"* (Trainerin)[57], die das Herzstück des Trainings bilden. Die Körper der Klienten werden in ihre Dienste als Navigationsinstrument eingewiesen. Die Fertigkeiten werden in drei Disziplinen unterrichtet. In den ersten beiden werden Registriertätigkeiten geschult. Die Klienten durchlaufen eine 'Wahrnehmungsschule', die ihre Selbstwahrnehmung und das Erkennen von Umgebungen trainiert. Die dritte Disziplin führt sie in den Bereich der Produktionstätigkeiten ein, indem sie spezielle Fortbewegungsformen einstudieren.

### Einen Körper haben

Die Selbstwahrnehmung der Klienten wird von den Trainern als eine Grundvoraussetzung des Körpereinsatzes verstanden, um bestimmte Navigationstechniken überhaupt anwenden zu können. Eine Trainerin erklärt: *„Manche haben überhaupt kein Körpergefühl, die wissen gar nicht, dass sie einen Körper haben: Du piekst sie in den Oberschenkel, und eine zeigt auf ihren Arm"* (Trainerin). In solch *„besonders schwerwiegenden Fällen"* (Trainerin) wird eine ausdrückliche Schulung der Selbstwahrnehmung vorgenommen.

Eine Trainerin gibt die Anweisung: „Klopfe mal auf deine Vorderseite!" Karin klopft auf ihre Brust. „Klopfe mal deine anderen Körperteile ab: Zuerst die Schulter, Po, Beine, vorn, hinten, Füße, große Zehe – mach' das mal selbst." Karin klopft sich zaghaft auf den Kopf. „Und was ist das?" Karin: „Mein Kopf!" Trainerin: „Und welcher Teil?" Karin: „Unten!" Die Trainerin stutzt: „Ne, das ist der Schädel, das ist oben!" Karin: „Ach ja! Früher habe ich auch immer gedacht, das ist der Oberarm" – sie greift zu ihrem Unterarm. Ein anderer Schüler steht breitbeinig im Übungsraum und klopft auf seine Brust. Er kommentiert seine Aktion mit einem „Ich, ich, ich!" Eine Trainerin erklärt diesen Fall: „Er spricht von sich immer in der dritten Person. 'Ich' zu sagen, das habe ich ihm beigebracht, dass der mitkriegt, auch eine Person zu sein. Ich setzte ihn auf einen Ball und beschwerte seine Arme, Beine, Füße mit Sandsäkken, ich rollte ihn in eine Matratze, ganz fest, setzte ihn in ein Planschbecken, damit er sich spürt, damit er spürt, was das ist, sein Bauch und sein Rücken."

---

[57] Die Übereinstimmung der Trainer mit dem von Marcel Mauss geprägten Begriff von 'Körpertechniken' (1975) erstreckt sich allerdings nicht auf dessen Verständnis des Körpers. Die Mobilitätstrainer könnten zwar auch als Handlungstheoretiker bezeichnet werden, die von einem intentional gerichteten Gebrauch von Körpern ausgehen, gerade die alltäglichen Verrichtungen werden bei Mauss aber nicht als Instrumentalisierung des Körpers zu einem Werkzeug verstanden, sondern als Kulturtechniken, mit denen Gesellschaften Körper soziomatisch formen.

Mit den erlebnispädagogischen Methoden versuchen die Trainer, den Klienten ein 'Fühlbild' ihrer selbst zu vermitteln. Ihre Körper werden über Materialeinschlüsse bestimmt, damit sie sich in Form eines 'Negativabdrucks' erkennen. Durch einen Gesamteindruck kann sich ein Klient schließlich nach Auffassung der Trainer als ein einheitliches Subjekt von Körpersensationen erfahren: 'Ich, ich, ich!' Die Übungen wie das Einrollenlassen in Matrazen oder das Tauchen in Wasser beabsichtigen aber weniger, ein individuelles Körperempfinden auszubilden. Der Körper soll nicht als Privatbesitz, sondern als Instrument der Navigation begriffen werden, d.h. als eine funktionsorientierte Betriebseinheit. Deswegen werden die leiblichen Eindrücke von den Trainern durch ein „*Vier-Seiten-Konzept*" (Trainerin) räumlich genauer bestimmt[58]: „*Ein Raum hat vier Seiten, ein Schrank hat vier Seiten, ein Körper hat vier Seiten. Körper und Raumwahrnehmung sind identisch, also werden Körperseiten bestimmt mit: Vorderseite, Rückseite, rechts, links*" (Trainerin). Die Trainerin definiert den 'Navigationskörper' demnach als eine Fläche, die sich dreidimensional in den Raum erstreckt und durch eine vordere, eine hintere und zwei Seitenlinien begrenzt ist. Die Frontseite wird blindenspezifisch häufig auch als „*Bauchseite*" (Trainer) bezeichnet. Am Ende der Schulung seiner Eigenwahrnehmung sollen die Klienten schließlich in der Lage sein, von diesem, ihrem Körper aus egozentrisch vier Raumzonen zu bilden.

## Das ABC einer Wahrnehmungsschule

Im Anschluss lernen die Klienten, die Umgebungen ihrer Körper genauer zu bestimmen, indem sie trainieren, ihre „*(Rest)Sinne*" (Trainerin) effizient einzusetzen. In den Unterrichtseinheiten geben die Trainer den Klienten dafür eine Reihe von physiologischen Möglichkeiten vor, wie ihre Körper von Umwelten beeindruckt werden können: über den Gehörsinn, den Tastsinn, den Geschmackssinn, den Temperatursinn, den Raumlagesinn, den Geruchssinn, das Richtungsgefühl, den kinästhetischen Sinn, durch Änderungen von Helligkeitsniveaus, Temperaturwahrnehmung, durch den Fernsinn u.a. Die Liste der aufgeführten 'Restsinne' unterscheidet sich allerdings regional und international. Ein 'fernsinnliches Wahrnehmen', d.h. ein Spüren von Objekten aus der Ferne, wird in Polen z.B. in Wettkämpfen offiziell unter Beweis gestellt (Lüthi 1976: 17), von anderen Trainern als „*Un-sinn*" (Trainer) bestritten. Im Unterricht der BRD werden insbesondere taktile und akustische Wahrnehmungen ausgebildet.

---

[58] Körperempfindungen werden nach Auffassung der Trainer kognitiv über das „Körperschema" (vgl. zur Theoriebildung: Michel 1990: 17-26) strukturiert, das von ihnen manchmal als 'Raumlagesinn' beschrieben wird, manchmal als 'Empfindung' oder 'Gefühl'.

Vier Auszubildende stehen im Flur des Tagungshauses. Ihre Langstöcke, entsprechend der Höhe des Brustbeins auf Körpergröße angepasst (deswegen
Lang- und nicht Krück- oder Stützstock), gleiten gleichmäßig über den Boden.
Die Rollspitzen der „Kanadier", die zu den 'edlen Geräten' unter den Langstök-
ken zählen, quietschen ein wenig[59]. Auf dem Boden sind Tesakreppstreifen in
Form von Rechtecken, Kreisen, Schlangenlinien und Zickzackformen aufge-
klebt. Ein Trainer gibt die Anweisung: „Jetzt versucht, die Figuren abzutasten
und herauszufinden, wie sie aussehen." Etwas später fragt ein zweiter Trainer:
„Und haben sie die Krepppapierbuchstaben herausgekriegt?" Der erste Trainer:
„Ja, kein Problem, ich glaube, Doppeltgeklebtes war doch zu dick!"

Die Übungen dienen nach Auffassung der Trainer dazu, die taktile Sensibilität
der Klienten zu verfeinern, indem sie Bodenmarkierungen verschiedenartiger
Auffälligkeit zu ertasten lernen. Die Klienten lernen hierfür, bestimmte Erkun-
dungsbewegungen mit dem Langstock auszuführen, die nach Griffpositionen
unterschieden werden, aus denen sich jeweils spezifische Bewegungen des Stok-
kes ergeben. Mit dem Langstock kann: *„gerührt, gewedelt, gewischt oder gezogen werden"* (Trainer). Ein 'Rühren' entspricht einer s-förmigen Bewegung, ein 'Ziehen'
einer linearen Bewegung usw. Die Klienten erhalten mit den Übungen folglich
eine Choreographie für ihre Bewegungen. Die geklebten Zeichen übernehmen
die Rolle einer dramaturgischen Vorgabe, mit der jede Aktion des Handgelenks
präzise festgelegt wird. Die einzelnen choreografischen Elemente zitieren dabei
Figuren der Geometrie, sie bilden die Grundlage für die Bewegungen des Langstockes: Man zieht Kreise oder Linien. Die Schulung der taktilen Wahrnehmung
besteht folglich darin, piktografische Formen zu erlernen, mit denen Tastbewe-
gungen strukturiert werden sollen. Die Anwendung von *„Suchtechniken"* (Trainerin) soll den Klienten schließlich ermöglichen, ihren Langstock nicht willkürlich
einzusetzen, sondern ihn systematisch als ein Navigationsinstrument zu benutzen.

Ein weiteres Feld der Wahrnehmungsschule widmet sich dem akustischen
Bereich. Die Trainer vermitteln Techniken der *„Schall- und Echolokalisation"*
(Trainerin), um das Gehör der Klienten auf Navigationserfordernisse auszurichten. Im ersten Übungsteil arbeiten Trainer und Klienten mit unterschiedlichen *„Schallquellen"* (Trainerin).

---

[59] Die Wahl des richtigen Langstocks erweist sich im Training als hochspezialisierte Wissenschaft, z.B. ob ein Equipoise, Kanadier, Engländer oder Wenz (Marburger) verwendet werden
soll. Die Stockspitzen sind entweder steif oder mit einer Rollkugel versehen. Sie bestehen entweder aus Metall, Glasfiber, Keramik oder Kunststoff. Es gibt Schafte, die starr oder mehrteilig in
Form eines Teleskops zusammenlegbar sind oder mit mehrteiligen Raststellungen; die Griffe sind
entweder als genarbter Knopfgriff gestaltet oder mit Handschlaufen versehen (VzfB 1991/ 1992:
15-1 bis 15-13).

Eine Trainerin stellt einen laut tickenden Wecker im Übungsraum auf und gibt der Klientin den Auftrag: „Wenn du den Wecker hörst, dann drehst du dich zuerst genau zu der Quelle hin, achte dabei auf deine Körperseiten, und dann gehst du direkt auf den Wecker zu!" Die Klientin dreht mehrmals leicht mechanisch ihren Körper auf die Schallquelle zu und geht dann erfolgreich unmittelbar auf das tickende Utensil zu. Die Trainerin nickt zufrieden: „O.K. Jetzt nimmst du mal anders die Richtung ab. Du bleibst einfach stehen und zeigst mir die Richtung an." Die Trainerin geht mit dem Wecker durch den Raum, die Klientin folgt ihr langsam mit dem Arm. Die Trainerin nickt erneut zufrieden: „O.K., und wie weit stehe ich jetzt von dir weg?" Die Klientin zögert einen Moment und sagt dann: „Ungefähr fünf Meter!" Die Trainerin nickt und stellt ihr eine letzte Aufgabe: „Und welcher Himmelsrichtung entspricht das?" Die Klientin zögert wieder einen Moment und konstatiert schließlich: „Südost!"

Beim „*Richtungshören*" (Trainerin) bestimmt die Klientin die Position von einer Schallquelle entweder über ihre Körperseiten, oder sie ordnet das Geräusch einer Himmelsrichtung zu, wofür sie einen taktilen Kompass verwendet, dessen Nadelposition abgetastet werden kann. Eine weitere Übung beschäftigt sich mit dem „*Entfernungshören*". Die Klientin lernt, den Abstand zu einer Schallquelle zu eruieren, und gibt die vermutete Distanz jeweils in Längenmaßen an: 'Drei Meter, (...), fünf Meter'. Nach diesen 'Trockenübungen' werden die Hörtechniken in konkreten Verkehrssituationen angewendet. Eine Klientin stellt sich z.B. an eine Ampel und übt herauszuhören, wann der Verkehrsfluss abreißt (das Phasenhören), sie lernt, die Abstände der anderen Verkehrsteilnehmer einzuschätzen (das Entfernungshören) und die Fahrtrichtungen von Autos zu bestimmen (das Richtungshören).

Der zweite Übungsbereich beschäftigt sich mit selbsterzeugtem Schall, den 'Techniken der Echolokalisation'. Ein Echo kann von den Klienten durch Rufen bzw. Sprechen innerhalb eines Raumes, Klatschen, Schrittgeräusche oder das Auftippen der Stockspitze beim Gehen erzeugt werden. Mit Hilfe der Echos sollen jeweils Einschätzungen der Größe eines Raumes und der Bodenmaterialien wie z.B. Teppichböden getroffen werden. In Außenräumen werden vor allem gezielte Tippbewegungen des Langstockes dafür verwendet, einzelne Objekte näher zu bestimmen: „*Ein harter, etwas kalter Widerhall zeigt die Wand an und ein weicher dumpfer Widerhall, dass es sich um die Hecke handeln muss*" (Trainerin). Detaillierte Kenntnisse über die einzelnen Echos erwerben die Klienten durch wiederholtes Üben. Eine Trainerin führt einen Klienten z.B. solange eine Häuserreihe entlang, bis er die „*Schalllücken und Schallschatten*" (Trainerin) von einzelnen Nischen oder Einfahrten unterscheiden kann. Mit fortschreitender Wahrnehmungssensibilität sollen zuletzt selbst kleinste Schallschattierungen wie die eines schmalen Pfostens von den Klienten bemerkt werden.

Mit den akustischen Übungen wird das Gehör der Klienten von den Trainern in einem naturwissenschaftlichen Sinne eingestellt, es wird 'physikalisch' geeicht. Die Klienten lernen, dass es eine Ursache von Geräuschen gibt, d.h. eine Quelle, die Schall erzeugt, deren „*Ausbreitungslinie*" (Trainerin) jeweils zurückverfolgt werden kann: Man kann ihr 'die Richtung abnehmen'. Dieses Schallprinzip wird bei den Techniken der Echolokalisation umgekehrt genutzt, indem akustische Resonanzen von den Klienten selbst stimuliert werden. Die entstehenden Echos werden dabei jeweils nach bestimmten Objekten benannt, die Trainer sprechen expressis verbis vom „*Säulenhören*", einer „*Erfahrung Nische*" oder einer „*Erfahrung Ecke*".

Innerhalb der gesamten Wahrnehmungsschule erhalten die Klienten damit vier unterschiedliche Ortungsmethoden, auf deren Grundlage sie ihre sinnlichen Eindrücke bestimmen sollen: das Vier-Seiten-Konzept, eine geometrische Formenkunde, einen taktilen Kompass und einen Katalog von Objekten. Die Zuordnung ihrer Erfahrungen lernen die Klienten dabei jeweils in einem Trial-and-error-Prinzip. Von den Trainern wird nicht expliziert, wie z.B. ein Auto klingt, das dreißig Meter entfernt ist, oder wie sich das Echo einer Nische von dem einer Einfahrt unterscheidet. Im Gegensatz dazu erhalten die Klienten z.B. eine Liste besonderer Umweltmerkmale und üben solange, bis sie wissen, wie sich eine Nische oder Säule anhört. Das 'Wie' bleibt dabei das implizite Erfahrungswissen der Klienten und Trainer, subsumiert unter dem Begriff 'Erfahrung Nische'.

Die Trainer schulen das Wahrnehmungsvermögen der Klienten folglich, indem sie bestimmte *Organisationsprinzipien* von taktilen und akustischen Wahrnehmungen festlegen. Der Unterricht ist weniger darauf ausgerichtet, einzelne sinnliche Eindrücke zu spezifizieren und die Klienten z.B. zu Klangexperten auszubilden, die über ein umfangreiches akustisches Glossar für Geräusche verfügen. Im Training spricht man über die navigatorische Ordnung, mit der ein Erkundungsergebnis lokalisiert werden soll. Wesentlich ist, woher ein Geräusch kommt: von links oder aus Südost. Die Verständigung zwischen den Trainern und Klienten wird dementsprechend auf 'Peilungssprachen' umgestellt. Insbesondere die Bezeichnungen für die Bewegungen des Langstocks werden zu einer Fachsprache, mit der die Trainer den Klienten Bewegungsinstruktionen geben, ohne sie im Detail zu verbalisieren: Eine Tastbewegung soll s-förmig oder zick-zack-förmig erfolgen. In den Wahrnehmungsübungen werden folglich Zuordnungsmuster geschult, die sich insgesamt durch einen piktoralen Verstehenshintergrund auszeichnen: Die Klienten lernen, geometrische Grundformen oder eine Himmelsrichtung mit Hilfe eines Kompasses zu bestimmen, der – wie das Zifferblatt einer Uhr – einzelne Zonen von Umgebungen durch die Übertragung einer Grafik 'sichtbar' macht.

## Die Gehschule

Nach der Ausbildung von Registrierarbeiten lernen die Klienten als letzte Disziplin, ihre Produktionsarbeiten auf *„Techniken der selbständigen Fortbewegung"* (Trainerin) auszurichten. Der Unterrichtsteil beinhaltet dreierlei: Die Klienten üben, geradeaus zu gehen, abzubiegen und ihren Körper gegenüber Hindernissen zu positionieren. Die Klienten lernen als erstes, ihre Gehbewegungen auf Navigationserfordernisse einzustellen, indem sie einer *„Leitlinie"* (Trainerin) folgen, die sie geradeaus in eine Richtung führt. Die Fortbewegung orientiert sich dabei mit dem Langstock entweder an der *„inneren Leitlinie"* (Trainerin) z.B. entlang einer Häuserwand, oder sie folgt der *„äußeren Leitlinie"* (Trainerin) wie einer Bordsteinkante. Sind keine Leitlinien verfügbar, können die Klienten das *„freie Gehen"* (Trainerin) anwenden. Man überquert einen Parkplatz oder eine Grünfläche, indem man sich einen Richtungsgeber wie die Geräusche spielender Kinder sucht und sich möglichst direkt mit gleichmäßigen Pendelschritten auf sie zu bewegt. Während der Überquerung sollen die Klienten nur vorwärts gehen, da Seit- und Rückwärtsschritte nach Auffassung der Trainer dazu führen können, dass zuerst der eigene Körper und nicht der Langstock auf ein Hindernis trifft: *„Die garantieren keinen ausreichenden Körperschutz"* (Trainerin).

Ein mögliches Bewegungsrepertoire der Klienten wird durch die Übungen auf bestimmte Grundformen eingestellt. Die alltägliche Tätigkeit des Gehens wird einem strengen Bewegungsmuster unterworfen und dadurch zu einer Navigationstechnik. Die Klienten sollen in gleichmäßigen Schritten gehen und zwar immer nach vorn. Die Gangtechniken werden dabei nach der Verfügbarkeit von Objekten unterschieden. Die Bordsteinkante wird zur Leitlinie als 'Begleiter' der Klienten, ohne eine Bordsteinkante gehen sie allein bzw. frei.

Das zweite Übungsfeld beschäftigt sich mit erforderlichen Richtungswechseln. Man probt zunächst auf Pappkartons, wie man 'abzweigen' kann.

Eine Trainerin legte Kartons auf dem Fußboden in einem Übungsraum in Form eines 'Us' aus, das einen Häuserblock nachstellen soll. Sie kommentiert den Aufbau: „Ich lasse K. hier erst mal den Parcours laufen. K. weiß nicht, was 90 Grad sind oder Ecken. Ich habe mit ihr jetzt schon drei Wochen Ecken geübt!" K. geht gerade auf der anderen Seite des Raumes den Parcours entlang, bis sie schließlich eine Pappdeckelecke erreicht, an der sie stoppt. Die Trainerin erklärt: „Du willst ja nicht über die Straße – du willst ja nur einmal um den Block ge-

hen. Wo ist jetzt deine Parallelstraße?" K. spekuliert: „Ich glaube rechts." Die
Trainerin schüttelt den Kopf: „Geh noch mal an die Wand. Dreh dich noch
mal: Wo ist jetzt deine Parallelstraße?" K. stellt sich mit dem Rücken an die
Wand, geht wieder einen Schritt nach vorn und stellt ihre Füße in einem rechten
Winkel zusammen. Sie beginnt, sich langsam um die eigene Körperachse zu
drehen. Die Trainerin hakt nach: „Wie oft hast du dich gedreht" K. berichtet:
„Viermal, das sind 360 Grad!" Die Trainerin bestätigt: „Genau!" Sie führt sie
wieder zurück zum Parcours, stellt sie mit dem Rücken zum Gehsteig und fragt
erneut: „Wie oft musst du dich jetzt umdrehen, wenn du nach links willst?" K.
antwortet: „Zweimal." Ihre Füße arbeiten. Nach zwei Drehungen geht sie geradeaus weiter den Parcours entlang. Die Trainerin nickt.

Die Kunst des Abzweigens besteht demzufolge darin, vier Seiten des Körpers
zu bestimmen, die Füße in Form einer Ecke zusammenzustellen und den gesamten Körper in unterschiedlichen Abschnitten eines 360-Grad-Radius
schwenken lassen zu können. Für die Körperbewegungen der Klienten werden
von den Trainern erneut geometrische Grundformen eingesetzt, um Bewe-
gungsmaßstäbe zu setzen. Diesmal werden die Choreographien verwendet, um
Laufbahnänderungen zu systematisieren. Ein Richtungswechsel soll in Form
von Halb-, Dreiviertel- oder ganzen Kreisen ausgeführt werden. Mit diesen
Drehungen verwandeln sich einfache Seitbewegungen in Navigationsmanöver,
indem die Klienten ein Abzweigen in Form eines 'Winkelmessens', 'Lotmessens'
oder 'Kreisschneidens' vollziehen.
      Die letzte Übung der Fortbewegungsdisziplin beschäftigt sich mit dem Be-
gegnen von Hindernissen.

Die Trainer haben für ihre Schüler einen Übungsparcours zusammengestellt.
Auf dem Gehweg vor dem Haus türmen sich diverse Hindernisse: eine quer
stehende Bank, ein Wäscheständer, ein Fahrrad, Stühle, Eimer, eine gespannte
Schnur, ein Auto, ein Bügelbrett, Kartons. Die Aufgabe der Schüler besteht
darin, den Endpunkt des Parcours zu erreichen, ohne den Gehweg zu verlassen
bzw. die Grünfläche zu betreten. Die Schüler starten. Thorsten pendelt mit
seinem Langstock einige Meter geradeaus: 'Tock'. Er erreicht den ersten Stuhl,
den er problemlos umläuft. Ein Knirschen bringt ihn wieder zum Stoppen, sein
'verlängerter Zeigefinger' verhakt sich in einem Bügelbrettfüßling. Thorsten
zieht und zerrt daraufhin an seinem Stock und verliert das Gerät schließlich. Er
flucht und bückt sich nach unten, um den Boden abzusuchen. Ein Trainer
kommentiert seine Aktionen: „Immer am Hindernis bleiben!" Er geht zu Thorsten, umgreift dessen Schultern und richtet ihn zum Bügelbrett aus: „Das ist
parallel zu deinem Hindernis!" Thorsten verharrt kurz in der Position und wedelt dann weiter geradeaus, als sich ihm ein zweiter Trainer frontal in den Weg
stellt und ein Verkehrsschild 'spielt', indem er auf Kopfhöhe seine Arme aus-
breitet – er feixt in die Runde. Der Schüler nähert sich ihm langsam, bis sein
Langstock stumpf gegen ein Bein des Trainers schlägt. Der Schüler dreht sich

nach links, ohne mit seinem Kopf auch nur in die Nähe des Trainerarmes zu gelangen und pendelt weiter. Der Trainer verzieht leicht enttäuscht die Miene und verlässt den Parcours wieder. Ein anderer Schüler trifft mit seinem Stock gerade auf einen Karton: „Scheiße, was ist das denn?" Er geht einige Schritte zurück. Der Trainer instruiert: „Jetzt suche doch mal vernünftig. Mit der Technik geht das nicht, greife mit der Hand um!" Der Schüler dreht sich zu dem Karton, tastet noch einmal und umläuft ihn schließlich. Der Trainer lobt: „Ja, schön, Simon: Erkennen, Körper drehen, umlaufen"

Mit den Übungen studieren die Klienten eine Grundstellung gegenüber Objekten ein. Es gilt die Regel, sich immer parallel zu einem Hindernis auszurichten. Sobald ein Hindernis bemerkt wird, soll der Körper soweit gedreht werden, bis das Objekt vor der 'Bauchseite' platziert ist. Das Ergebnis der Ausrichtung ist eine face-to-face-Konstellation zu einem Gegenstand, die ermöglichen soll, die unterschiedlichen Suchtechniken frontal anzuwenden. Die Durchquerung des Hindernisparcours fasst schließlich alle erworbenen Fortbewegungstechniken zusammen. Die Übungsstrecke wird zu einem Kürlauf, bei dem alle erlernten Registriertechniken und alle Produktionsfertigkeiten wie Drehungen und das Geradeausgehen von den Klienten 'frei' angewendet werden können.

Die Arbeit am Hindernis spitzt die Ausrichtung des gesamten Körpertrainings als eine Disziplinarmethode (Foucault 1994: 175f)[60] zu. Alltägliche Bewegungsabläufe werden innerhalb des Trainings durchgängig formalisiert und auf ein streng navigationsnützliches Repertoire reduziert. Einzelne Bewegungssequenzen werden dabei präzise festgelegt: erkennen, drehen, umlaufen. „Es formt sich so etwas wie ein anatomisch-chronologisches Verhaltensschema" (Foucault 1994: 195). Im Mittelpunkt des Navigationsprogramms stehen wiederum Objekte. Ihre Anwesenheit verschafft den Navigierenden strenggenommen erst ihre räumliche Existenz. Objekte werden zu 'Navigationsbojen' ihrer Fortbewegung.

---

[60] Foucault bezieht sich u.a. auf eine Verordnung des französischen Militärs von 1766, um Methoden der Disziplinierung des Körpers zu verdeutlichen: „Weiter muß man die Soldaten gewöhnen im marschieren (...). Die Länge des kleinen Schrittes beträgt einen Fuß, diejenigen des gewöhnlichen Schrittes, des doppelten Schrittes und des Straßenschrittes zwei Fuß, gemessen jeweils von Ferse zu Ferse (...). Den Schrägschritt macht man ebenfalls in einer Sekunde; er beträgt höchstens 18 Zoll (...). Den gewöhnlichen Schritt macht man nach vorn, mit erhobenem Kopf und aufrechtem Körper, indem man sich abwechselnd jeweils auf einem Bein im Gleichgewicht hält und das andere nach vorn hebt" (Foucault 1994: 194f). Im Gegensatz zu Foucault werden die Körpertechniken des Mobilitätstrainings allerdings weniger als Dispositive von Macht, sondern als Praktiken fokussiert, mit denen ein spezifisches Wissen über Körper vermittelt wird. Bei der Vermittlung stellt sich dem Militär und den Trainern dabei gleichermaßen die Schwierigkeit, performatives Wissen über Körperbewegungen zu *verbalisieren*. In beiden Fällen werden deswegen besondere Beschreibungsformate eingeführt, um Bewegungen diskursiv über Längenmaße, Zeitintervalle oder geometrische Formen zu 'illustrieren'.

Der alltägliche Eigentransport wird im Training *versachlicht*, er wird zu einer 'asozialen Tätigkeit', da das Erkennen von Personen fast vollständig nachgeordnet wird. Die 'Blindenwelt' wird zu einer „Sozialform von Objektbeziehungen" (Knorr-Cetina 1998: 83). An Dingen richtet sich der Körper aus, ihnen gegenüber bezieht er seinen Standpunkt, zwischen ihnen bewegt er sich in geometrischen Mustern nach vorn. Ein Gelingen der Fortbewegung hängt dabei fast ausschließlich an der Präzision der Ausführung. Eine Achteldrehung zuviel kann die gewünschte Laufrichtung auf eine völlig falsche Fährte führen. Die Disziplinierung des Körpers beinhaltet folglich eine „Sub-Justiz" (Foucault 1994: 230): Man bestraft sich selbst im Falle einer Abweichung.

Die ordnungsgemäße Ausführung der Körpertechniken lässt den Klienten deswegen bisweilen etwas leicht Mechanisches anhaften. Manches Navigationsmanöver erzeugt den Effekt eines Schienenfahrzeugs, das immer wieder die gleiche Strecke abfährt und sich nur innerhalb fester Fahrrillen bewegen kann. Den Automatismus der Fortbewegung pointierte ein Schüler in seinem täglichen Gang durch einen Gebäudeflügel des Schulinternats. In dem langen Flur zwischen Schlaf- und Essensräumen schlug er jedes Mal an einer Stelle einen Haken. Eine Erzieherin bemerkte dazu: *„Das müssen wir mit dem Trainer noch mal üben, dass da keine Säule mehr steht!"* Der automatenhafte Zug verweist damit auf eine grundlegende Umpolung von „Körpertechniken" (Mauss 1975): Die kommunikativen Funktionen des Körpers werden beim Eigentransport wie beim Fremdtransport wenig bis gar nicht berücksichtigt. Mit den Navigationstechniken wird der Körper ausschließlich als ein Transportmittel verstanden und nicht als ein Ausdrucksmedium sozialer Identität(en).[61] Die Klienten erwerben damit ein Bewegungsrepertoire, das emotional, geschlechtlich oder altersmäßig 'bereinigt' ist und verfügen damit über eine 'Körpersprache', deren Zeichen vor allem die Trainer verstehen. Er erkennt, ob eine Kurve ideal bewältigt wurde, wobei die soziale Mitgliedschaft des Körpers für die Trainer sekundär ist. Nach Auffassung der Trainer soll der Unterricht schließlich elementar das Überleben der Klienten im Straßenverkehr sichern: *„Der Unterricht – das ist Überlebenstraining"* (Trainerin).

---

[61] Die Schulung des Körpers verläuft an dieser Stelle gegenläufig zu Bemühungen von Blinden, ihr Handicap als Stigma zu verbergen bzw. eine Selbstdarstellung zu praktizieren, die kommunikativen Funktionen des Körpers in face-to-face-Situationen gerecht wird, worauf ich ausführlich in Kap. 4 und 5 eingehen werde.

### 3.2.3 Mentale Vorstellungsprothesen

Mit den erworbenen Körpertechniken ist der Unterricht allerdings noch nicht abgeschlossen. Die Klienten verfügen mit den Techniken zwar über ein Knowhow, wie sie Umgebungen nutzen können: An einem bestimmten Pfeiler biegt man rechts ab. Nach Auffassung der Trainer können die Klienten sich aber noch nicht vorstellen, *was* ein Pfeiler ist oder eine Wand im Unterschied zu einem Schrank: *„Seit mehreren Wochen üben wir, einen Flur zu begehen, Schränke usw. sortieren wir ja weg. Für den ist das so, dann ist da wieder 'ne Wand und wieder 'ne Wand und wieder 'ne Wand. Einmal durch den Flur: 50 Wände. Das ist die unterste Grenze, da kann ich nur noch einen Handlauf anbringen, an den ich Markierungen aufklebe. Mit dem muss man auswendig lernen: An der und der Stelle biegst du rechts ab – rechts und links weiß er allerdings auch nicht"* (Trainerin). Manche Klienten bleiben nach Auffassung der Trainer auf dieser Stufe von Vorstellungen über Dinge und Räume stehen.[62] Ein umfassenderes Navigationsvermögen setzt für die Trainer schließlich ein kognitives Wissen über Umgebungen voraus. Der Unterrichtsfokus wendet sich: Nach der Handarbeit folgt die Kopfarbeit. In der ersten reduktionistischen Phase wurden Dinge ausschließlich aufgrund ihrer Navigationsfunktionen bestimmt. In der nun folgenden zweiten Phase werden Gegenstände wieder 'vergesellschaftet'. Die Trainer vermitteln eine Reihe von allgemeinen *Umweltkenntnissen* auf der Grundlage von zwei Vorstellungshilfen, die den Klienten veranschaulichen sollen, wie Dinge und Umwelten 'aussehen': *„Die müssen sich ja ein Bild von etwas machen können"* (Trainerin).

**Räume als Begriffstableau**

In der ersten Übungseinheit erklären die Trainer Lokalitäten und Gegenstände über 'sprachliche Cluster'. Die Trainer sprechen im Kontext der Übungen von *„Begriffsbildungen"*, d.h. sie praktizieren einen blindenspezifischen Sprachunterricht, in dem die Klienten lernen, einen Zusammenhang zwischen einer Bezeichnung und einem Ding herzustellen. Nach der Bedeutungstheorie der Trainer erhält im Normalfall ein Wort seine Bedeutung, indem ein Gegenstand betrachtet wird. Man sieht z.B. ein Hochhaus: *„Den Gesamteindruck, den ein Sehender*

---

[62] Raumvorstellungen von Blinden wurden in der Blindenpädagogik seit 200 Jahren als ein vorrangiges Forschungsthema verfolgt. Die Ansätze reichen von Positionen, die Blinden Raumvorstellungen absprechen bis zu einer mannigfaltigen Differenzierung von anderen Raumqualitäten als Greifraum bzw. Tastraum (Révész 1953) oder als akustischer Raum (Griffin 1958): „There has been a great deal of speculation about the nature of the spatial world of the blind – in fact, there is more speculation than useful research" (Warren 1984: 78). Vgl. als einen Ansatz, der wenig an optische Raumkonzepte anschließt: Nielsen (1993).

*mit dem Begriff 'Hochhaus' automatisch verbindet, hat ein Blinder nie. 'Hochhaus' ist also insofern ein 'leerer' oder teilweise 'leerer' Begriff, als nur wenige Aspekte eines Hochhauses erfahren werden und mit diesem Wort verknüpft werden können"* (Huber 1995: 8). Die Trainer unterrichten die Klienten folglich darin, Begriffe mit Bedeutungen zu 'füllen'.

Eine Trainerin illustriert die Notwendigkeit und Form der Ausbildung folgendermaßen: *„Wie ein Alien kommen die manchmal hier angeflogen, und dann geht es los: Was ist ein Parkhaus, eine Kreuzung – einmal habe ich eine halbe Stunde erklärt, dass auf einer Straße Linien und Pfeile sind, wie die in den Asphalt eingelassen sind, was eine Straßenbahn ist. Ich habe den Schaffner gefragt, ob Mareike mal von außen hochklettern kann, damit sie eine Vorstellung bekommt, wie groß eine Straßenbahn ist, und dass sie auf Schienen fährt, die haben wir uns dann auch noch angesehen"* (Trainerin). Die Trainer veranschaulichen ihren Klienten folglich einzelne Begriffe wie 'Straße' oder 'Straßenbahn', indem sie Erkundungen vor Ort durchführen lassen. Die Trainer wenden dabei häufig eine diskursive Praktik an, die in Form eines Frage-Antwort-Spiels erfolgt:

Die Trainerin eröffnet: „Guck mal, was da ist!" Der Klient beginnt zu suchen, er tastet mit den Füßen über den gewölbten Untergrund, er greift nach vorn, er lauscht. Der Klient stellt fest: „Windig ist es hier." Die Trainerin fragt nach: „Stimmt, und was bemerkst du noch?" Der Klient tastet nochmals mit den Füssen: „Huckelig ist es." Die Trainerin fragt nach: „Das ist auch richtig, aber was könnte hier sein?" Der Klient stutzt und merkt schließlich an: „Hier ist keine Wegpflasterung!" Die Trainerin bestätigt: „Gut, du bist auf der richtigen Spur!" Der Klient überlegt wieder, schließlich geht er einen Schritt nach vorn, streckt seine Arme aus und streicht mit seiner Hand über einen Stamm: „Das ist ein Baum!" Die Trainerin bestätigt: „Jetzt hast du's. Du bist an der Eiche!" Die Trainerin blickt zufrieden auf die mächtige Krone des alten Baumes. Der Klient schweigt.

Die Trainerin lässt den Klienten ein Rätsel raten: Ich sehe etwas, was du nicht siehst. Sie eröffnet mit der Aufgabenstellung, der Schüler möge sich eine bestimmte Stelle genauer ansehen: 'Guck mal, was da ist!' Es folgt ein Pingpong von Antworten und Gegenfragen. Die Trainerin weist die Antworten dabei nicht einfach zurück, sondern sie gibt weitere Suchhinweise, bis der Klient die Lösung gefunden hat. Das Erkundungsergebnis soll diesmal nicht die Funktion eines Objektes als 'Richtungsgeber' bestimmen, sondern der Klient soll die Anwesenheit einer Pflanze bemerken: Vor ihm steht ein Baum.

Insgesamt wählen die Trainer eher verkehrsnahe Begriffe aus, die eine Relevanz für Navigationsmanöver der Klienten besitzen wie z.B. Kreuzungen, Parkplätze oder Tankstellen. Der Ablauf der einzelnen Begriffsbildungen folgt stets einer festen Chronologie. Trainer und Klienten begehen gemeinsam z.B. eine Tankstelle. Die Trainer treffen eine Auswahl der Dinge, für die Begriffsbildungen vorgenommen werden sollen: Einfahrten, Zapfsäulen, Luftdruckmessgerät, fahrende Fahrzeuge, Kioske, Auslagen etc. Während der Erkundungstour legen sie jeweils ein Merkmal für einen Gegenstand fest, das mit seiner Bezeichnung in Verbindung gebracht werden soll, z.B. das Geräusch von Autotüren, das Klicken eines Tankdeckels oder das Zischen des Luftanschlusses. Aus den einzelnen Begriffen und den jeweiligen Sinneseindrücken soll der Klient am Ende der Begehung das „*generelle Umweltmuster Tankstelle*" (Trainerin) zusammensetzen. Dementsprechend beinhaltet das „*Umweltmuster Innenraum*" eine Steckdose, einen Lichtschalter, einen Heizkörper und einen Türgriff, das „*Umweltmuster Hotelzimmer*" schließt ein Bett, einen Nachttisch und ein Telefon ein, ein „*Außenraum*" umfasst Einfahrten, Kreuzungen, Bäckerläden, Gullideckel, Kirchturmuhren etc.

Mit den Umweltmustern sollen nach Auffassung der Trainer generelle Anordnungen von Gegenständen verdeutlicht werden, die eine bestimmte Lokalität typischerweise kennzeichnen. Die Trainer definieren Lokalitäten damit als eine spezifische Arena von Objekten und repräsentieren sie jeweils durch ein Begriffstableau: 'Küche = Herd + Spüle + Schrank'. Die Kenntnis der sprachlichen Cluster soll den Klienten dazu verhelfen, ihre Registrier- aber auch Produktionsarbeiten zu entlasten, indem sie eine Umgebung nicht jedes Mal vollständig neu erschließen müssen. Nach Auffassung der Trainer können die Klienten vor Ort gezielt vorgehen, sobald sie ein charakteristisches Zusammenspiel von Gegenständen entdecken, das auf ein bestimmtes Cluster verweist. Die Cluster übernehmen folglich die Funktion von 'Raumplänen', nach denen die Klienten sich annäherungsweise orientieren können. Die Trainer bezeichnen die Umweltmuster dementsprechend als „*innere Landkarten*". Die Reduktion von sprachlichen Clustern auf bestimmte Objekte stellt den Klienten jedoch nur ein grobes Raster bereit, das nicht für alle Lokalitäten angewendet werden kann. Es befindet sich nicht in jedem Hotelzimmer ein Telefon, dafür in anderen eine Hausbar. Als Navigationsmittel ist die Reichweite der Cluster damit begrenzt. Die Klienten verfügen über einen Grundwortschatz, den Aufbauwortschatz müssen sie selbst erwerben.

### Taktile Übersichten

Für die zweite Vorstellungshilfe führen die Trainer ein spezielles Medium ein, das den Klienten ebenfalls einen Überblick über Umgebungen verschaffen soll.

Die Klienten erlernen den Umgang mit taktilen Medien.[63] Taktile Pläne, Karten oder Folien stellen Personen, Dinge oder Gebäude mit erhabenen, d.h. gewölbten Linien dar, die sukzessive abgetastet werden können. Eine Trainerin erklärt die Funktion der Karten: „*Taktile Karten und Pläne machen Dinge vorstellbar: Ein Häuserblock ist ein Quadrat, eine Linie ist gerade. Das Nachbauen der Figuren zeigt, ob der Klient das verstanden hat*" (Trainerin). Ein Kartenbauer begründet die Verwendung der Medien ähnlich: „Aufgrund des in der Blindheit begründeten Übersichtsmangels ist die Bedeutung von Strukturierungen als 'geistige Übersichten' unbestritten. Sie dienen der mittelbaren Kompensation, indem sie schlecht repräsentierte Phänomene noch erfahrbar machen" (Lehmann 1990: 80). Ein Schulgebäude wurde z.B. folgendermaßen auf Hartplastik topografiert:

Von dem äußeren Rand der Karte ist ein Podest abgesetzt (der Grundriss des Hauses). Der Rand bildet eine Art Passepartout. Auf dem Podest sind quadratische oder rechteckig Formen angeordnet (Grundrisse der einzelnen Klassenzimmer). Ihre Begrenzungen sind durch einzelne Linien abgesetzt (Wände). Die Linien sind an einigen Stellen durch Aussparungen unterbrochen (Türeingänge). Die Bereiche zwischen den Quadraten und Rechtecken weisen eine raue Oberflächenstruktur (Flure) auf, die Zonen innerhalb der Kästchen bilden eine glatte Fläche (Innenräume). An zwei Stellen der Karte befinden sich sieben rundlich geformte schmale Linien, die eng aneinander gesetzt sind (Treppenaufgänge zur nächsten Etage). Auf dem äußeren Passepartout finden sich noch zwei Kreise bzw. Doppelkreise. Der innere Kreis ist jeweils wenige Millimeter höher von dem äußeren Kreis abgesetzt (Bäume).

Die Klienten erhalten mit der Karte ein taktiles Substitut des Gebäudes, sie finden seine miniaturisierte Nachbildung vor, die für sie handhabbar ist. Die Karte repräsentiert das Schulgebäude für sie „all at once" (Latour 1986: 8). Ein Verständnis der Karte setzt allerdings die Kenntnis der 'Bildsprache' voraus, mit der die lokalen Begebenheiten über geometrische Formen verschlüsselt werden: 'vier Linien = Raum', 'sechs Linien = Treppe', 'Doppelkreis = Baum' etc. Die Tastsymbole und Darstellungsformen für Gebäude, Parkanlagen oder Tiergärten wurden jedoch bislang noch nicht national und international vereinheitlicht. Man trifft auf eine Fülle von 'Ortssprachen'. Lokalitäten werden in der Regel durch einen einzigartigen Satz von Symbolen verschlüsselt, deren Bedeutung

---

[63] Taktile Hilfsmittel wurden anfangs vor allem im schulpädagogischen Bereich entwickelt. Meist waren es einzelne engagierte Lehrer, die z.B. für den Geographieunterricht abstastbare Globusse aus Lederstücken herstellten oder spezielle Rechenschiebegeräte entwarfen. Fast alle Blindenschulen in der BRD führen ein Museum, in dem die Einzelstücke ausgestellt sind. Inzwischen gibt es Versandhäuser für Blindenhilfsmittel (VzfB 1991/ 92), bei denen u.a. Unterrichtsmaterial bezogen werden kann.

eine Legende in Brailleschrift am Kartenrand jeweils erläutert. Eine Ausnahme bildet der „Euro-Kid" für Stadtpläne, über den urbane Zonen Europas mit den gleichen Tastpiktogrammen für Telefonzellen, öffentliche Gebäude oder Kreuzungen mit Blindenampeln u.a. ausgestattet werden (Laufenberg 1982). Darüber hinaus besteht zwischen einem einzelnen Symbol der Kartenwerke und der tatsächlichen Begebenheiten eines Ortes keine weiterführende Analogie: Die Verweise sind arbiträr. Die taktilen Unterschiede von Flächen auf der Schulkarte z.B. dienen als Lesehilfe und sollen die Unterscheidung von Räumen beim Abtasten erleichtern. Sie geben keine Information über die tatsächlichen Bodenbeschaffenheiten der Klassen- und Flurbereiche.[64]

Wenn es eine Zusatzinformation über die Beschaffenheit eines Ortes oder Gegenstandes durch seine Darstellung gibt, dann erfolgt sie – ähnlich optischen Abbildungen – durch die Wiedergabe ihrer Konturen. Ein Baum wird in beiden Fällen mit einem Rechteck und einem darauf liegenden Kreis illustriert. Besonders deutlich wird die Piktogrammähnlichkeit von taktilen Karten auf Personenreliefs, die z.B. für die Länderkunde im Schulbereich eingesetzt werden: Zwei Frauen, die vor einer Palme sitzen, werden in Form von erhabenen Silhouetten abgebildet.[65] Das Verständnis solcher piktoralen Informationen dürfte jedoch insgesamt Sehenden leichter fallen als Blinden. Mit dem Medium spitzt sich schließlich ein Verdachtsmoment gegenüber den Navigations- und Vorstellungshilfen innerhalb des gesamten Trainings weiter zu. Die Klienten erfahren innerhalb der blindeneigenen Methoden einen massiven Import von visuellen Vorlagen, was zu einer Reihe von grundlegenden Anwendungsschwierigkeiten führt, die abschließend illustriert werden.

## 3.3 Trainingsmethoden und die soziale Organisation von Erfahrungen

Im Training taucht der Import optischer Vorlagen an den Stellen auf, an denen die Trainer zwischen Navigationskenntnissen, die sich unmittelbar auf die eigene Fortbewegung beziehen, und Umweltkenntnissen, mit denen Vorstellun-

---

[64] An dieser Stelle werden Kartenwerke ebenfalls von einer größtenteils visuell ausgerichteten Architektur eingeholt. Taktile oder akustische Kriterien sind in der Regel weniger ausschlaggebend bei der Gestaltung von Gegenständen oder Gebäuden als optische Gesichtspunkte.

[65] Die Angemessenheit der Darstellungsformate von Kartenwerken und Modellen wird in der Blindenpädagogik immer wieder heftig diskutiert. „Die sehen nur schön aus" – so ein Lehrer. Diskutiert werden neben dem pädagogischen Nutzen taktiler Karten (vgl. dazu auch: Fromm 1974, James 1972, Berla 1972) insbesondere physiologische Aspekte des Tastens, d.h. wie Symbole gestaltet werden müssen, damit sie von den Fingern leicht ertastet werden können (Lehmann 1990).

gen von Lokalitäten ausgebildet werden sollen, unterscheiden. Das Problem dieser Unterscheidung verdeutlicht eine Übung des Trainings, bei der ein Klient einen Baum 'betrachtet'. Theoretisch verfügt der Klient über eine Fülle von Möglichkeiten, den Baum auszukundschaften. Er könnte ihn mit seinen Armen umfassen, er könnte den Stamm hochklettern und die Baumkrone ertasten, oder er könnte ihn – ganz unorthodox – ablecken und damit schmecken. Seine Eindrücke wären dementsprechend: Ein Objekt, auf das man 40 Sekunden lang hochklettern muss, ein Objekt, das sich mit den Armen vollkommen umfassen lässt, oder ein Objekt, das nach Erde schmeckt. Das Ergebnis der Erkundungen wären damit strenggenommen drei verschiedene 'Bäume'. Dinge können in diesem Sinne sehr unterschiedlich erfahren werden, wie Beschreibungen von Blinden verdeutlichen: *„ICEs sind schön warm und still"*, *„Hochhäuser hallen so laut und riechen nach Krankenhaus"*, *„Torten sind schwer zu schneiden"* (Bernd/ Bettina).

Die Trainer vereinheitlichen diese mögliche Vielfalt von Eindrücken, indem sie Erfahrungen der Klienten in einen kollektiven Zeichenzusammenhang stellen. Einem haptischen Eindruck einer Baumrinde wird ein Begriff zugeordnet: 'Du stehst vor einer Eiche'. Die Trainer geben folglich eine Referenzstelle von Objekten an, über die eine gemeinsame Verständigungsgrundlage hergestellt werden soll, damit beide Seiten über einen geteilten Vorrat von Wissen verfügen. Die Aufgabe des Trainings kann damit als ein *semiotisches* Problem reformuliert werden. Die Trainer nehmen mit der Vermittlung von Navigationsmethoden *gleichzeitig* eine Organisation von Erfahrungen vor. Ihre Trennung zwischen Navigations- und Umweltkenntnissen gelingt deswegen nur auf Grund von zwei zentralen Unterstellungen. Die Trainer weisen erstens kognitive Vorstellungen als die Instanz aus, die ein Wissen über Umgebungen erzeugt. Ein Begriff, eine Geste oder eine körperliche Ausführung werden von den Trainern dementsprechend jeweils nur als Ausdruck kognitiver Kenntnisse verstanden. Zweitens setzen die Trainer mentales Wissen mit Funktionen des Sehsinnes gleich. Die Trainer behandeln den Bildeindruck eines Hochhauses folglich als ein natürliches Abbildungsergebnis menschlicher Wahrnehmung, dem sich Blinde demnach nur mit Hilfe von Substituten annähern können. Die Trainer vermitteln damit innerhalb des Unterrichts ein bestimmtes Modell von Erfahrung: Sie trainieren vorrangig *'visuelle Erfahrungen'*, was anhand einzelner Übungen des Fremd- und Eigentransports illustriert werden soll.

Beim *Fremdtransport* setzen die Trainer vier Zeigegesten bzw. Hinweisformen ein, die die Funktionen optischer Deiktika ersetzen sollen. Sie wenden dabei zwei Substitutionsstrategien an, die an das gängige Repertoire von Handgesten bzw. der Demonstration von Bewegungsabläufen anknüpfen: Zum einen werden Hinweise versprachlicht, zum anderen werden sie unmittelbar in akustische, manuelle und körperliche Chiffren 'übersetzt'.

Die unmittelbaren Substitute von Zeigegesten übernehmen im Training zunächst ähnliche Funktionen wie in optischen Kontexten. Man verweist auf Richtungen: 'Von da!', auf Entfernungen: 'Da drüben!' oder merkt Standorte an: 'Hier!' Optische Deiktika lösen ihre Funktion aber dadurch ein, dass die Teilnehmer einer Situation in actu einen Hinweis geben, indem sie *wechselseitig* auf die Aktion Bezug nehmen. Man deutet mit der Hand auf die Mitte eines Raumes, der Betrachtende folgt der Handführung und ermittelt dadurch den gemeinten Abstand.

Gesten werden damit als eigenständige indexikalische Aktionen verwendet: „First at all, gestures originate from without not from within, people. They are contact phenomena, arising where the hands meet things, in their engagements with the world out there" (Streeck 1996: 20). Etwas zu zeigen, ist demnach eine performative Aussage, die nur bedingt explizierbar ist, eine Handführung selbst wird zu einem eigenständigen Verständigungsakt, der einen sinnhaften Bezug erst erzeugt. Es handelt sich demnach nicht um eine bloße Zurschaustellung mentalen Wissens, die Zeichenarbeit findet nicht in den Köpfen der Beteiligten statt, sondern auf der körperlichen Ebene der Darstellungen. Eine bloße Übertragung des gestischen Repertoires in nichtoptische Kontexte vergisst die situative Herstellung von räumlichen Bezügen, mit denen jeweils ein Maß für Höhe, Tiefe oder Weite interaktiv vermittelt wird.[66] Die Angabe einer Himmelsrichtung oder eines Längenmaßes bietet deswegen keinen ausreichenden Ersatz, da der performativ erzeugte sinnstiftende Bezugsrahmen fehlt.

Schwierigkeiten ergeben sich ebenfalls bei der zweiten Substitutionsstrategie, bei der die Trainer lokale Hinweise verbalisieren. Sie setzen dabei auf eine Art Überkompensation. Die Trainerin wird während der Übungsstunde des Eisessens zur Daueranimateurin der Geschehnisse, die die Aktionen des Klienten fast ununterbrochen kommentiert. Ihre Beschreibungen stoßen jedoch trotzdem schnell auf den hohen, nicht explizierbaren Anteil des gängigen Sprachgebrauchs und verweisen einmal mehr auf die Funktionen von Gesten, die auch

---

[66] Teilweise wird versucht, die Maße durch Behelfsstrategien zu verdeutlichen. In einer Schule wurde von einem Lehrer 'Höhe' z.B. dadurch vermittelt, Schüler auf zwei Stühle zu stellen und die Decke des Klassenzimmers abtasten zu lassen. Gefunden wurde ein Maß für 'ziemlich hoch'. 'Entfernung' wurde durch die Strecke zwischen Schule und Internat verdeutlicht, 'Weite' erklärt er mit: „*Von hier bis zum Ende des Klassenzimmers*" (Lehrer). Als kleinere Maßeinheiten wurden Schrittlängen variiert. Der Parameter, nach denen hier räumliche Erfahrungen begriffen wurden, ist allerdings ein anderer als ein optischer Eindruck der Größe eines Raumes. Gelernt wurde über Zeitabstände.

durch eine erhöhte Beschreibungsdichte nicht abgedeckt werden können. Erst die Einführung einer metaphorischen Beschreibung ermöglicht es den Trainern letztlich, überhaupt über räumliche Bezüge von Bewegungen sprechen zu können. Die geometrische Matrix von zwölf Segmenten organisiert die Aktionen am Tisch. Das Ziffernblatt einer Uhr wird damit zu dem grundlegenden Verstehenshintergrund für Trainer und Klienten, der Verständigung erst ermöglicht. Die eigentliche Übersetzungsleistung besteht demnach nicht in der Versprachlichung, sondern darin, durch das piktorale Hintergrundwissen einen räumlichen Kontext herzustellen. Bei piktoralem Wissen wiederum handelt es sich aber um eine genuin optische Erfahrung. So bleibt es letztlich eine Übersetzungsleistung des Klienten, z.B. die taktile Tasterfahrung einer Uhr auf die Einteilung eines Tischraums zu übertragen.

Im Bereich des *Eigentransports* führt der kognitive Bias des Unterrichts zu einer strengen Trennung zwischen Kopf- und Handarbeit. Der Körper wird als bloßes Werkzeug verstanden, dessen Leistungsfähigkeit es zu steigern gilt, er wird als ein Navigationsautomat definiert, dessen Programme nur richtig eingestellt werden müssen, um doppelt und einfach geklebtes Tesakrepp unterscheiden zu können. Ein Verständnis von Umgebungen wird von den Trainern wiederum als ein mentales markiert – der Körper produziert nur Wischbewegungen. Weder die Objektkunde von Säulen und Nischen, mit der die akustischen Eindrücke der Klienten ausgerichtet werden, noch die geometrischen Formen, mit denen Erkundungen des Langstocks eingestellt werden, noch der taktile Kompass tauchen deswegen als Organisationsprinzipien von Erfahrungen auf. Eine sinnliche Erfahrung wird nach Auffassung der Trainer erst zu einem tatsächlichen Wissen figuriert, wenn eine Vorstellung aktiviert wird, d.h. wenn die Klienten sich 'ein Bild von etwas machen'. Die Gleichsetzung von Kognitionen mit Bildeindrücken zieht folglich nach sich, dass es unvorstellbar wird, wie sich Blinde Umgebungen vergegenwärtigen. Es bleibt nur das Substitut.

Eine Technik, mit der die Klienten sich einen Überblick verschaffen sollen, ist die Verwendung taktiler Karten. Die taktilen Displays werden sowohl zur Veranschaulichung von Dingen als auch zur Verdeutlichung von Bewegungsabläufen eingesetzt. Geübt wird z.B. eine 'Erfahrung Ecke', indem die Trainer den Klienten die Form als Fußstellung, als Wandecke und als taktile Darstellung zeigen. Die Übertragung bereitet vielen Klienten Schwierigkeiten. Ein Kreis oder eine Ecke scheinen doch keine apriorischen Kategorien menschlicher Wahrnehmung zu sein, sondern eine visuell vermittelte Information – sie macht aber keinen Sinn für eine leibliche Erfahrung zweier aneinandergestellter Füße. Die taktilen Karten arbeiten demnach vorrangig mit Visualisierungstechniken.

Grafische Darstellungen der Geometrie eines Gebäudes, das Piktogramm einer Brezel an einem Bäckerladen oder eines Fußgängers auf einem Verkehrsschild organisieren für Sehende ein visuelles Wissen über Räume, Dinge und Personen. Der Import dieser Wissensorganisation bleibt für Blinde abstrakt, ihre Heuristik kann nicht an die eigenen Erfahrungen rückgebunden werden.

Das Problem dieser Dekontextualisierung von 'Bildtechniken'[67] in den Kontext von Blindheit spitzt ein Beispiel aus der Fachsprache im Unterricht besonders zu. Die Trainer sprechen von einer 'U-förmigen' Kreuzung bzw. einer 'T-Kreuzung'. Sie analogisieren damit die Gestalt eines Buchstabens mit der Anordnung einer Kreuzung, was nicht zuletzt darauf verweist, dass es sich auch bei Schriftzeichen um visuelle Chiffren handelt. Diese Übertragung kann aber erst nachvollzogen werden, wenn die Leseerfahrung eines 'Us' als Kontextwissen zur Verfügung steht. Blinde lesen aber nicht in Schwarzschrift, sondern in Brailleschrift, die Buchstaben in einem 6-Punktesystem erhaben abbildet. Für Nichtsehende entspräche ein 'U' in Brailleschrift drei diagonal angeordneten Punkten, ein 'T' wird als eine Vierpunkteanordnung ertastet. In diesem Sinne fehlen Blinden Verstehenshintergründe, mit denen Erfahrungen sinnhaft strukturiert werden. Vorstellungen über Umgebungen werden eben nicht 'im Kopf' ausgebildet, sondern durch konkretes piktorales Wissen.

Zusammenfassend lässt sich feststellen: Die Organisation von Erfahrungen auf der Grundlage von verbalen Hinweisen, geometrischen Formen und taktilen Konturen entbehren eines körperlichen Fundaments. Die Substitute münden in rudimentären Zeichenformen, in taktilen und diskursiven Fragmenten, die nicht aufeinander beziehbar sind, und werden damit eher zu 'freischwebenden Artefakten'. Die Trainer legen dem Unterricht damit ihre eigenen Organisationsformen von Erfahrungen zugrunde, sie bieten *Sehsubstitute* an, mit denen eine visuelle Zeichenorganisation in nichtoptische Bezüge übertragen wird. Ihre Übersetzungsangebote bestehen darin, sinnliche Eindrücke zuerst nach funktionalen Navigationsaspekten zu formalisieren und sie im Anschluss wieder durch visuelle Prothesen aufzubauen. Die Übersetzungsrichtung verläuft dabei klar von 'seherisch' zu 'blindisch'. Blinde verfügen mit den Trainingsmethoden damit letztlich kaum über Produktionsorte kollektiver Erfahrungen, auf die sie selbst Zugriff haben. Die Organisation ihrer leiblichen Erfahrungen bleibt dif-

---

[67] Die Verwendung von geometrischen Parametern zur 'Illustration' von Umgebungen bestätigt darüber hinaus einmal mehr, wie durchschlagend die Repräsentation von Räumen auf Zeichnungen und Kartenwerken wurde (Lynch 1985). Das Training wurde nicht von ungefähr vom Militär für Kriegsblinde entwickelt, deren Aufzeichnungsinstrument von Geländebeschaffenheiten schließlich vor allem Kartenwerke sind.

fus. So bleibt ein Baum doch eine 'Black Box', ein singuläres Tastereignis, und ein Wohnraum bleibt ein Patchworkteppich. Die visuellen Leihgaben erweisen sich damit als die eigentliche Behinderung. In diesem Sinne wird im Training Blindheit hergestellt. Blinden wird die Verfügungsmacht über Realität entzogen, die Vermittlung eines 'Blinden-Seherisch' lässt sie erblinden.

# Exkurs: Krisenexperimente über die „Natur des Sehens"

Mit dem folgenden Exkurs wird eine Richtungsänderung der Untersuchung vollzogen. Die Auseinandersetzung mit Blindheit zeichnete bislang schließlich eine eigentümliche Tendenz aus: Die Untersuchung amtlicher und medizinischer Verfahren mündete in Strategien der Sichtbarmachung und Konventionen des Sehens. Selbst in dem blindenspezifisch ausgerichteten Training ergaben sich vor allem Aufschlüsse über die soziale Organisation von 'Seherfahrungen'. Eine *reflexive Wende* auf visuelle Praktiken scheint deswegen unerlässlich. Sie bilden offensichtlich eine Rezeptionsbarriere, mit der Blindheit zu einer Projektionsfläche visueller Befangenheiten wird, und sie verstellen damit ebenfalls einen wissenssoziologischen Blick, der versucht, Blindheit nicht asymmetrisch als Defekt eines normalen Sehvermögens zu betrachten. In dem folgenden Exkurs wird deswegen die Untersuchung von Blindheit vorübergehend zurückgestellt und statt dessen der Frage nachgegangen, wie weitreichend 'Sehen' als soziales Ereignis verstanden werden muss.

Sehvorgänge als soziale Praktiken zu begreifen, stellt allerdings ein schwieriges Unternehmen dar: „For the most of us, most of the time, the activity of seeing and naming objects in the natural environment is relatively unproblematic. So 'natural' does it seem that the contextual skills that we develop are concealed from our scrutiny. It is only when we are novices, apprentice scientist or radiographers or aspirant birdwhatchers – that the fact of those skills, and, more important of their social construction, becomes visible to us" (Law/ Lynch 1990: 267). Das Ziel des Exkurses besteht jedoch nicht darin, systematisch die soziale Konstruktion von Visualität zu verfolgen.[68] Vielmehr sollen zum einen einige wesentliche Grundannahmen über das Sehen und zum anderen Methoden der Visualisierung untersucht werden, um einen anderen Zugang zu Blindheit zu erreichen. Der Exkurs ist hierfür als ein Selbstexperiment angelegt, das die eigenen Überzeugungen einer Reihe von Belastungsproben aussetzen soll. Literarische Passagen und Illustrationsmaterial sollen es erleichtern, tiefer als durch intellektuelles Verstehen in das Thema einzudringen.

Inszeniert werden drei Gesprächsrunden, deren Gesprächsstoff medizini-

---

[68] Vgl. dazu: Amann (1997) und Kap.6.

schen Lehrbüchern, soziologischen und historischen Forschungen, populärwissenschaftlichen Quellen und meiner eigenen Forschung entnommen wurde.
In der ersten Gesprächsrunde findet eine Begegnung zwischen sechs Gelehrten
statt, die über „Die Natur des Sehsinnes" referieren und einen inter-epochalen
Streit über seine Funktionsweise entfachen. Nach der Expertenrunde nehmen
zwei Gesprächskreise einige der heutigen Alltagsannahmen über den Sehsinn
genauer ins Visier. In einem literarischen Salon diskutiert ein Kreis von Literaturstudenten „Die Mehrdeutigkeit von Betrachtungsweisen". Ihre Auseinandersetzungen führen zu Überlegungen, die die Kontextspezifik von Blicken pro-
blematisieren. In einer Klinik für Sinnesbehinderte beschäftigen sich anschließend Patienten und Gäste innerhalb des Themenabends „Wie wir die Welt sehen" mit ihren Wahrnehmungsmöglichkeiten. Ihre Beschreibungen lassen
grundlegend erklärungsbedürftig werden, was unter einer optischen Wahrnehmung überhaupt zu verstehen ist, womit sich abschließend die Frage stellt, welche wissenssoziologischen Konsequenzen sich dadurch für die Untersuchung
von Blindheit ergeben.

**In einem wissenschaftlichen Institut. Ein Streitgespräch über „Die Natur
des Sehsinnes"**
Der „Anthropologische Verband sinnesphysiologischer Forschung im Wandel
der Zeiten" hat eingeladen. In einem abgelegenen Tagungshaus trifft sich ein
einschlägiger Kreis von Gelehrten, um über „Die Natur des Sehsinnes" zu diskutieren. Anwesend sind der Neurologe Dr. Roth, der Sinnesphysiologe Dr.
Schmidt, Herr Klebe, ein Redakteur einer populärwissenschaftlichen Zeitschrift,
der Schriftsteller und Forscher Johann Wolfgang von Goethe, der aufklärerische
Philosoph Descartes und der griechische Wissenschaftler Euklid. Nachdem die
ersten informellen Gespräche beendet sind, versammelt man sich im Konfe-
renzraum um einen runden Buchenholztisch. Mit einem kurzen Räuspern eröffnet der Mediziner pünktlich die Diskussion: „Für unser naives Weltbild ebenso
wie für die positiven Wissenschaften hat die Sinneserfahrung den Rang einer
spezifischen, unabdingbaren und durch keine andere Erkenntnisquelle ersetz-
bare Grundlage.[69] Unsere Sinne können zweifelsohne als eine grundlegende
conditio humana bezeichnet werden."
Der Redner räuspert sich kurz und richtet sich auf seinem Stuhl weiter auf. Er
fährt fort: „Bei Wahrnehmungsvorgängen handelt es sich im Prinzip durch Phy-
sik und Chemie beschreibbare Prozesse. Aus der Mannigfaltigkeit von Um-
welteinflüssen vermögen einige – wie z.B. Temperaturen, Schall oder Licht –
unsere Sinnesorgane zu beeinflussen. Präziser formuliert müsste man sagen:
Externe Reize führen zur Erregung afferenter sensorischer Nervenfasern. Auf
einen einfachen Sinnesreiz folgt subjektiv ein Sinneseindruck. Licht mit der

---

[69] Zitiert aus: Keidel (1985: 15.1.)

Wellenlänge 400nm löst z.B. den Sinneseindruck Blau aus."[70] Er steht kurz auf
und zeigt den Anwesenden eine blaue Farbtafel. Er fährt fort: „In den einzelnen
Sinnesorganen sind Rezeptoren darauf spezialisiert, auf bestimmte Reize opti-
mal zu reagieren, wie z.B. lichtabsorbierende Pigmentschichten in den Segmenten der Sehzellen. Die von den Rezeptoren ausgehenden Nervenfasern erreichen das sensorische Gehirnzentrum über eine Reihe von synaptischen Schalt-
stationen. Die Deutung der Sinnesempfindung kann als 'Wahrnehmung' bezeichnet werden. Zu unterscheiden ist zwischen 'subjektiver' und 'objektiver'
Wahrnehmung. Erstere beschreibt die Tätigkeiten des Geistes, zweitere behandelt Prinzipien der Aufnahme von Reizen...".[71] Er wird von dem Redakteur
ungeduldig unterbrochen: „Also – das ist alles sehr verständlich, aber es bleibt
vielleicht doch etwas abstrakt. Wenn ich Ihre Ausführungen etwas illustrieren
dürfte!" Er lächelt Dr. Schmidt zu und verteilt eine Grafik.

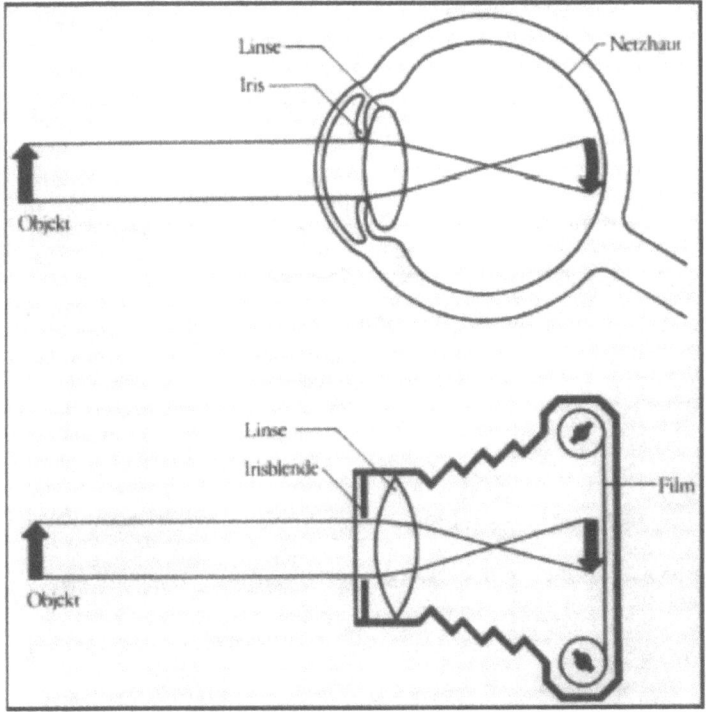

Abb. 1 aus: Klebe (1984: 10)

---

[70] Passagen zitiert aus: Schmidt/ Thews (1977: 178f)
[71] Zitiert aus: Schmidt/ Thews (1977: 178f)

„Die Augen arbeiten eigentlich wie eine Kamera. Auge und Kamera sind zwei ähnliche optische Systeme. Die in das Auge einfallende Lichtmenge wird jeweils durch die Pupillengröße bestimmt. Wechselnde Lichtverhältnisse werden jeweils von der ringförmigen Iris kontrolliert, wie eine Blende, die ...".[72] Wieder wird der Redner harsch unterbrochen. Der Neurologe Dr. Roth ist sichtlich erbost: „Es tut mir leid, aber was sie beide hier referieren, ist einfach Käse – entschuldigen Sie den Ausdruck, präziser formuliert müsste man von überdauertem Hüttenkäse sprechen. Die Vorstellung vom Auge als Projektionsapparat existiert seit 400 Jahren und ist genauso überholt. Sie trifft vor allem nicht den Kern. Wahrnehmungen können eben gerade nicht als ein Phänomen der Sinnesorgane verstanden werden." Er rückt, offensichtlich seine Pause genießend, bedächtig seine Lesebrille zurecht und fährt fort: „Wahrnehmungen können ausschließlich als Ergebnis kognitiver Selbstdifferenzierungsprozesse verstanden werden. Das Gehirn ist doch kein offenes Reflexsystem, das bloße Reize empfängt!" Er beugt sich zu seinen Vorrednern und blickt die beiden über seinen Brillenrand hinweg etwas mitleidig an: „Haben Sie noch nie etwas von Autopoiesis gehört?

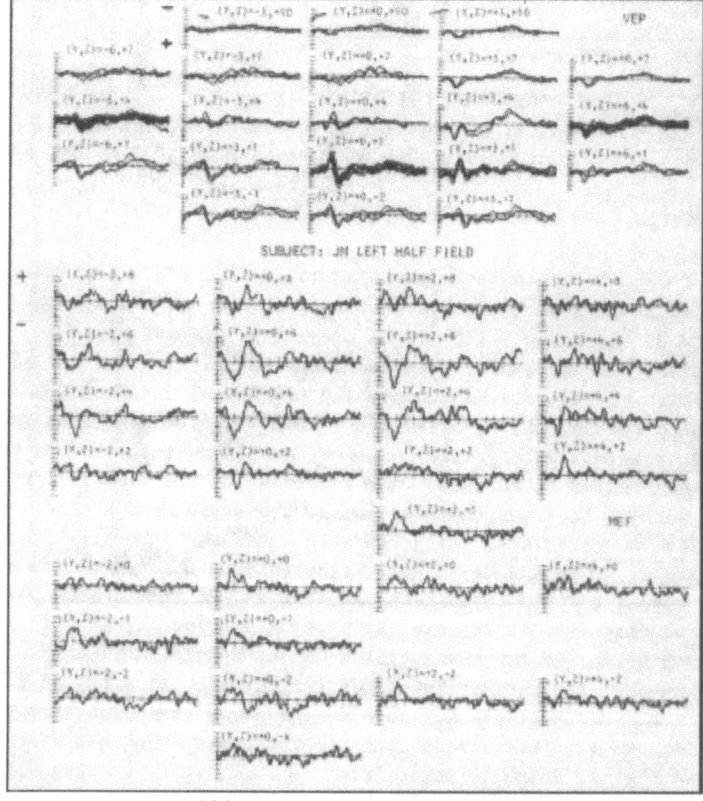

Abb. 2 aus: Spekreijse (1991: 212)

---

[72] Zitiert aus: Klebe (1984: 11).

Reize an sich gibt es nicht, sie müssen erst von den Sinnesrezeptoren in die neuronale Sprache des Gehirns übersetzt werden. Da gibt es kein Bild, das verarbeitet wird, da gibt es nur 'Klick', 'Klick' – das ist das Vokabular der Nervensprache. Signalverarbeitender und bedeutungszuweisender Teil liegen im Gehirn zusammmen. Damit ist unser Gedächtnis unser wichtigstes Sinnesorgan."[73] Er schiebt sich erneut seine Brille nach oben und deklamiert mit Pathos: „Wenn Sie eine optische Demonstration haben wollen, dann so: Das ist für uns sichtbar, so sieht es da 'draußen' aus." Er zeigt der Runde eine Tafel, auf der Neuronentätigkeiten des Gehirns aufgezeichnet wurden. (Abb. 2)
Die Köpfe der Anwesenden sinken leicht nach unten, die Runde schweigt. Goethe meldet sich schließlich zaghaft zu Wort: „Also, dem muss ich mich in einem gewissen Sinn anschließen. Bei meinen Untersuchungen zur Farbenlehre machte ich immer wieder selbst die Entdeckung, dass mein Auge verzögert reagiert. Ich bemerkte, dass Farbverwischungen und Farbnachwirkungen durch die vorher betrachteten Flächen ausgelöst werden. Ich denke, dass zwischen Auge und einem Ding keine unmittelbare Verbindung besteht. Es handelt sich sozusagen um einen zeitlich nacheinander erfolgenden Vorgang."[74] Er wird unvermittelt von Descartes unterbrochen: „Nein, nein und nochmals nein. Das Auge arbeitet als dioptrischer Apparat – punktum. Von einer Kamera verstehe ich wenig, dafür um so mehr von Mathematik. Also: Durch die Linse des Auges fallen Lichtstrahlen ein, deren Bündelung auf die Netzhaut einen Bildeindruck entstehen lässt, eine 'pictura'."[75] Auch Descartes illustriert seine Argumentation:

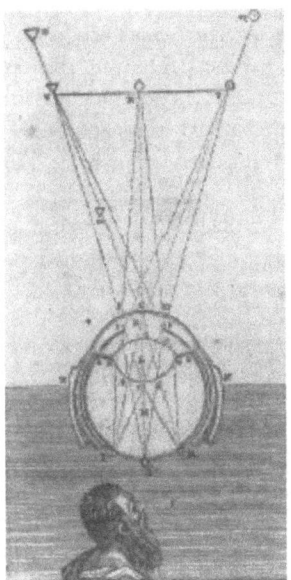 

Abb. 3 und 4 aus: Robin (1992: 108; 71)

---

[73] Passagen zitiert aus: Schmidt (1988: 14-16).
[74] Zitiert nach: Soeffner/ Raab (1998: 125f).
[75] Zitiert nach: Soeffner/ Raab (1998: 125).

Er erklärt: „Aber, meine Herren: Das eigentliche Erkennen erfolgt, da muss ich mich Herrn Roth in einem gewissen Sinne anschließen, ausschließlich über verstandesmäßige Kategorien. Mich interessiert allerdings das Gehirn noch weniger als Hüttenkäse oder Bohnen – und die Augen interessieren mich eigentlich auch nicht! Die Augen, meine Herren, liefern doch nur mechanisch ein unklares Abbild von der Realität. Es ist fundamental fragwürdig, ob unsere Sinne überhaupt irgend etwas adäquat erfassen können: Die Sinne verwirren doch letztlich nur die Reinheit der Erscheinungen. Ein Raum bleibt aber immer ein Raum, ob ihn der Blinde ertastet oder der Sehende betrachtet: Seine Geometrie ist immer da! Und wissen Sie was? Der Tastsinn ist für diese rationale Logik sogar viel empfänglicher als der Augensinn. Wenn sie etwas über die Natur von Erscheinungen wissen wollen, fragen sie Blinde. Die lassen sich nicht von den Augen täuschen![76]"

Erneut tritt ein leicht beklommenes Schweigen ein, die Illustrationen werden unruhig hin- und her geschoben. Da ergreift zaudernd Euklid das Wort: „Entschuldigen Sie, meine Herren. Ich weiß offen gesagt überhaupt nicht, worüber Sie reden. Also, wenn ich noch mal auf das Sehen zurückkommen darf. Sehen ist doch ein Akt, bei dem mit dem Öffnen der Lider sich aus dem Auge ein Sehstrahl herausstreckt. Seine Gestalt ist die eines Kegels. Seine Spitze ragt in das Auge, und seine Basis bildet die Größe eines Objektes. Es ist der Winkel des Kegels, der die gesehene Größe einrichtet. Wir können nur diejenigen Dinge sehen, die innerhalb des Kegels liegen. Es sind die Sehstrahlen, die auf Dinge zugreifen, sie beleuchten die Dinge sonnengleich, sie locken die Farben aus den Dingen. Der Strahl ist eine berührende, gehauchte, luftige Ergießung des Auges. Umgekehrt fließt auch von deren Oberfläche ein ununterbrochener Strom feiner Abdrücke ab. Auch der ehrwürdige Homer beschrieb, dass im Sehen die Augen ausatmen und den Atem empfangen, der aus den erblickten Dingen strömt. Wir sehen mit den 'phrenes', den Lungen, wir atmen im Sehen![77]" Er verstummt, und als er keinerlei Intentionen zeigt, der Runde ein Bild zeigen zu wollen, erheben sich vier Stimmen gleichzeitig zu einem Sturm der Entrüstung.

Als ein Ergebnis der Gesprächsrunde ließe sich feststellen, dass in vergangenen Epochen weitgehend naive Vorstellungen über die Funktionsweise des Sehorgans herrschten. Diese Schlussfolgerung lebt allerdings von einem massiven Import: Ein bestimmtes medizinisches Körperverständnis wird in das der ande-

---

[76] Nach Judovitz (1993: 63-86) führte Descartes die Auseinandersetzung mit der Täuschungsanfälligkeit des Auges insbesondere zu Blinden, deren Tastsinn seiner Auffassung nach weniger anfällig für Irrtümer ist, da eine Berührung die Mannigfaltigkeit von Objekteindrücken erfasst: „Touch (...) 'makes us conceive many ideas which bear no resemblance to the objects which produce them'" (ebd. 72). Nach Descartes ermöglicht die Phänomenoffenheit Blinden, empfänglicher für rationale Schemata von Dingen zu sein, die wesentlich näher an der Natur von Erscheinungen liegen als der optische Eindruck ihres (Ab)bildes: „to the language of universal mathematics (mathesis universalis), nature signifies not as an image, but as rational schema. Its visible character is no longer at issue: it is a question of logic rather than mimesis" (ebd.).

[77] Zitiert nach: Duden (1995)

ren Epochen hineinprojiziert. Eine Beschäftigung mit unterschiedlichen Erklärungen des Augensinns bestünde dann ausschließlich darin, sie als Variationen
des heutigen Verständnisses des Sehsystems zu betrachten. Spätestens mit Euklid wäre aber nicht einmal mehr eindeutig zu beantworten, was unter einem
Sehorgan überhaupt zu verstehen ist. Die Äußerungen der Gelehrten werden
folglich nicht als Theorien behandelt, die erklären, wie der Sehsinn tatsächlich
funktioniert. Ihre verbalen und bildlichen Darstellungen werden dagegen als
Hinweis auf kulturelle Entstehungskontexte der jeweiligen Konzeption genutzt.
Vor ihrem Hintergrund lassen sich sechs „Blickformen" (Duden 1995) unterscheiden, auf deren Grundlage anschließend soziale Praktiken der jeweiligen
Zeit fokussiert werden.

Herr Dr. Schmidt entwirft als Vertreter der klassischen Sinnesphysiologie einen *reflexhaften Blick*, bei dem Sehvorgänge als ein Stimulus-Response-Prozeß
verstanden werden. Körperliche Empfindungen werden von ihm als ein che-
misch-physikalischer Funktionskreislauf beschrieben, der unabhängig von individuellen Konstitutionsmerkmalen einsetzt. Diesen Automatismus lässt Herr
Schmidt unmittelbar empirisch überprüfen, indem er den Anwesenden ihre
Reizempfänglichkeit der Wellenlänge 400nm demonstriert: Jeder sieht eine blaue
Tafel. Herr Schmidt interessiert sich jedoch weniger dafür, welche Assoziationen die Tafel bei den Betrachtern auslöst. Für solche subjektiven Wahrnehmungen, verstanden als Tätigkeiten des Geistes, sei eine objektive Sinnesphysiologie
nicht zuständig, Bewusstseinsprozesse gehören nicht in den Bereich von Sin-
nestätigkeiten. Seine Untersuchung beschäftigt sich ausschließlich mit der Ver-
arbeitungsweise von Reizen. Vom arbeitsteiligen Prozess des Sehsinnes – der
Körper empfängt, und der Geist verarbeitet – betrachtet Herr Schmidt die körperliche Funktionsseite damit als die eigentlich beachtenswerte.

Der Redakteur spitzt die Metapher eines körperlichen Automatismus weiter
zu. Er illustriert einen *mechanischen Blick*, indem er den Sehvorgang mit einem
technischen Instrument analogisiert und zwar mit einem Foto-Apparat. Entsprechend dem Bildgebungsverfahren beschreibt er die Funktionen des Auges
als Leinwand, Schirm oder Linse. Bildlich gesprochen fixieren Sehvorgänge
demnach auf cerebralem Zelluloid, was außerhalb des Körpers stattfindet.

Der Neurophysiologe beschäftigt sich zwar ebenfalls mit universalen konfi-
gurativen Vorgängen, ihn interessiert aber weniger der Verarbeitungsmodus des
Sehorgans als der des Gehirns. Er beschreibt einen *neuronalen Blick*. Sehvorgänge
werden als Ergebnis kognitiver Funktionen verstanden, die ausschließlich innerhalb neuronaler Netzwerke stattfänden. Ein Austausch zwischen Umwelten und
psychischen Systemen erklärt Herr Roth als einen Fremdsprachendialog zwi-

schen Neuronen. Ein fotografisches Abbild von Umwelten wird von ihm deswegen durch ein seismografisches Diagramm ersetzt, das 'Gesprächsaktivitäten' von Neuronen während des Sehens zeigt. Einer ähnlichen mentalen Erkenntnisspur folgt Goethe. Er formuliert einen *verzögerten Blick*. In seinen Selbstexperimenten hatte er schließlich entdeckt, dass Sehvorgänge zeitlich versetzt stattfinden, und er schlussfolgerte, dass der Moment des Erkennens und des Bewusstwerdens 'auseinandergezogen' seien. Goethe dissoziiert damit wie der Neurophysiologe Betrachter und Betrachtetes (Soeffner/ Raab 1998) und wendet sich der Seite der subjektiven Erfahrung von Gesehenem zu.

Das Sehen von Descartes folgt zwar ebenfalls einer Dissoziation von Betrachter und Betrachtetem, wendet sich dann allerdings radikal der Seite des Betrachteten zu – bzw. der universalen mathematischen Logik von Phänomenen. Descartes vertritt damit strenggenommen den *blinden Blick*. Die Sinne beschäftigen ihn nur nachgeordnet, er will vor allem die Natur einer Erscheinung wie die des Raumes ergründen, der letztlich nur durch apriorische Kategorien des Verstandes erkannt werden kann. Die Skizze von Descartes zeigt dementsprechend die Dreidimensionalität des Raumes, die unabhängig von der Form seiner sinnlichen Perzeption existiert. Damit entwirft er zusätzlich einen *zeichnenden Blick*: 'Erscheinungen' werden mit Hilfe der Geometrie bzw. mit Mitteln der bildenden Kunst grafisch rekonstruiert.

Allen bisherigen Auffassungen entgegengesetzt, beschreibt Euklid einen *atmenden Blick*. Der Sehvorgang wird von ihm als ein leibumfassender Erfahrungsmodus bestimmt, der nicht innerhalb, sondern strenggenommen außerhalb des Körpers stattfindet. 'Sehen' ereignet sich nach Euklid stets im unmittelbaren Kontakt mit einem betrachteten Ding. Er vertritt damit die Auffassung eines aktiven Organs, das auf Dinge zugreift und nicht passiv empfängt: Blicke handeln und berühren Dinge tatsächlich. Umgekehrt werden auch Umwelten als aktive gedacht. Sie beteiligen sich an Wahrnehmungsprozessen, da sie unterschiedliche Abdrücke innerhalb des Sehstrahls hinterlassen. Euklid assoziiert damit Sehen und Gesehenes miteinander, sie stehen weniger in Opposition, sondern sind miteinander identifiziert. Nicht umsonst zeigte Euklid als einziger keine Illustration. Für ihn existiert kein Bild, das zwischen Betrachter und Betrachtetem vermittelt.

Mit den Erklärungen der Expertenrunde können schließlich die Entstehungsorte der 'Natur des Sehens' lokalisiert werden. Die Analogien der Erklärungen, aber auch das Bildmaterial, werden vor dem Erfahrungshintergrund einiger heutiger Zeitgenossen genauer inspiziert. Die Frage, wer eigentlich wen mit naiven Erklärungen befremdet, lässt sich damit diskret wenden. Eine Umfrage in einer Fußgängerzone würde vermutlich ergeben, dass der reflexhafte Blick des Sinnesphysiologen den meisten Passanten am vertrautesten anmutet, da er sie an aufklappbare Augenmodelle erinnert, in denen man z.B. zu Schulzeiten im Biologieunterricht blätterte. Die plastischen Modelle selbst erzählen wiederum von der heute üblichen Praxis des Sezierens eines Körpers bzw. Auges. Sie verweisen in medizinisches Terrain und führen insbesondere in Gefilde von Herrn Schmidt. Seine Bezeichnungen von 'Pigmentschichten', 'Segmenten' und 'Synapsen' berichten von exakten Untersuchungen auf dem Schneidetisch. Der Logik des Zerlegens folgt ebenso der mechanische Blick des Journalisten. Er demontiert sowohl das Auge als auch die Kamera in ihre einzelnen Bauteile – die Apparate müssen nur anschließend richtig zusammengefügt werden, damit sie wieder funktionieren. Den Vergleich mit einer Kamera würde dagegen ein Vertreter moderner Bildgebungsverfahren vermutlich als überholt betrachten. Er würde zu seinem Computer gehen und in einem erlesenen Grafikprogramm das Reich der Kognitionen illustrieren lassen. Mit solchen Abbildungen arbeiten schließlich die neuesten medizinischen Untersuchungsmethoden (wie Computertomographien), die dem Arzt eine Bildserie der inneren Organe der Patienten liefern. Eine solche Bildoberfläche würde wiederum Descartes und Euklid zutiefst befremden. Descartes interessiert sich kaum für die 'Mechanik' des Körpers, und Euklid unterscheidet nicht zwischen einer leiblichen Erfahrung und einer kognitiven Repräsentation von Umwelten, was im Gegenzug für das heutige Verständnis des Sehsinnes ungewöhnlich erscheinen mag.

Euklids Entwurf liegt insgesamt ein elementar anderes Körpermodell zugrunde: 'Seine Organe' (vgl. dazu: Feher u.a. 1989: 16) beherrschen andere Funktionen. Für Euklid findet das Sehen nicht nur im Gehirn statt, sondern die 'phrenes' – heute als 'Lungen' bezeichnet – sind am Sehvorgang beteiligt. Die Identifikation des Gehirns als Ort von Geistestätigkeiten wäre deswegen Euklid wahrscheinlich ähnlich fremd wie Goethe, in dessen Zeit das Herz als Zentrum von Erfahrungen betrachtet wurde (Duden 1995/ Hoffmann-Axthelm 1987). Vielleicht würden beide einem Forscher im Bereich der künstlichen Intelligenz die Frage stellen: „Ist die Vorstellung, wir könnten mit unserem Gehirn, diesem weichen, gräulichen, blumenkohlförmigen Ding, denken, nicht genauso sinnverwirrend wie die Vorstellung, wir könnten mit unserer Leber denken, diesem weichen, rotbräunlichen, leberförmigen Ding?" (Hofstädter/ Dennett 1992: 14).

Die zitierten Beschreibungen oder Illustrationen geben demnach weniger Auskunft über eine Natur des Sehens. Die Gegenüberstellungen verdeutlichen vielmehr, wie Vorstellungen über den Sehsinn jeweils kontextgebunden hergestellt werden. Ein Verständnis des Sehens lässt sich damit phänomenologisch wenden. Es ist weniger als eine Abfolge unterschiedlicher mentaler Konzepte zu verstehen, sondern als das Ergebnis der jeweiligen sozialen Praktiken. Sie bilden den „context of discovery" (Knorr-Cetina 1984: 31). Die Natur des Sehens wandelt sich parallel mit technischen Innovationen, von der camera obscura bis zu elektronischen Bildgebungsverfahren und ebenso mit Strömungen der bildenden Künste wie der Einführung der Zentralperspektive oder 'dem goldenen Schnitt'. Vor allem aber lebt die Natur des Sehens von Veränderungen der medizinisch-heilkundlichen Praktiken wie dem Sezieren von Toten, das erst seit Beginn der Neuzeit ausgeübt wird. Das heutige sinnesphysiologische Verständnis wird vor allem durch visuelle Technologien genährt, d.h. es wird vorrangig synthetisch, instrumentell erzeugt. Elektronische Bildgebungsverfahren kultivieren einen 'modernen Blick' auf den Körper und stellen das Auge medienspezifisch ein (Soeffner/ Raab 1998: 121). Fotografien und Bildschirmoberflächen werden damit zu den wesentlichen Konstitutionsorten, die das Wissen über Sehvorgänge organisieren – und sie werden gleichzeitig zu dem 'tatsächlichen Blick' der Betrachter: „visual fields and displays in science could be viewed as modalities of perception" (Lynch 1985: 62).

**In einem literarischen Salon. Eine Diskussionsrunde über „Die Mehrdeutigkeit von Betrachtungsweisen"**

Gegenüber der Expertenrunde wird im Alltagsgeschehen der Vorgang, etwas zu sehen, als vergleichsweise unproblematisch behandelt. Man beschäftigt sich eher selten damit, wie das eigene Sehen oder das von anderen funktioniert. Ein Funktionieren wird stillschweigend vorausgesetzt, man erwartet vor allem verlässliche Resultate der eigenen Wahrnehmung und vertraut darauf, dass das, was man selbst sieht, mit dem, was andere sehen, übereinstimmt. Eine solche Homogenitätsannahme gehört zum Common Sense. Man geht natürlich davon aus, dass alle ungefähr das gleiche sehen, wenn man in einem Restaurant das Ambiente betrachtet oder jemand seine Urlaubsfotos zeigt. Gleichzeitig wird das persönliche Erleben von Gesehenem, d.h. der Bedeutung, die einem Ereignis jeweils zugeschrieben wird, als heterogener behandelt. Die Unterschiedlichkeit von Betrachtungsweisen wird folglich ebenso als normal betrachtet: Jeder wechselt einmal die Perspektive, und jeder hat seine 'blinden Flecken'.

Die Frage, wie diese doppelte Natur von Betrachtungen als homogener und mehrdeutiger Blick funktioniert, ergründet ein Gesprächskreis in einem literarischen Salon genauer.

Ein kleiner Kreis von Literaturstudenten findet sich in einem Salon zusammen, um über „Die Mehrdeutigkeit von Betrachtungsweisen" zu diskutieren. Es duftet nach Tee und Löffelbiskuit. Gerade will die Gastgeberin die Runde eröffnen, als ihr Kommilitone Knut sie lächelnd unterbricht: „Entschuldige, Sandra, aber ich fand eine Stelle bei Kleist, die – wie ich denke – in unser Thema wunderbar einführt." Sandra seufzt, verdreht leicht die Augen und lässt ihn gewähren. Knut blättert ruhig in seinem zerlesenen Büchlein: „Kleist schrieb in einem Brief an seine Verlobte folgende Zeilen: 'Wenn alle Menschen statt der Augen grüne Gläser hätten, so würden sie urteilen müssen, die Gegenstände, welche sie dadurch erblickten, sind grün – und nie würden sie entscheiden können, ob ihr Auge ihnen die Dinge zeigt, wie sie sind, oder ob es nicht etwas zu ihnen hinzutut, was nicht ihnen, sondern dem Auge gehört'.[78] Zögernd klappt Knut sein Büchlein zu.

Sandra meldet sich als erste zu Wort: „Ein interessantes Verwirrspiel, es stellt sich die Frage, wer hier wem etwas hinzufügt, das Auge der Erkenntnis oder umgekehrt. 'Sehen' und Erkenntnisprozesse werden ja oft miteinander in Verbindung gebracht. Ohne Erkenntnis tappt man im Dunkeln." Augenblicklich schaltet sich Knut wieder ein: „Allgemeiner formuliert meint das, dass etwas zu sehen als ein metaphorischer Ausdruck dafür verstanden werden kann, etwas zu erkennen. Davon erzählt schon das allseits bekannte biblische Paar. Mit der Sündenaustreibung verloren sie ihren naiven Blick. Plötzlich wurden sie ihrer Nacktheit gewahr. Es fiel ihnen wie Schuppen von den Augen, dass sie eigentlich die ganze Zeit nackt waren, was zur ersten Bedeckungsvorschrift der menschlichen Gattung führte: Zwei Feigenblätter korrigierten ihr schamloses Auftreten."

Seine Sofanachbarin Beate setzt abrupt ihre Teetasse ab und meint: „Da fällt mir eine Ausstellung von Schiele im Stadtpalais dazu ein. Ich ging durch die Ausstellung und ließ mich zuerst einfach von den Exponaten beeindrucken. Einige Frauenporträts berührten mich sehr, vor allem ihre Farben, sie erschienen mir kraftsprühend und klar. Im Anschluss hörte ich einen Vortrag und ging nochmals durch die Ausstellung. Was soll ich euch sagen? Die Exponate veränderten sich. Es stellte sich heraus, dass der Künstler ziemlich pathologisch war und ein ziemlich gestörtes Verhältnis zu Frauen hatte, was sich vor allem in der morbiden Wahl seiner Farben äußerte. Plötzlich konnte ich nur noch diese Krankhaftigkeit sehen!" Etwas betroffen sieht sie in ihre Teetasse. Nach einer kurzen Pause beschwichtigt Sandra: „Nun gut die Maler! Aber zurück zur Literatur. Ich habe interessanterweise auch eine Stelle bei einem Romantiker gefunden, bei E.T.A. Hoffman. Die Symbolik der Augen in seiner Erzählung 'Der Sandmann' ist ungeheuerlich." Knut unterbricht sie ein weiteres Mal: „Moment! Nicht so schnell! Beates Beispiel ist gut gewählt. Gerade der Bereich der bildenden Kunst stellt einen interessanten Testfall dar. Man steht vor einem Objekt und bemerkt genau das: Man sieht nichts, man versteht es nicht, man erkennt nichts in dem Kunstwerk. Erst mit Hilfe einer Erklärung erkennt man, was das Kunstwerk bedeutet." Sandra unterbricht ihn leicht genervt: „Ja, ja, und wenn du mit einem Nomaden durch die Wüste latschst, philosophierst du über ar-

---

[78] Kleist, zitiert nach Hohoff (1958: 30).

chetypische Sandformen. Oder du hast einen romantischen Anflug und ergießt dich in einem Vortrag über die Ästhetik der Formen von Sanddünen. Und der Nomade steht neben dir und sieht die ganze Zeit nur mögliche Wasserstellen und Trockenzonen! Was sagt uns das denn über Betrachtungsweisen?" Eine Nachbarin: „Ich glaube eher, dass Knut zwischen sandigen Venusbrüstchen lustwandeln wird und sanft über bauchige Sandkörper streift." Eine vierte hakt sich ein: „Haltet doch bitte mal Augenkontakt, wenn ihr euch streitet." Eine Nachbarin: „Das klingt mir eher nach Liebe auf den ersten Blick, oder wer wirft hier auf wen ein Auge?" Knut beugt sich langsam zu Sandra nach vorn: „Schau mir in die Augen, Kleines, mein Flugzeug wartet." Sandra antwortet verschmitzt mit einem mehrdeutigen Blick: „O.K., wunderbar – da bleibt mir nun doch noch E.T.A. Hoffman", sie blättert in ihrem Reclamband und paraphrasiert eine Passage: „Nathaniel trifft zum ersten Mal Olympia, des Optikers Coppula Automatenpuppe. Nathaniel betrachtet Olympias wunderschön geformtes Gesicht. Nur die Augen erscheinen ihm starr und tot. Doch als er sie deutlicher ansah, war es, als gingen in Olympias Augen feuchte Mondstrahlen auf. Es schien, als wenn nun erst die Sehkraft entzündet würde; immer lebendiger und lebendiger flammten die Blicke: 'Was See – was Spiegel! – Können wir denn das Mädchen anschauen, ohne dass uns aus ihrem Blick wunderbare himmlische Gesänge und Klänge entgegenstrahlen, die in unser Innerstes dringen, dass da alles wach und rege wird?"[79] Sie klappt das Büchlein zu und merkt an: „Tja, Knut, was soll ich sagen. Ich fürchte in Nathaniels Sinne spiegelst du dich vollkommen hohl in deiner selbst!" Es folgt allgemeines Gelächter und applaudierendes Löffelgeklapper.

Die Szene verschiebt die Untersuchung des Auges als sinnesphysiologisches Organ zu einer Betrachtung des Auges als deutendes und bedeutungsvolles Medium. Dem Auge werden kommunikative Eigenschaften und Betrachtungsformen eingeräumt, die weit über die Funktion eines Reizverarbeitungssystems hinausgehen. Neben einem physiologischen Register taucht ein zweites Register auf, in dem ein Sehen als Ergebnis von Deutungen beschrieben wird. Das Auge übernimmt dabei eine Doppelaufgabe als Betrachtendes und als Betrachtetes, es kann nicht nur unterschiedlich sehen, sondern es interagiert.

Als ein interaktives Organ übernehmen die Augen sowohl innerhalb des Gesprächs als auch innerhalb der zitierten Passagen eine Fülle von kommunikativen Funktionen: Sie vermitteln Liebesbekundungen, sie flammen auf, sie starren, sie töten, sie lächeln. Solche bedeutsamen Blicke werden nicht innerhalb eines medizinischen Paradigmas verortet. Sandra beschreibt Knut eben nicht physiologisch, welchen Effekt seine Augäpfel bei ihr auslösen: „Ich sehe gerade, wie sich dein Ziliarmuskel in der vorderen Augenkammer bewegt!" Die Augen werden dagegen als Spiegel von Abwesenheit (der leere Blick) und Kundgeber

---

[79] Auszüge zitiert aus: Hoffman (1969: 20f).

von Sympathie (der liebliche Blick), als Fluchwerkzeug (der böse Blick) oder als Aggressor für ein Zweikampfduell (der starre Blick) behandelt und schließlich als eine Fixationskraft verstanden, die den Blick zweier Verliebter (fast) nicht mehr voneinander lösen lässt (der hypnotische Blick). Einem 'tiefen Blick' werden darüber hinaus transpersonelle Fähigkeiten zugeschrieben, der Einlass zum innersten Wesen einer anderen Person verschafft: Von Kleist bis zu den Literaturstudenten wird er als Tor zur Seele eines Menschen betrachtet.[80]

Das Auge wirft allerdings nicht nur unterschiedliche Blicke, sondern es betrachtet ebenso auch unterschiedlich. Dem Auge wird 'etwas' hinzugetan – und das häufig sehr unvermittelt. Die temporäre Abfolge von Betrachtungsweisen wird von den Gesprächsteilnehmern als ein wesentliches Chrakteristikum der Natur von Blicken beschrieben. Demnach zeichnen sich Sichtweisen durch unterschiedliche Halbwertzeiten aus: Adam und Eva pflegten schließlich mehrere Jahre ihr schamloses Auftreten, bis sie endlich den Apfel aß. Nach Auffassung des Gesprächskreises findet ein solcher Wechsel von Perspektiven oft abrupt statt. Ein totes Augenpaar verwandelt sich unmittelbar in ein funkensprühendes, die Farben eines Bildes sprechen dann nicht mehr vom Lebensmut eines Künstlers, sondern verweisen auf seine sexuellen Anomalien. Den Betrachtungsweisen selbst wird dabei ein scheinbar endloser Variantenreichtum zugeschrieben. Das Spektrum von Betrachtungen einer Sanddüne z.B. reicht vom formästhetischen Objekt einer Fotografie über einen Markierungspunkt für Wasserstellen bis zum Spiegel von Begierden.

Die Heterogenität und Wandelbarkeit von Betrachtungen erklären die Gesprächsteilnehmer letztlich durch die Hintergrundbezüge einzelner Betrachter, für die sie eine Reihe von Referenzstellen angeben: Lebensbedingungen (Paradies, Wüstengebiet), persönliche Vorlieben (Farbgeschmack, ästhetische Präferenzen, Begehrensform), situatives Kontextwissen (Bedeckungsgebote, Biographie eines Künstlers) und spezielle berufliche Kompetenzen (Nomade oder Fotograf). Ein 'Sehen' wird folglich als ein kontextabhängiger *Prozess* beschrieben, mit dem zwangsläufig Unterschiedliches wahrgenommen werden muss.

---

[80] Eine ähnliche Beschreibung des Sich-Anblickens findet sich im Exkurs über die „Soziologie der Sinne" von Simmel: „Das Auge entschleiert dem Anderen die Seele, die ihn zu entschleiern sucht" (1968: 484f). Simmel erklärt die menschliche Wahrnehmung aber nicht nur allegorisch. Als einer der ersten betrachtet er 'die Sinne' überhaupt als ein sozialwissenschaftlich relevantes Thema, indem er die Auswirkungen einzelner Sinne auf die Wechselbeziehung zwischen Individuen fokussiert. Aus den möglichen Interaktionsformen über den Augensinn leitet er z.B. die Notwendigkeit der Organisation von Blickführungen ab, deren Disziplinierung er zusätzlich vor dem Hintergrund kultureller Bedingungen erklärt: „Vor der Erfindung der Omnibusse, Straßenbahnen (...) waren Menschen überhaupt nicht in der Lage, sich minuten- bis stundenlang gegenseitig anblicken zu können oder zu müssen, ohne miteinander zu sprechen" (ebd.: 486).

An dieser Stelle ließe sich gegen die Gesprächsrunde einwenden, dass ihre Befremdungsmomente und Irritationen vor allem von fiktiven Beispielen leben, die wenig an reale bzw. alltägliche Lebensbezüge anschließen. Weder paradiesische Zustände noch Kunstausstellungen gehören schließlich zu den alltäglichen Erfahrungshintergründen, die allseits vertraute Bezugsrahmen bereitstellen. Gerade ihre Verschiebung verdeutlicht aber die Gebundenheit von Sehgewohnheiten an Lokalitäten und Situationen. Insbesondere der künstlerische Bereich erhebt es gerade zur Methode, alltägliche Sehroutinen z.B. durch eine ungewöhnliche Platzierung von Gegenständen zu irritieren. Die Frühstücksreste eines Künstlers oder einen profanen Gegenstand wie eine Kloschüssel (Musée d'Art Moderne 1986: 79) in einem Museum vorzufinden, löste bei den Besuchern dementsprechend ziemliche Verwirrung aus. Solche 'Displacements' rufen folglich die lokale Herstellung und das Kontextwissen, durch das die Betrachtung von Dingen normalerweise geleitet wird, erst wieder in Erinnerung: „A rose is a rose is a rose" (Stein 1985: 158-190).

Mit der Gesprächsrunde stellt sich für den Alltagsbetrieb deswegen weiterführend die Frage, wie es möglich ist, dass in der Regel eher 'miteinander gesehen' wird. Die 'vergemeinschafteten Blicke' werden erklärungsbedürftig. Eine Antwort spricht dafür, dass Mehrdeutigkeiten im Alltag stärker verdeckt bzw. geregelt werden. Man weiß z.B., wann und an welchem Ort welche Betrachtung als angemessen gilt. Betrachtungsformen werden demnach zu einem situierten Blick 'domestiziert'. Eine Krise entsteht erst dann, wenn eine Sichtweise am falschen Ort eingefordert oder platziert wird. Ein Augenarzt würde dementsprechend sicherlich Befremdung auslösen, wenn er eine Patientin nach ihren formästhetischen Eindrücken bei der Betrachtung eines Sehprobenzeichens fragt oder ihr bei der Augenuntersuchung Komplimente ob ihrer ungewöhnlich schönen Augen macht. Gefragt ist sein prüfender medizinischer Blick.

Situationsübergreifend wird der Verschiedenheit von Betrachtungen allerdings grundsätzlich eine Sichtweise gegenübergestellt, die als eine *deutungsresistente* Zone ausgewiesen wird. Im Bereich des 'sachlichen Blicks' werden Mehrdeutigkeiten nicht mehr toleriert, mit ihm werden Tatsachen betrachtet: Ein Auge bleibt schließlich – sexuiert oder nicht – immer noch das gleiche Auge. Diese Grundannahme soll mit der nächsten Gesprächsrunde einigen Belastungsproben ausgesetzt werden.

**In einer Klinik für Sinnesbehinderte. Ein Themenabend zu: „Wie wir die Welt sehen"**

Das folgende fiktive Gespräch findet innerhalb eines Zyklus von Themenabenden statt, zu dem sich die Patienten der Klinik für Sinnesbehinderte regelmäßig treffen. Als Thema des heutigen Abends wurde „Wie wir die Welt sehen" ausgeschrieben. Anwesend sind neben Patienten der Klinik zwei Gebärdendolmetscher für die gehörlosen Teilnehmerinnen und eine Dolmetscherin für einen Taubblinden, die Gesagtes über ein Fingeralphabet übersetzt.

Gleich zu Beginn des Themenabends ereignet sich etwas für alle Beteiligten sehr Unerfreuliches. Ein offenbar stark angetrunkener Besucher der Klinik ergreift laut lallend das Wort: „Also, wie wir die Welt sehen, fragen Sie. Also, ich muss sagen, also ich, ich sehe Sie hier alle doppelt!" Er kichert und fährt fort: „Mein Themenabend lautet wohl eher Zwillingstreffen." Er kichert weiter. Die Moderatorin straft den Besucher mit einem bohrenden Blick und unterbricht ihn mit: „Ich danke Ihnen für diesen wertvollen Beitrag. Sie verweisen durchaus auf ein interessantes Phänomen, nämlich das von optischen Täuschungen. Wir können Ihnen alle versichern, dass Sie nicht auf einem Zwillingstreffen sind. Sie sind wahrscheinlich sehr müde. Genauso können wir Ihnen zusagen, dass die Straßenbahnlinien außerhalb der Klinik gegen Ende der Straße nicht schmaler aufeinander zulaufen, der Mond heute Abend nicht wirklich die Gestalt einer Sichel besitzt und die Erdmassen hinter den Hügelreihen am Horizont nicht einfach abbrechen." Sie feixt triumphierend in die Runde.
Eine junge Patientin ergreift kurz darauf begeistert das Wort: „Ja, optische Täuschungen finde ich auch total spannend. Ich sammle diese Drei-D-Bilder, auf denen man erst nach einiger Zeit erkennen kann, was auf dem Bild ist – das finde ich total faszinierend. Zuerst sieht man nur Punkte und unscharfe Flächen – aber dann!" Eine ältere Patientin neben ihr ergreift das Wort: „Unscharfe Konturen, das kenne ich. Ich sehe auch sehr schlecht. Ich habe eine sehr starke Hornhautverkrümmung, Astigmatismus heißt das. Durch meine Krankheit wird das, was ich sehe, sehr unscharf und – wie soll ich sagen – sieht irgendwie verzerrter aus, als es eigentlich ist. Also, wenn ich meine Hand jetzt z.B. senkrecht vor meine Augen halte, wirkt sie lang und dünn. Horizontal gesehen ist sie kurz und kräftig." Sie demonstriert jeweils die Handposition und fährt fort: „So hat mir das Dr. Breuer erklärt, und er hat mir das auch gezeigt: So sieht man mit Astigmatismus."

Abb. 5 aus: Mueller/ Rudolf (1966: 86)

Eine weitere Patientin meldet sich: „Aber das ist ja fast normal. Ich sehe im ganzen mittleren Gesichtsfeld nichts mehr. Ich falle dir über jeden Stuhl, der direkt vor mir auftaucht. Ich muss immer den Kopf drehen, um geradeaus gukken zu können." Sie wird unterbrochen: „Bei mir ist das noch mal anders. Ich kann keine Farben erkennen, bei mir ist alles nur schwarz/ weiß, wie in einem alten Audrey-Hepburn-Film." Ein allseits bekannter Patient aus der Psychiatrie, Horst, lacht auf: „Ha! Da habe ich noch was Interessantes zu bieten. Hört euch mal den an: Herr Basel?" Er dreht sich zu einem älteren Patienten. „Ja." Der Mann nickt. Horst fährt fort: „Könnten Sie uns einmal diesen Gegenstand beschreiben?" Er nimmt eine Rose aus einer Vase vom Tisch und hält sie Herrn Basel direkt vor das Gesicht. Nach einigen Momenten der Betrachtung erklärt Herr Basel: „Ein rotes gefaltetes Gebilde mit einem geraden grünen Anhängsel. Etwa fünfzehn Zentimeter lang." Eine gehörlose Patientin unterbricht ihn und kommentiert die Äußerung mit einer Gebärde. Eine Gebärdendolmetscherin übersetzt: „Sie meint, Sie sollen sich die inneren Teile der Rose einmal betrachten." Horst übergeht die beiden und hakt nach: „Und was meinen Sie, was das ist?" Herr Basel antwortet, scheinbar wild entschlossen, das Rätsel zu lösen: „Ihm fehlt die Symmetrie der anderen Körper, obwohl es vielleicht eine eigene, höhere Symmetrie besitzt. Ich glaube, es könnte eine Blume oder Blüte sein." Horst gibt ihm einen weiteren Hinweis: „Riechen Sie doch einmal daran!" Herr

Basel folgt höflich der Aufforderung. Augenblicklich strahlt er über das ganze Gesicht: „Herrlich! Eine junge Rose. Welch ein himmlischer Duft!" Das Auditorium stimmt in einen kurzen Applaus ein. Horst kommentiert zufrieden: „Herr Basel kann schematische Formen und Strukturen zwar erkennen, kann aber nichts mit ihnen verbinden. Einmal hat er den Kopf seiner Frau mit einem Hut verwechselt, weil ihm die Form sehr vertraut erschien."[81]

Vereinzelt ertönt ein leises Gelächter, das von einem Patienten empört unterbrochen wird: „Ja, wenigstens erkennt er Formen. Mir hat man wer weiß was versprochen, was ich nach der Operation alles sehen könnte. Ich habe vorher noch nie etwas gesehen. Herr Prof. Dr. Gustus meinte, das klappt schon. Und dann, als sie mir die Binde von den Augen nahmen, habe ich gar nichts gesehen. Nur Rauschen. Irgendwann ahnte ich dann, dass dieses Licht, diese Bewegung und Farben, das dauernd 'Nun?', 'Nun?' fragte, dass das wohl das Gesicht von Dr. Gustus sein muss. Und dann ging es los – wochenlang haben sie mich durch dieses Farbengekreisch von Supermärkten geschleppt, meine vertrautesten Wege konnte ich nicht mehr erkennen – von wegen Hügellandschaft! Und Treppenstufen – das waren reinste Fallen, ein einziger Wirrwarr aus Kanten und Schatten. Dann war es mir zu bunt. Ich habe meinen Langstock wieder aus der Ecke geholt und mache es wieder wie eh und je – und das Bild vom Fernseher brauchen sie mir auch nicht mehr einzustellen. Ich gucke mir die Sportschau wieder wie früher an."[82]

Eine Nachbarin kommentiert: „Sie Armer, ich stelle mir das furchtbar vor, immer in der Dunkelheit leben zu müssen!" Die Taubblindendolmetscherin meldet sich: „Dr. Virgil ist ziemlich erbost." Sie übersetzt simultan weiter, was Hand zu Hand von Dr. Virgil gelormt[83] wird: „Er sagt, das wäre eine typische Diskriminierung durch Sehende. Auf die Funktion der Augen verzichten zu müssen, sei keineswegs mit einem Leben in Finsternis gleichzusetzen. Blindgeborene entbehren der Erfahrung bzw. Begrifflichkeit von 'Dunkel', eines optischen Phänomens per excellence."[84] Eine andere Patientin merkt dazu mit einem zärtlichen Blick auf Dr. Virgil an: „Nicht ärgern – die haben ja alle keine Ahnung. Das ist alles so oberflächlich. Ich sage nur: gleißende Doppelkugel mit roten Rändern, echt bitter. Wer weiß denn hier schon, dass die Zahl Vier eindeutig blau ist, ein grün-bunt schimmerndes Farbband die Telefonnummer der Auskunft ist oder eine schwarze Fläche mit orangefarbenen Zylindern für einen guten Rotwein spricht." Ihre Sitznachbarin ergänzt: „Ich unterhalte mich inzwischen schon so mit meinem Mann. 'Ein Hähnchen braucht mehr Blau' bedeutet, dass es mehr Salz benötigt. Wenn ein Essen zu viele 'Kanten' hat, ist es eindeutig überwürzt. Ich kann nur Wein trinken, der grün-orange schmeckt, und Pfefferminze z.B. fühlt sich wie eine kühle Marmorsäule an."[85]

---

[81] Aus: Sacks (1994: 30f)

[82] Aus: Duden (1995)

[83] Das Fingeralphabet bzw. Lormen wurde speziell für Taubblinde als Kommunikationsform entwickelt. Eine Übersetzerin tippt dabei einzelne Buchstaben des Alphabets an bestimmte Punkte auf die Hand der Taubblinden (vgl. dazu auch: Schmitt 1954).

[84] Zitiert aus: Küpfer (1994: 13)

[85] Die Beispiele stammen von: Stirn (1998: 114ff). Die beschriebenen Phänomene werden unter dem Begriff 'Synästhesie' gefasst als: Miterregung eines Sinnesorganes bei Reizung eines anderen bzw. einer Vermischung von Sinneseindrücken (vgl. zu Synästhesieforschungen- und

Schließlich erkämpft sich eine schon atemlose junge Patientin die Aufmerksamkeit: „Ich interessiere mich ja sehr für Tiere, wie ihr wisst." Sie schiebt etwas verlegen einige Plüschtiere auf ihrem Schoß zurecht. „Und wisst ihr was, die gucken noch mal ganz anders als wir. Neulich habe ich so ein schönes Buch in unserer Bibliothek gefunden, da zeigen die das genau. Die haben z.B. fotografisch nachgestellt, wie ein Hase sieht: Der sieht viel mehr als wir, im 160-Grad-Radius. Oder guckt mal hier: So sieht eine Fliege eine Blume oder da: So sieht eine Schlange eine Maus."

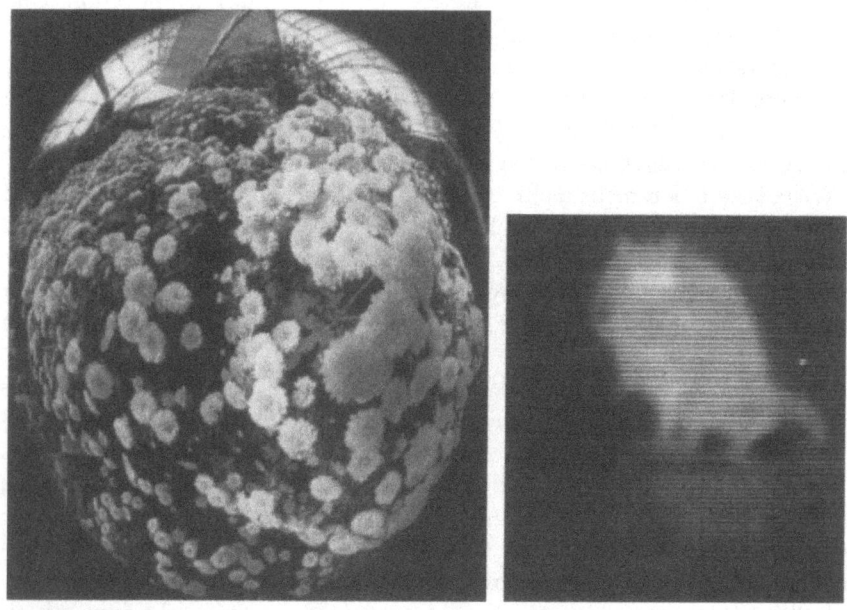

Abb. 6 und 7 aus: Sinclair (1985: 23; 83)

Sie gibt das Buch zur Ansicht weiter in die Runde. Im allgemeinen Gemurmel murrt ihre Nachbarin: „Ich bin aber keine Schlange und schon gar nicht 'ne Fliege." Das Stimmengewirr hält an. Die Dolmetscherin der Taubblinden rudert inzwischen schon mit beiden Armen, um die Aufmerksamkeit der Anwesenden zu erhaschen: „Stop! Stop! Stop! Ich komme nicht mehr mit. Kann mir mal bitte jemand sagen, wie ich den Redebeitrag über das blaue Hähnchen übersetzen soll?"

Konzepten: Schrader 1969).

Eine Lesart des Gesprächs könnte darin bestehen, die Äußerungen der Patienten als Darstellungen von pathologischen Sehformen zu verstehen und sie als stärker oder schwächer ausgeprägte Abweichungen eines normalen Sehvermögens einzustufen. Der Effekt, der dann durch die Gesprächsrunde ausgelöst würde, bestünde wahrscheinlich fast ausschließlich darin, über die Fülle und die Formen von Störungen zu staunen. Die Beschreibungen der Teilnehmer können demgegenüber aber auch als Ausdruck ihrer eigenen Wahrnehmungsformen ernst genommen werden. Das Gespräch kann dann als ein Befremdungsexperiment und als Erkenntnisstätte genutzt werden.

Die Äußerungen der Teilnehmer lassen sich daraufhin in zwei Gruppen unterteilen, die jeweils unterschiedliche Aufschlüsse zulassen. Ein Teil des Gesprächskreises bemüht sich um die Bestimmung eines normalen Sehvermögens. Die Beteiligten formulieren Konventionen von optischen Eindrücken und lassen dadurch Einblicke in die Sozialität einer 'Normsicht' zu. Eine zweite Gruppe des Kreises untergräbt wiederum diesen Konsensus über Normalität. Mit diesen Teilnehmern stellt sich radikal die Frage, ob (optische) Wahrnehmungen überhaupt als Ergebnis einer *natürlichen* Funktionsweise verstanden werden können.

Die konventionelle Gruppe der Patienten unterscheidet optische Wahrnehmungsformen als Erstes nach Bewusstseinszuständen. Die Doppelsicht des alkoholisierten Besuchers der Klinik wird im Vergleich zu einem normalen Wachzustand als eine ungültige Wahrnehmung eingestuft und ihr damit der Wirklichkeitsstatus entzogen (Schütz/ Luckmann 1979: 48-61). Nach Auffassung des Gesprächskreises handelt es sich lediglich um eine Halluzination. Gleichzeitig wird von ihnen eine Reihe von Ereignissen toleriert, die eigentlich auf ein 'falsches' Sehen verweisen. Der Eindruck eines vertikalen Horizonts z.B. wird zwar als optische Täuschung registriert, er führt allerdings nicht dazu, an der eigenen Wahrnehmungskompetenz zu zweifeln. Das Phänomen wird mit einer Hilfserklärung repariert und dadurch zu einem zulässigen Störfall des menschlichen Sehvermögens erklärt.

Als Zweites markieren die Patienten einen bestimmten optischen Ausschnitt als den echten und damit den eigentlich wirklichkeitsabbildenden Wahrnehmungsbereich: Humanperspektiven arbeiten innerhalb eines bestimmten Helligkeitsbereichs – die anderen, d.h. Fledermäuse, Maulwürfe und Blinde leben im Dunkeln. Darüber hinaus findet ein normales Sehvermögen nach Auffassung der Anwesenden innerhalb eines speziellen Blickfeldes statt, das wiederum mit einem bestimmten Schärfegrad wahrgenommen wird. Diese einzelnen Sehleistungen werden im Anschluss an augenärztliche Testverfahren exakt zitiert.

Lebewesen, die über ähnliche optische Eindrücke verfügen, werden von den Patienten dabei eingemeindet. Walfische und Fliegen würden zwar in anderen Blickausschnitten und Intensitäten wahrnehmen, eine Fliege sähe aber genauso eine Blume – eben nur in Form eines Prismas oder farblos.

Die Teilnehmer beschreiben ihr Sehvermögen damit als einen medizinisch eingestellten 'Guckkasten', der eine Beobachtungsform und bestimmte Beobachtungsinhalte einschließt. Eine Blume zu sehen, bedeutet z.B., ihre Oberfläche aufgrund ihrer Größe, Farbe und Kontur zu identifizieren. Die Pflanze wird damit als Träger bestimmter Oberflächenmerkmale definiert, deren Wahrnehmung als natürliche und damit als richtige Betrachtung behandelt wird. Innerhalb der Identifizierungsmatrix gelten bestimmte optische Verzerrungen noch ungefähr als die gleichen Perspektiven. Stark abweichende Wahrnehmungsformen werden als falsch oder pathologisch ausgegrenzt bzw. umgekehrt übernehmen sie eine wesentliche Rolle als Kontrastfolien. Die Teilnehmer bestimmen damit ein 'Mainstreamsehen' über Anomalien, sie praktizieren eine „Normalisierungswissenschaft" (Hirschauer 1993: 345): Die Abweichungen ermöglichen erst, eine bestimmte Sichtweise als gültige Betrachtung festzulegen und sie langfristig als eine Normsicht zu etablieren.

Die Annahme der Natürlichkeit einer bestimmten Betrachtung wird von einer 'wilden' Gruppe der Gesprächsrunde massiv unterlaufen: von Herrn Basel, dem Mann, der die Rose zunächst nicht erkennen konnte, von dem erfolglos operierten Blinden, den beiden Synästhetikerinnen und der gehörlosen Patientin. Die Identifizierung von Dingen oder Personen wird von ihnen nicht an optische Referenzstellen gebunden. Eine Rose z.B. erscheint Herrn Basel optisch lediglich als ein gefaltetes Gebilde, er identifiziert sie erst durch ihren Geruch. Ebenso ist für den operierten Blinden eine Stimme das Gesicht einer Person, und für die Synästhetikerin bedeutet eine gleißende Kugel einen bestimmten Geschmack. Sie entwirft damit eine multimediale Oberfläche, die Umwelten in einer sinnesdurchkreuzenden Weise anordnet. Die zweite Synästhetikerin, die ihr Essen beschreibt, verwendet zusätzlich einen eigenen Sprachcode und gibt damit ihrem sinnlichen Milieu eine explizite Ausdrucksform: 'Ein Hähnchen schmeckt blau'. Ähnlich werden von der gehörlosen Patientin eigene Begriffseinheiten für Erfahrungen gebildet. Mit einer einzigen Gebärde fordert sie Herrn Basel auf, sich die inneren Teile der Rose anzusehen. Etwas zu sehen, wird schließlich in den zahlreichen Gebärdensprachen (Sacks 1992: 40) in sehr differenzierten Formen artikuliert. Allein für die Stammgebärde „ansehen" gibt es zahlreiche Variationen, die sowohl die Dauer einer Betrachtung als auch ihre Fokussierung bestimmen, die nur mühsam im gängigen Sprachgebrauch wiedergegeben werden können: etwas lange ansehen, etwas wiederholt ansehen, sich alles ansehen, eine Reihe ansehen etc. (Sacks 1992: 128-130).[86] Gerade die Verwendung eines eigenen Vokabulars für Dinge oder Ereignisse verdeutlicht, dass die Patienten ihre Sinneseindrücke nach anderen sinnstiftenden Einheiten bilden und unterschiedliche Wirklichkeitsbezüge herstellen.

Die Beschreibungen führen damit zu einer Entzauberung des 'echten Blicks': Er liegt keineswegs in der Natur der Sache – weder in der Natur des Auges, noch in der Natur der Rose. Ein optisches Oberflächentableau muss demnach als *ein* Wirklichkeitsausschnitt unter vielen Möglichen eingeklammert werden.

Schließlich wird die Natürlichkeit eines Sehvermögens von dem erfolglos operierten Blinden noch phylogenetisch in Frage gestellt. Er bringt einen Entstehungsmythos des Sehens zu Fall, der sich deutlich in der Anmerkung eines Arztes zu gescheiterten Restitutionsversuchen äußert: „Wider Erwarten brachte die Wiederherstellung nahezu normaler optischer Verhältnisse die Sehfähigkeit nicht zurück (...) Kein einziger konnte zunächst seine Augen benutzen. Nur wenige erlernten mühsam, einfache Muster zu erkennen und sich mit dem Gesichtssinn zu orientieren. Viele brachen die Rehabilitierungsbehandlung ab und zogen es vor, als Blinde weiterzuleben. Das Gehirn dieser Patienten blieb unfähig, die von den Augen einwandfrei übermittelten Signale zu verarbeiten" (Sülberg 1991: 168).

Die Anmerkung des Arztes löst weniger dadurch Irritationen aus, dass die Behandelten nicht augenblicklich über eine differenzierte optische Wahrnehmung verfügen können – auch Kleinkindern gesteht man eine Lernphase zu. Mit der Äußerung des Arztes verliert allerdings die alltagsweltliche Annahme an Plausibilität, dass sich sukzessive mit einem intakten Organ eine bestimmte Betrachtungsweise als ein natürlicher Selbstläufer einstellt. Der Vorgang des Sehens kann anscheinend nicht damit verglichen werden, einen Lichtschalter ein- und wieder auszuschalten. Diese Erkenntnis markiert einen empirischen Wendepunkt: Das Scheitern der Restitutionsversuche liegt nicht an der mangelnden Mitarbeit der Patienten, die sich einer Rehabilitation entziehen wollen, sondern das 'Licht der Welt zu erblicken' bedeutet offenbar nicht gleichzeitig eine Initiation in die Welt der Sehenden. Es scheint relativ wenig wiederhergestellt bzw. gewonnen zu sein, wenn das Sehorgan einer Person wieder 'intakt' ist, und es

---

[86] Der Verdacht liegt nahe, dass bei den zahlreichen Auseinandersetzungen um die Einführung von Sondersprachen und Sonderschriften bei Gehörlosen und Blinden nicht nur das Problem der Integration oder des Ausschlusses von Behinderten behandelt wird, sondern dass eine Definitionsmacht über 'die Wirklichkeit' ungern abgegeben werden soll. Vgl. zur Diskussion um eine eigene Schrift für Blinde: Mosel (1995: 42-51); zu Diskussionen um eine zweisprachige Ausbildung von Gehörlosen: Smith/ Campell (1997: 437-456).

scheint ebenfalls keine Erklärung zu sein, visuelle Eindrücke als Ergebnis von Gehirnfunktionen zu verstehen: Die bedeutungskonstituierenden Orte von Wahrnehmungen bleiben dabei eine 'Black Box'.

## Ein Fazit über sozialkonstruktivistische Erkenntnisgrenzen

Alle drei Gesprächsrunden kreisen mehr oder weniger explizit ein Axiom der Natur des Sehens ein: ein physiologisches Verständnis des Sehsinnes. Erklärungsversuche der physiologischen Natur des Sehens entfachen im wissenschaftlichen Feld einen interepochalen Streit. Je genauer die Gesprächsrunde die Funktionsweise des Sehsinnes betrachtet, desto uneindeutiger wird schließlich die Betrachtung des Organs: Sie verschwimmt zunehmend. Im geisteswissenschaftlichen Salon erachtet der Gesprächskreis die Mehrdeutigkeit von Betrachtungen zwar als selbstverständlich, spätestens in der Klinik wird ein medizinisch-biologisch begründeter Ausschnitt aber wieder als ein deutungsresistenter und wirklichkeitsabbildender bestimmt, auf den man sich immer wieder zurückbeziehen muss. Das reflexive Verfahren, mit dem dieser Sichtbereich konstituiert wird, pointierte eine Patientin des Themenabends mit dem Illustrationsmaterial von Tierwahrnehmungen. Die Bilder renaturieren eine optisch ausgerichtete Humanperspektive, indem sie Tierperspektiven ausschließlich auf der Grundlage visueller Praktiken rekonstruieren. Selbst Wahrnehmungen, die nicht mit dem Sehsinn erfolgen, werden fotografisch sichtbar gemacht, wie z.B. die thermische Perzeption einer Schlange.

Nicht zuletzt mit den Versuchen, andere Betrachtungsformen zu rekonstruieren, wird deutlich, wie weitreichend Sinneseindrücke sozial hergestellt werden: Bei Sehvorgängen handelt es sich offensichtlich um eine durchgängig *reflexive* und *organisierte* Tätigkeit. Die Organisation von optischen Eindrücken muss demnach mühsam erworben werden. Wesentliche Ausbildungsfunktionen übernehmen dabei Bilder und sprachliche Formate. Sie stellen kollektive Identifizierungsmuster bereit, die angeben, was es zu erkennen gibt, und gleichzeitig, wie etwas zu erkennen ist, und werden damit zu elementaren Konstitutionsorten der Herstellung von Sinn als „grammar of perspectives" (Latour 1986: 8). Mit ihnen werden sinnstiftende Einheiten gebildet, die ermöglichen, einen Tumor auf einer Computertomographie, eine paranoide Pinselführung oder ein liebeserklärendes Auge zu sehen. Diese Kontextabhängigkeit von Blicken, die systematisch nach vertrauten Zeichenkontexten sucht, bildet gleichzeitig eine Art Rezeptionssperre gegenüber anderen Ordnungssystemen. Die Störfälle der Patienten verweisen dementsprechend eher zaghaft darauf, dass eine Umwelt neben einer Bildoberfläche in anderen Formen geordnet werden kann bzw. könnte. Folgt man ihren Spuren, müsste man eher von *Sinnesprovinzen* als von einer Sinnprovinz sprechen.

An dieser Stelle erreicht der Exkurs eine Erkenntnisgrenze. Es bleibt ein spekulatives Unternehmen, die Organisation vertrauter Bildoberflächen zu verlassen. Die literarische Form der Gesprächsrunden und die Illustrationen erleichtern zwar einen Zugang zu anderen Wahrnehmungen, die textuellen Mittel sind allerdings begrenzt. Die Sprache Euklids mag zumindest eine Befremdung des heutigen vertrauten Sprachgebrauchs erreichen. Die gezeigten Bilder greifen aber genau die Visualisierungspraktiken auf, die wissenssoziologisch unterlaufen werden sollten. Eigentlich müssten Versuche, sich von den eigenen Sehgewohnheiten zu distanzieren, eine andere Darstellungsdidaktik wählen und zwar als leibliche Erfahrung.

Versuche, sich über körperliche Erfahrungen in andere Lebensbezüge hineinzuversetzen, tauchten in den letzten Jahren zunehmend auf. Ein Zweig der Industrie lässt seine Ingenieure neuerdings in Alterssimulationsgeräte klettern, die Sehschwächen nachstellen und die Ungelenkigkeit bzw. die Erschwernis von Bewegungsabläufen konkret erfahrbar machen sollen: „Binnen zehn Minuten bin ich um dreißig Jahre gealtert. Die Sicht ist gelbstichig und verschwommen, das Hören seltsam gedämpft und das Bücken eine Plage. Diesen körperlichen Verfall im Zeitraffer verdanke ich dem Alterssimulator: Bandagen und Abnäher eines speziellen Overalls schränken die Bewegungsfreiheit ein, vierzehn Kilo schwere Bleigewichte vermitteln den Eindruck schwächer gewordener Muskelkraft, harte Noppen an der Innenseite der Handschuhe sorgen für steife Finger, ein Kopfhörer schluckt die hohen Tonfrequenzen, eine Scheibe vor der Nase halbiert das Gesichtsfeld und raubt den Augen die Schärfe" (Blum 1998: 26). Ähnlich klettern Besucher in Kunstausstellungen durch riesenhaft vergrößerte Möbelparcours, um Kinderperspektiven nachzuvollziehen, oder tasten sich Sehende durch „Dunkelausstellungen", um wenigstens einmal 'hautnah' Blindheit zu erleben. Es ist jedoch fragwürdig, ob Sehende in ihnen wesentlich mehr entdecken als sich selbst. Es bleibt eine offene Frage, wie Reaktionen auf Ausstellungen ausfallen, die gezielt Konstitutionsorte von Sinnesprovinzen verändern und beispielsweise Gegenstände synästhetisch formen, Räume blindenspezifisch einrichten oder Besuchern einer Blumenausstellung ein Gespräch aufnötigen, bei dem sie ausschließlich taktile Merkmale der Blüten benennen dürfen.

Jenseits methodischer Überlegungen erscheint es mir unerlässlich, die These einer sozialen Organisation von Sinneseindrücken gedanklich weiter zu führen. Der Exkurs mündet dann in einem massiven „Othering" (Fuchs/ Berg 1993: 13) von Blinden: *Die* müssten eigentlich in einer völlig anderen Sinnesprovinz

leben. Eine solche Feststellung schließt gleichzeitig ein massives Befremden von
Sehenden ein: *Die* konstituieren sich vollständig ihre Sinnesprovinz. Jenseits von
Spekulationen über 'die anderen' sollte das wichtigste Ergebnis sein, nicht an
einer wechselseitigen Normalisierungspraxis weiterzuarbeiten.

Für die weitere Untersuchung von Blindheit bedeutet das, die bisher bezoge-
ne Beschreibungsposition zu verlassen. Nicht nur das medizinische Personal,
Mobilitätstrainer und Klienten leiden bislang unter Zugangs- und Beschrei-
bungsnotständen, sondern ebenso eine wissenssoziologische Rekonstruktion. In
dem nun folgenden zweiten Teil der Arbeit wird das Terrain der Experten verlassen und die Herstellung von Blindheit in alltagsweltlichen Kontexten verfolgt.
Es stellt sich weiterhin grundlegend die Frage, wie Blinden die Aneignung und
Organisation von Wissen vermittelt wird, diesmal nicht über Umgebungen und
Dinge, sondern über Personen und Situationen.

# 4 Die alltagsweltliche Herstellung von Blindheit in face-to-face Situationen – ein Kommunikationsproblem

## 4.1 Krisensituationen zwischen Sehenden und Blinden

Ich gehe zum ersten Mal in den Chor der Schule. Ich biege um die Ecke des Flurs und entdecke ein kleines Grüppchen von Schülern, die vor dem Klassenraum warten. Niemand beachtet mein Kommen, kein Kopf dreht sich in meine Richtung – mein Lächeln erstarrt etwas hilflos. Ich stelle mich leicht abseits und 'belausche' zaghaft zwei Schüler, die sich vor der Tür unterhalten und 'schaukeln': Sie pendeln gleichmäßig hin und her, hin und her. Ein anderer Schüler kauert fast schon an einem Handlauf, sein Kopf ist Richtung Boden gewendet. Ich betrachte einige Gesichter. Viele halten die Augenlider halb oder ganz geschlossen, fast niemand wendet sich einander zu. Ich bin ratlos, was ich tun soll.

Das Szenario der Chormitglieder stellt die Beobachterin vor elementare Zuordnungsprobleme, die sie schließlich etwas hilflos zurücklassen. Die Chormitglieder stellen keine Blickaufmerksamkeiten her, es finden keine Ausrichtungen der Körper zueinander statt – über einige Körperhaltungen kann sie nur die Mutmaßung treffen, dass sie offenbar nicht auf ein Publikum ausgerichtet sind.[87] Die *Reziprozitätsunterbrechung* der Teilnehmerperspektiven (Schütz/ Luckmann 1979: 97) führt die Beobachterin damit unmittelbar in eine 'Krisensituation'. Es gelingt ihr nicht, sich innerhalb der Situation zu verorten, da sie nicht weiß, ob ihre Anwesenheit registriert, geschweige denn, ob sie als eine bekannte Person erkannt wurde. Darüber hinaus fehlen ihr situationsangemessene Kompetenzen, um einen Kontakt selbst zu initiieren und ein Gespräch zu eröffnen: Sie weiß nicht einmal, wie sie – ohne einen Blickkontakt – eine Begrüßung einleiten soll.

Die Szene stellt damit eine Reihe von Axiomen von face-to-face-Situationen in Frage, die im Wesentlichen verbindet, eine wechselseitige Wahrnehmung von Personen vorauszusetzen: „I define a social situation as a physical arena anywhere within which an entering person finds himself exposed to the immediate presence of one or more others; and a gathering, all persons present, even if

---

[87] Auf die Besonderheiten der Umgangsformen innerhalb blindenspezifischer Einrichtungen werde ich in den einzelnen Abschnitten jeweils verweisen. Auf die lokalen Praktiken des Chors werde ich im Abschnitt 4.4 näher eingehen.

only bound together by the norms of civil inattention, or less still, mutual vulne-rability" (Goffman 1977: 301). Für eine Untersuchung der Situationsabläufe Nichtsehender muss folglich die gängige interaktionistische Beschreibung, die Goffman mit der Metaphorik des Theaters pointierte, verändert werden, da sie „nur eine Variante sozialer Begegnungen vom Standpunkt der Sehenden aus" (Saerberg 1990: 32)[88] beschreibt. Eine Verschiebung des Untersuchungsfokus beinhaltet allerdings nicht, das Verhalten von Blinden innerhalb von Situationen nur als eine abweichende Variante der üblichen Abläufe zu bestimmen. Das Szenario der blinden Teilnehmer wird vielmehr als Krise ernst genommen, was dazu führt, die Anwesenheit und Identifikation einer Person nicht als einen natürlichen Reflex einer Betrachtung vorauszusetzen, sondern sie als Ergebnis sozialer Praktiken zu untersuchen. Die reziproke Wahrnehmung Blinder *und* Sehender wird zu einem grundsätzlich erklärungsbedürftigen Phänomen.

Die Reziprozitätserzeugung der Teilnehmer wird im Folgenden anhand von drei zentralen Aufgaben sozialer Situationen genauer betrachtet. Fokussiert werden Praktiken, mit denen die Anwesenheit einer Person festgestellt wird (4.2), eine bestimmte Person erkannt wird (4.3) und man sich umgekehrt selbst als eine Person darstellt (4.4). Alle drei Bezugsprobleme werden sowohl für Sehende und Blinde als auch in 'gemischten Situationen' beschrieben.

Das gesamte Kapitel begleitet dabei ein *methodisches Problem*, das in dem Ex-kurs über die 'Natur des Sehens' deutlich wurde: Es fehlt bislang eine wissens-soziologische Beschreibungsposition, die einer blindenspezifischen Wahrneh-mung Rechnung trägt. Der Notstand wird im Folgenden indirekt behoben, indem drei verschiedene 'Krisensituationen' als erkenntnisleitende Spur verfolgt werden. Auf der Grundlage von Irritationen, die bei der Eröffnung von Situa-tionen zwischen Sehenden und Blinden entstehen, werden erstens Praktiken untersucht, mit denen die Anwesenheit einer Person bestimmt wird. Zweitens werden Methoden des Erkennens von Personen durch eine fiktive Versuchsan-ordnung rekonstruiert. Drittens werden Selbstbeobachtungen einer Sehenden genutzt, um (Selbst-)Darstellungen von Personen zu beschreiben, die nicht auf eine optische Resonanz ausgerichtet sind.

Insgesamt wird auch dieses Kapitel wie bereits der Exkurs zu einem Expe-riment. Das Ziel besteht nicht darin, interaktionistische Grundbegriffe zu re-

---

[88] Auch in „Stigma" (1994) geht Goffman davon aus, dass alle Situationsteilnehmer – ob als Person im Rollstuhl, Vorbestrafter, Gehörloser oder als Blinder – über ein vergleichbares Wissen von sozialen Situationen verfügen. Damit werden optische Kenntnisse von Situationen bei Goff-man als ein Standardwissen vorausgesetzt, wodurch die soziale Herstellung des Offensichtlichen von Personen aus dem Blick gerät bzw. nicht weiter erklärungsbedürftig wird (vgl. dazu weiter-führend Kap.5).

formulieren, sondern anhand von einzelnen Krisensituationen *alltagsnaiv* einige grundlegende Selbstverständlichkeiten von Sehenden und Blinden zu ergründen. Dieses Vorgehen ermöglicht es, eine wissenssoziologische Position in Bezug auf 'Blindheit' zu entwickeln. Problemstellungen sozialer Situationen werden demnach weniger ethnographisch beschrieben, sondern die Krisenmomente werden dahingehend genutzt, allgemeine Rückschlüsse über Praktiken der sehenden und blinden Teilnehmer zu ziehen und typische Konfliktlinien zwischen ihnen zu thematisieren. Abschließend werden aus den drei unterschiedlichen Zugängen der Untersuchung die wesentlichen Konstitutionsorte von Blindheit und von Sichtbarkeiten innerhalb von face-to-face-Situationen rekonstruiert (4.5).

## 4.2    Die Feststellung der Anwesenheit einer Person

Ich stehe oben im Lehrerzimmer und blicke auf den Pausenhof: Gähnende Leere, es ist Unterrichtszeit. Ich will gerade zurückgehen, als ich Kurt entdecke, der um die Ecke eines Werkstattgebäudes kommt und auf den zentralen Platz zwischen den Internatsgebäuden zuläuft. Er geht wie immer ohne Langstock, er zieht sicher seine Bahnen zwischen den Gebäuden. Auf der gegenüberliegenden Seite taucht Paula auf, eine enge Freundin von Kurt. Die beiden gehen aufeinander zu. Sie passieren einander – nichts geschieht. Paula geht weiter in Richtung Sportplatz, Kurt läuft weiter in Richtung Schule.

Die Szene stellt unmittelbar eine Prämisse sozialer Situationen in Frage, die im Alltagsbetrieb von Sehenden in der Regel stillschweigend vorausgesetzt wird: ein Wissen um die Anwesenheit anderer Personen. Die Anbahnung einer sozialen Situation wird unter Sehenden insofern als unproblematisch betrachtet, als die Anwesenheit einer Person festgestellt wird, indem man sie 'einfach' sieht. Man unterstellt eine natürliche Offensichtlichkeit der Person. Bei Kurt und Paula kann die Beobachterin dagegen nur spekulieren, ob die beiden sich wechselseitig bemerkt haben. Das spekulative Moment trifft allerdings nicht das Bezugsproblem der Teilnehmer. Es geht nicht darum, dass eine Person nicht unbemerkt bleiben darf. Auch in optischen Kontexten können Personen übersehen oder ignoriert werden. Es lässt sich folglich kaum entscheiden, ob jemand eine Person aufgrund von geistiger Abwesenheit oder vor dem Hintergrund eines gezielten Übergehens, als eine Praxis des „'nonperson' treatment" (Goffman 1983b: 94), nicht beachtet. Praxeologisch stellt sich deswegen die Frage, wie von Sehenden und Nichtsehenden ein Konsens über die Anwesenheit einer Person hergestellt wird.

Für die Untersuchung werden *methodisch* einige typische Krisensituationen zwischen Sehenden und Blinden in einem zweifachen Sinne genutzt. Befremdungen werden erstens eingesetzt, um Praktiken zu bestimmen, mit denen die Anwesenheit einer Person jeweils festgestellt wird. Ein Verständnis der Interaktionsabläufe ermöglicht zweitens, Irritationen und Lösungsstrategien zwischen Sehenden und Blinden zu verfolgen. Beide Teilnehmergruppen werden hierfür abschließend um einen runden Tisch versammelt, an dem einige 'Missverständnisse' gemischter Situationen diskutiert werden.

### Anwesenheit durch Blickführungen

Ich passiere gerade die elektronische Tür des Schulausgangs, drängle mich durch einen Pulk von Personen, als ich das Gesicht eines mir bekannten Lehrers entdecke. Wir lächeln uns kurz zu. Ich bemerke noch einen Praktikanten aus meiner Gruppe, der mich allerdings übersieht, als ich schließlich Uwe erkenne, einen Schüler der Sekundarstufe, der von einem Zivildienstleistenden geführt wird. Als die beiden fast auf meiner Höhe sind, grüße ich Uwe, allerdings anscheinend zu leise, da er keinerlei Reaktion zeigt. Ich rufe nochmals etwas lauter: „Hallo, Uwe!" Sein Begleiter sieht zu Uwe und deutet mir daraufhin an, ihn auf mich aufmerksam machen zu wollen. Ich schüttle den Kopf. Wir passieren aneinander, als ich höre, wie Uwe den Zivildienstleistenden fragt, ob etwas gewesen wäre, der erwidert: „Nein, da war nichts!"

Die Beteiligten der Szene verweisen auf die zentrale Funktion von Blicken bei der Bestimmung der Anwesenheit einer Person. Es genügt offensichtlich nicht, im Sichtfeld von jemandem aufzutauchen[89] und davon auszugehen, dadurch bemerkt zu sein. 'Erkannt' ist die Person erst, wenn eine wechselseitige Bestätigung zwischen der Beteiligten erfolgt. Man fokussiert folglich das Gesicht der Person und sucht einen Blickkontakt. Erst wenn die Blickführung vom Gegenüber aufgenommen wird und eine sichtbare Reaktion wie ein Lächeln erfolgt, bestätigen die Beteiligten wechselseitig ihre Anwesenheit. Die Offensichtlichkeit von Personen wird demnach performativ erzeugt. Erst durch eine soziale Resonanz wird eine Person 'sichtbar'. Bei der Bestimmung der Anwesenheit einer Person handelt es sich folglich um ein „doing presence" (Hirschauer 1999: 241).

Als ich um die Ecke eines Internatsgebäudes biege, kommt mir Jonas in seinem Blaumann entgegen. Ich winke ihm zu – keine Reaktion. Ich stutze. Mein Begrüßungslächeln erstarrt leicht ob des nicht erfolgenden Echos. Erst als wir di-

---

[89] Personen im Rückenbereich oder in den seitlichen toten Winkeln bleiben dementsprechend ungesehen. Die Anwesenheit von Personen ist in diesem Sinne vom jeweiligen Standpunkt abhängig und subjektiv im Sinne einer egozentrischen Beobachtungsperspektive (Geertz 1994: 141).

rekt voreinander stehen, signalisiert sein Gesicht ein Erkennen, er lächelt: „Hi, Caro! Na, auch wieder unterwegs!" Ich bestätige: „Jou, bis später." Nach einigen ähnlichen Begegnungen mit anderen Schülern wurde mir klar, dass außerhalb der Wohngruppen andere Regeln des Erkennens gelten. Insbesondere größere Entfernungen ließen mich die Sehschwäche vieler Schüler erst bemerken. Bei Jonas erlebte ich noch den Effekt neuer Linsen. Betrug der Sichtabstand vorher drei bis vier Meter, gewann die Früherkennung mindestens um einen Meter. Nach einiger Zeit konnte ich den 'Begrüßungsabstand' individuell an die Sehkraft der Schüler anpassen.

Für eine Reziprozitätserzeugung müssen bestimmte Abläufe beachtet werden, die besonders deutlich werden, wenn sie, wie von Jonas, unterlaufen werden. Jonas sequenziert seinen Blick räumlich und zeitlich 'verzögert' und unterläuft damit einige Zeremonien des (An-)Blickens. Die Anbahnung des Kontaktes wird in der Regel dadurch hergestellt, den Blick zu einem bestimmten Zeitpunkt auf das Gesicht der ankommenden Person zu richten. Mit dem räumlichen Abstand bestätigen die Beteiligten ihre Bekanntheit, die zeitliche Abfolge verweist zusätzlich auf die Art der Beziehung. Ein Gruß unter Freunden erfolgt in der Regel gleichzeitig, ein Blick zwischen einem Vorgesetztem und seinem Angestellten dagegen nacheinander. Durch die Dauer des Augenkontaktes entscheiden die Beteiligten darüber hinaus über den weiteren Ablauf der Begegnung. Eine Person, die ein Gespräch eröffnen möchte, wendet ihren Blick nicht unmittelbar wieder ab, sondern sie hält den Sichtkontakt. In Blicksituationen zwischen Fremden gilt im Gegensatz dazu die Regel, keinen unmittelbaren Augenkontakt herzustellen, was Goffman als 'civil inattention' beschrieb: „In performing this courtesy the eyes of the looker may pass over the eyes of the other, but no 'recognition' is typically allowed" (Goffman 1983b: 95). Man richtet demnach eine neutrale Zone ein, in der allen Beteiligten eine Grundaufmerksamkeit zuteil wird, die in der Kompetenz besteht, ein „Desinteresse ohne Missachtung zu signalisieren" (Hirschauer 1999: 293).

Ein 'doing presence' beinhaltet für Sehende demzufolge vor allem, ein komplexes Gefüge von Blickregelungen zu kennen. Die *Kopfvorderseiten* der Beteiligten werden zur wesentlichen Interaktionszone, in der Reziprozität hergestellt wird. Die Blickhöhe und der Zeitpunkt des Augenkontaktes werden dabei als ein Ein- oder Ausschlussmechanismus verwendet, mit dem eine Person überhaupt erst als Situationspartner wahrgenommen und gewürdigt wird. Erst durch die „Rolle eines Individuums in einer Kommunikationszeremonie" (Goffman 1994: 88) wird eine Person als gesehen und damit als anwesend betrachtet. Die Blickpraktiken übernehmen zusätzlich die Funktion, Personen bereits eine 'soziale Kontur' zu verleihen. Mit der Feststellung der Anwesenheit einer Person werden gleichzeitig soziale und persönliche Identitäten einer Person festgelegt. Die Interaktionsteilnehmer stecken demnach unmittelbar ein Spektrum von Positionsangeboten ab, das von 'Unpersonen' bis zu bekannten Personen reicht und legen darüber den Rand des Rahmens einer Situation fest, „der uns sagt, welchen Status das Ganze eigentlich in der äußeren Welt hat" (Goffman 1993: 96). Situationen werden damit als spezifische *Beziehungsfelder* ausgewiesen, die jeweils unterschiedliche Beteiligungschancen beinhalten. Der Bereich der 'civil inattention' wird deswegen zu einer wesentlichen 'Bereithaltezone', in der augenblicklich bestimmte Personen präziser figuriert werden können. Mit den Blickpraktiken wird folglich eine dreifache Rückkopplung zwischen den Beteiligten organisiert: Mit der Feststellung der Anwesenheit einer Person wird gleichzeitig eine Zuordnung vorgenommen, mit der wiederum bestimmte Eröffnungsoptionen bzw. entsprechende Verhaltenserwartungen für den weiteren Ablauf einer Situation verbunden werden.

**Anwesenheit durch Anreden**

Es klingelt gerade zum Schulstundenwechsel, der Lärmpegel hebt sich schlagartig, das Getrippel startet. Nach wenigen Augenblicken werde ich von den ersten Schülern mehr oder weniger 'umgefahren' – ich kann mich gerade noch in den Mittelbereich des Flurs retten. An den Handläufen rechts und links tobt der Verkehr. Im Schulbereich herrscht strenges 'Rechtsgehgebot'. Die jüngeren Schüler bewegen sich eng an den Läufen entlang, sie beschleunigen ihr Tempo auf den langen Flurgeraden und bremsen auf den wechselnden Bodenbelägen, die auf Kreuzungen und Seiteneingänge verweisen. In rhythmischen Abständen geben einige ein „Tüüüüt" von sich, was einige falsch Parkende veranlasst, ebenfalls in die Mitte auszuweichen. Alternativ werden auch Anfragen wie: „Ist da wer?" oder „Wer bist denn du?" verwendet. Einmal antwortet eine Schülerin mit: „Hallo, Kai! Ich bin's, Eva!" Gelegentlich kommt es in den Flursystemen vor, dass ein Geisterfahrer auftaucht. Ein Crash ist unvermeidbar, es sei denn, die Person trägt einen laut klappernden Schlüsselanhänger, oder sie pfeift vor sich hin. Wenig bis gar nicht hilfreich ist ein Rufen. Falls man als Nichtblinde sehen sollte, wie sich zwei Fortbewegungseinheiten an einem Handlauf aufeinander zubewegen, muss man ertragen, das Verkeilen der Körper still teilnehmend mitzuverfolgen. Ein Ausruf wie: „Vorsicht!" wird bei den Teilnehmern wenig intervenierende Effekte auslösen. Die Voraussetzung einer solchen Intervention wäre schließlich, nicht nur die Rufende zu lokalisieren, sondern ihrer Blickführung folgen zu können, die erst auf den Adressaten und die Gefahrenzone hinweist."[90]

---

[90] Diese Fülle von Praktiken finden sich in solchen 'Reinformen' fast ausschließlich in Kontexten, in denen andere Nichtsehende erwartet werden, z.B. in Einrichtungen für Sehbehinderte und Blinde, innerhalb derer eine Ausrichtung auf eine spezifische Öffentlichkeit erfolgt: Man trifft auf ein geschultes Auditorium.

Im Gegensatz zu optischen Hinweisformen finden sich im Flur der Schule eine Fülle von Hinweisen, mit denen die Teilnehmer akustische Zeichen setzen. Sie agieren als Hupende, Fragende, Klingelnde etc. Unter der Voraussetzung, dass die Anwesenheit von Personen wechselseitig hergestellt werden muss, findet allerdings nur in einem Fall eine Begegnung statt. Eine Teilnehmerin antwortet auf die Frage: „Ist da wer?" mit: „Hallo, Kai! Ich bin's, Eva!" Die Äußerung beinhaltet eine offenhörige Reziprozitätsbestimmung. Die Sprecherin bestätigt, die Anwesenheit einer konkreten Person bemerkt zu haben, und sie stellt sich darüber hinaus selbst vor. Sie übernimmt damit für den Angesprochenen gleichzeitig die Aufgabe ihrer Personenzuordnung, da ihr Eigenname als ein kennzeichnender „Identitätsaufhänger" (Goffman 1994: 73) fungiert.

Die weiteren Formen des Tönens können zwar zur Feststellung der Anwesenheit einer Person führen, sie implizieren aber noch keine Rückmeldung. Die Teilnehmer, die in siezender oder duzender Form potentiell Anwesende auffordern, sich zu erkennen zu geben, müssen folglich erst eine Antwort erhalten, um eine Bestätigung ihrer Präsenz zu erhalten. Auch die Personen, die Nebengeräusche durch Glöckchen oder ein Pfeifen produzieren, bleiben in diesem Sinne noch unerkannt. Im Gegensatz dazu praktizieren die Nichtsehenden, die eine Rollenübernahme mit einem hupenden Fahrzeug vornehmen, von vornherein eine Politik der 'Depersonalisierung'. Eine Begegnung mit Personen ist aus Sicht einer Fortbewegungseinheit nicht geplant, da der Kontakt eine Kollision bedeuten würde. Man ist demnach wie ein klingelnder Fahrradfahrer vorrangig daran interessiert, sich eine freie Fortbewegungsbahn zu sichern.

Ein eindeutiges 'doing presence' beinhaltet für die blinden Teilnehmer demzufolge, dass die Beteiligten ihre Anwesenheit wechselseitig verbal bestätigen müssen. Die Notwendigkeit der Explikation stellt sie dabei vor die Wahl von zwei Optionen. Man kann entweder abwesend bleiben, oder man leitet eine Begegnung ein. Die direkte Kontaktaufnahme beinhaltet allerdings, unmittelbar eine Situation zu eröffnen und erst anschließend klären zu können, welchen Status die Begegnung eigentlich hat. Die Abfolge von Ansprachen erfolgt damit genau gegenläufig zu der Reihenfolge, mit der Blicke einen Kontakt initiieren: Man eröffnet unmittelbar ein Gespräch, womit die Teilnehmer sich wechselseitig ihre Anwesenheit bestätigen und registriert daraufhin gegebenenfalls erst während der Unterhaltung, mit wem man es zu tun hat. Stellt sich der Gesprächspartner als eine fremde Person heraus, entsteht eine paradoxe Ausgangslage: Indem man sich mit jemandem unterhält, stellt man fest, dass man im Grunde nicht miteinander spricht bzw. sprechen möchte.

Um wiederum in diesem Stadium der Situation nicht in einen Kommunikationszwang zu geraten, müssen fremde und mehr noch: bekannte Personen die Folgen der Kontakteröffnung klären. Die Beteiligten müssen jeweils explizit aushandeln, ob sie nur eine Personenzuordnung vornehmen, ihre Anwesenheit kundtun oder ein begonnenes Gespräch weiterführen wollen. Die neutrale Zone einer 'civil inattention', die Sehende z.B. über einen kurzen Blickkontakt organisieren, kann von Nichtsehenden demnach erst im Nachhinein eingerichtet werden.[91] Erschwert wird eine Neutralisierung für Blinde zusätzlich dadurch, dass Ansprachen häufig über die Nennung des eigenen Namens erfolgen und damit unmittelbar eine Privatsituation eröffnet wird, von der man sich gegebenenfalls ebenso wieder distanzieren muss. Bei der Vorstellung mit dem eigenen Namen handelt es sich folglich um eine lokal gebundene Option eines 'doing presence'.

Aus den unterschiedlichen Abläufen der Reziprozitätseröffnungen über Blicke und Ansprachen ergeben sich deswegen eine Reihe von 'Missverständnissen' zwischen Sehenden und Nichtsehenden, die in einem Krisengespräch[92] exemplarisch verdeutlicht werden sollen.

Elsbeth eröffnet die Gesprächsrunde: „Also, in meiner Nachbarschaft ist eine blinde Frau. Und wissen Sie was? Die grüßt mich oft nicht zurück, als wäre ich eine Fremde! Ich meine, gut, sie ist blind, aber trotzdem. Das geht einfach nicht!" Beate erwidert: „Vielleicht hat sie Sie wirklich nicht erkannt. Ich mache das auch selten, wenn jemand auf der Straße 'Hallo' sagt, nachzufragen, wer das ist. Da bin ich nicht ehrlich, da frage ich nicht nach dem Namen." Klaus stimmt leicht resignativ zu: „Ja, wenn die Leute nichts weiter sagen, bist du aufgeschmissen. Wenn die vor dir stehen und nichts mehr sagen, hast du Pech gehabt." Er wird von Bernd harsch unterbrochen: „Das ist doch Blödsinn, wenn da einfach nur einer steht, und ich kenn' den, dann weiß ich genau, wer das ist. Ich kann das nicht beschreiben, aber ich weiß das dann einfach." Manfred murmelt dazwischen: „Auf der Straße achte ich kaum auf Leute. Ich höre zwar, dass da jemand kommt, vom Gehör her halt. Aber wenn ich jetzt etwas schneller laufe, achte ich da nicht mehr drauf. Das ist mir dann egal, ob ich in dem Moment an jemand Bekanntes vorbeilaufe."
Ein kurzes Schweigen setzt ein. Schließlich wendet Marlies ein: „Wieso schiebt ihr eigentlich immer uns Blinden den Schwarzen Peter zu? Ich erlebe das genau

---

[91] Die Neutralisierungsversuche Nichtsehender bestehen, soweit mir zugänglich, in der Regel aus drei Strategien. Personen machen sich nur bemerkbar, wenn sie ein Gespräch eröffnen wollen. Nur selten erlebte ich eine Kontaktaufnahme, deren ausschließlich grüßende Funktion explizit angesprochen wurde, wie z.B. „*Ich wollte nur 'Hallo' sagen!*" (Judith). Im Gegensatz dazu kommt es immer wieder vor, dass eine blinde Person ein Gespräch ohne Vorankündigung abrupt beendet und geht, was wiederum bei Sehenden häufig zu Irritationen führt.

[92] Das Gespräch ist zwar fiktiv, die Äußerungen sind allerdings alle 'authentisch'. Sie stammen entweder von Teilnehmern aus dem Feld oder es handelt sich um Anmerkungen von Sehenden zu meiner Forschung.

umgekehrt. Meine Nachbarn verdrücken sich immer alle, wenn ich komme, selbst wenn ich jemanden gegrüßt habe. Irgendwann war mir das zu bunt. Dann habe ich laut gebrüllt, ob ich die Pest hätte oder was – das hat zwar nichts geändert, aber mir ging es seitdem eindeutig besser." Agnes stimmt eifrig zu: „Also, das kapier' ich auch nicht. Wenn da Leute sind, die mich kennen, dann wissen die doch, dass ich sie nicht sehen kann. Dann gehe ich eigentlich davon aus, dass die die Intelligenz besitzen, auf mich zuzugehen und mich anzusprechen!" Beate merkt an: „Also, bei mir klappt das oft mit der Blindenarmbinde. Ich mag das Ding ja nicht, aber dann sprechen einen die Leute wenigstens an!" Margot meldet sich zu Wort: „Sie haben leicht reden, ich habe neulich eine blinde Frau in der Straßenbahn gesehen, und ich hätte sie wirklich gern angesprochen, um ihr beim Aussteigen zu helfen. Und wissen Sie was? Ich wusste nicht, wie ich es machen soll. Ich wusste einfach nicht, wie ich sie ansprechen soll!"

Die Äußerungen der blinden Teilnehmer verweisen insbesondere auf ein Bezugsproblem: Ihnen stellt sich die Schwierigkeit, die Anrede einer Person situationsangemessen zu platzieren. Für die sehende Nachbarin genügt es eben nicht, als 'irgendwer' bemerkt zu werden. Eine adäquate Anrede setzt aber voraus, dass man jeweils weiß, mit wem man es zu tun hat. Damit stoßen die gegenläufigen Bewegungen von Situationseröffnungen der blinden und sehenden Teilnehmer unmittelbar aufeinander. Konnte die Stimme einer Person[93], die erstrangig an eine Namensnennung gebunden ist, von einer blinden Person nicht unmittelbar zugeordnet werden, muss sie nachfragen. Eine Nachfrage wäre allerdings ein krisenanfälliges Unternehmen, da sie offenlegen könnte, eine Person nicht erkannt zu haben, was gegen ein elementares Wiedererkennungs- und Beachtungsgebot Sehender verstößt. Bloßgestellt wären damit am Ende beide Seiten: Die Nichtidentifizierte als jemand, an die man sich nicht erinnert, und gleichzeitig die Fragende als eine Person, die sich an jemanden nicht erinnern kann. Mit der Nachfrage müssen die Teilnehmer folglich aufwendige Reparaturarbeiten in Kauf nehmen, um einen wechselseitigen Gesichtsverlust wieder zu korrigieren.

Zur Vermeidung derartiger Verstrickungen wenden viele Nichtsehende gerade in öffentlichen Räumen Strategien an, mit denen sie eigene Formen einer 'civil inattention' kreieren. Eine Taktik besteht darin, die Anwesenheit anderer

---

[93] Taktile und olfaktorische Sinneseindrücke wurden nicht berücksichtigt, da sie von den Teilnehmern selten genannt werden. Von den wenigen Berührungspunkten zwischen Personen im Alltagsbetrieb, nutzen manche Blinde den Händedruck zur Begrüßung noch systematisch, um einen weiteren Eindruck von einer Person zu erhalten. Berührungen, wie das Abtasten von Gesichtern, lehnten die meisten Befragten allerdings ab: „*Da fühle ich mich total als 'Blindi' – und ich weiß auch nicht viel mehr als vorher*" (Beate). Geruchseindrücke von Personen werden fast ausschließlich erwähnt, wenn eine Person ihre olfaktorische Wirkung durch synthetische Duftstoffe wie Parfüms oder Rasierwasser verstärkt.

Personen grundsätzlich kaum zu berücksichtigen. Das Überhören von Personen wird zum Normalmodus, Freunde oder Bekannte werden eher obligatorisch verpasst. Nichtsehende klammern sich folglich aus der Verhaltenserwartung, jemanden zu beachten, von vornherein selbst aus. Die *Selbstausgrenzung* setzt allerdings voraus, dass ein Verstoß gegen Beachtungsregeln von Sehenden weniger streng sanktioniert und ein Fehlverhalten nachsichtig behandelt wird. Die Teilnehmer nutzen demnach „sekundäre Gewinne" (Goffman 1994: 20) ihrer Erblindung, indem sie davon ausgehen, als 'Behinderte' nicht die üblichen Verhaltenserwartungen erfüllen zu müssen. Eine andere Strategie Nichtsehender besteht darin, in öffentlichen Situationen eine Bereitschaftshaltung einzunehmen, in der Erwartung von Sehenden angesprochen zu werden. Die Kennzeichnung als blinde Person durch eine Armbinde übernimmt dabei zwei wesentliche Funktionen. Sie wird zum einen als ein 'Stigmaaufhänger'[94] verwendet, mit dem man sich als Blinde ausweist, um Sehenden zu signalisieren, eine Person gegebenenfalls nicht bemerken zu können. Man geht folglich davon aus, durch die *Selbstkennzeichnung* von der Verpflichtung entbunden zu werden, einen Kontakt selbst initiieren oder angemessen erwidern zu müssen. Zum anderen wird mit der Armbinde Sehenden eine Eröffnungsoption für Kontaktaufnahmen zur Verfügung gestellt, die ihnen eine Anrede erleichtern soll. Der 'Stigmaaufhänger' kann demzufolge die Funktion eines 'Identitätsaufhängers' übernehmen, die Armbinde wird strategisch nutzbar: Sie wird einerseits zum 'Disclaimer' der Träger, erhöht andererseits aber die Beteiligungschance an einer Interaktion.

Gerade bei der Anrede einer blinden Person müssen allerdings wiederum die sehenden Teilnehmer eine Reihe von Hürden überwinden, da Kontaktaufnahmen nicht über Blickkontakte eingeleitet werden können. Von einer Anrede wie: „Entschuldigen Sie!" wird sich eine blinde Person oft nicht angesprochen fühlen, da sie die Blickrichtung der Sprechenden nicht nachvollziehen kann. D.h. die sehende Person muss eine Form finden, mit der sich eine blinde Person explizit aufgefordert fühlt. Die meisten nicht-optischen Möglichkeiten einer Kontakteröffnung verstoßen allerdings gegen Verhaltenskonventionen von Sehenden. Das Ansprechen einer Person mit ihrem Eigennamen wie: „Hallo, Astrid, ich bin's, Carol" oder der Verweis auf eine Armbinde: „Ich meine Sie,

---

[94] Goffman beschrieb diese Strategie als „freiwillige Enthüllung" eines Stigmas (1994: 126). Viele Nichtsehende nutzen neben der Armbinde auch offensiv die Exotik anderer blindenspezifischer Hilfsmittel, um Kontaktbarrieren abzubauen: „*Wenn ich Kontakt will, dann frage ich nach der Uhrzeit, und dann zeige ich meine taktile Uhr und stelle sie richtig, dann sagen die meisten: 'Uiii!' Oder ich packe im Zug meinen Pocketbrailler aus. Das klappt immer!*" (Agnes).

Sie mit der gelben Armbinde!" erleichtert zwar die Anrede einer blinden Person, in beiden Fällen aber handelt es sich für Sehende um eine ungewöhnliche Explikation des Offensichtlichen. Sowohl der Verweis auf die Armbinde als auch der auf die eigene Person würde im Kontext von Sehenden redundant erscheinen. Es entspricht schließlich gerade der Funktion einer Armbinde, nicht übersehen zu werden. Über das, was sich zeigt, spricht man aber normalerweise nicht.[95] Zusätzlich müssen Sehende mit den Ansprachen ihre übliche Form der räumlichen Annäherung an eine Person ignorieren. Sie können sich nicht 'offiziell' annähern, indem sie sich innerhalb des Gesichtsfeldes einer Person platzieren und ein wechselseitiger anhaltender Blickkontakt die Erlaubnis erteilt, sprechen zu dürfen. Vor dem Hintergrund dieser Eröffnungsetikette fällt man einer Person förmlich in den Rücken und stellt sich nicht taktvoll vor. In letzter Instanz könnten Sehende 'handgreiflich' werden und eine blinde Person antippen, was wiederum ein fundamentaler Verstoß gegen den öffentlichen Berührungskodex gerade zwischen Fremden bedeutet.

Insgesamt erweist sich damit das 'doing presence' zwischen Blinden und Sehenden als ein beständiges Tauziehen, Beachtungsritualen gerecht zu werden, ohne Gesichtsverluste zu erleiden. Die gegenläufige Interaktionsdynamik verstrickt die Beteiligten dabei häufig in eine Spirale von Vermeidungs- und Empörungsmechanismen. Blinde vermeiden z.B. einerseits mit der Praxis, sich durch öffentliche Räume zu bewegen und den Publikumsverkehr zu ignorieren, die Gefahr von Verwechslungen bekannter Personen. Andererseits missachten sie damit Regeln der 'civil inattention' Sehender, in der die Anwesenheit fremder Personen zumindest diskret markiert werden sollte. Die Diskretion wiederum gestattet üblicherweise kaum, Personen unmittelbar anzusprechen oder sich selbst mit dem eigenen Namen vorzustellen.

Die Verbalisierung der eigenen Anwesenheit stößt folglich auf das *Evidenztabu* von Sehenden, Offensichtliches nicht auszusprechen. Durch das Tabu werden umgekehrt Sehende wiederum häufig in 'peinliche' Situationen verstrickt, wenn sie blinde Personen ansprechen. Nach visuellen Kriterien können Sehende

---

[95] Aus ähnlichen Gründen entstehen Irritationen bei Sprecherwechseln in Gesprächen und bei Abschlusssequenzen von Situationen. In optischen Kontexten wird ein Redebeitrag meistens nonverbal eingeleitet und nur angekündigt, wenn der Gesprächspartner auf einleitende Aktionen wie z.B. einen Blickkontakt oder ein sichtbares Luftholen nicht reagiert hat. Eine Übernahme des Rederechts mit: „*Beate, dazu möchte ich jetzt einmal sagen*" (Marlies) ist dementsprechend leicht aggressiv konnotiert und verweist für Sehende auf eine Panne im Sprecherwechsel. Umgekehrt ist für viele blinde Teilnehmer bei der Beendigung einer Situation ein expliziter Hinweis üblich: „*Viele Sehende gehen einfach weg, ohne sich abzumelden, das merke ich oft erst, wenn ich keine Antwort mehr kriege*" (Marie). Bei einer Ankündigung müssten wiederum Sehende von ihren eigenen unausgesprochenen, da sichtbaren Selbstverständlichkeiten absehen.

bei einer Anrede schwer vermeiden, sich nicht als redundante und respektlose Teilnehmer zu verhalten. Am Ende verbindet deswegen beide Parteien typischerweise ein bestimmtes Muster: Man bemüht sich eher um gegenseitige Ausweichmanöver, bei dem die einen den Kontakt umgehen, da sie eine Person nicht nicht-erkennen wollen, die anderen schrecken vor einer Begegnung zurück, weil sie nicht wissen, wie sie die Situation adäquat eröffnen sollen.

## 4.3    Das Erkennen von Personen

Die zweite wesentliche Aufgabe, mit der wechselseitige Bezüge für Situationen hergestellt werden, ist das Erkennen von 'Personen': „Eine Gesellschaft schafft die Mittel zur Kategorisierung von Personen und den kompletten Satz von Attributen, der für die Mitglieder (...) als gewöhnlich und natürlich empfunden wird" (Goffman 1994: 9).[96] Ein Erkennen von Personen erfolgt demnach wiederum vor dem Hintergrund eines kulturellen Wissensfundus. Eine Einschätzung von Teilnehmern wird über eine Reihe von Zuordnungen vorgenommen, mit denen Personen als ein spezifischer „Informationszusammenhang" (ebd.: 82) bestimmt werden.

*Methodisch* werden die Zuordnungsroutinen von Sehenden und Blinden in einer besonderen Form beschrieben: Ein wissenschaftlicher Laborversuch wird als Krisenexperiment eingesetzt. Die Anlage der Versuche ist zwar fiktiv, die zitierten Äußerungen der blinden Probanden stammen jedoch alle von Teilnehmern aus dem Feld. Zusätzlich werden literarische Quellen verwendet, auf die ebenso wie auf Fundstellen soziologischer und blindenpädagogischer Fachliteratur im Einzelnen verwiesen wird. Das verfremdende Szenario wurde deswegen gewählt, da alltagstheoretisch gerade beim Erkennen von Personen eine Fülle von Evidenzen als ein selbstverständliches Ergebnis optischer Wahrnehmung vorausgesetzt werden. Diese Grundannahmen werden reflexiv einer Krise

---

[96] Der Kategorisierung liegt bei Goffman die Unterscheidung zwischen 'sozialem' und 'kognitivem' Erkennen zugrunde, die jedoch letztlich unklar bleibt: „In jedem Fall soll es deutlich sein, dass kognitives Erkennen einfach ein Akt der Perzeption ist, während soziales Erkennen die Rolle eines Individuums in einer Kommunikationszeremonie ist" (1994: 88). Eine Wahrnehmung erklärt er damit einmal als ein ausschließlich kognitives Phänomen: „At the very center of interactional life is the cognitive relation we have with those present before us, without which relationship our activity, behavioral and verbal, could not be meaningful organized" (Goffman 1983c: 5). Ein anderes Mal spricht Goffman von der „entziffernden Fähigkeit des Publikums" (1994: 67), womit ein Erkennen von Personen – und damit ihre spezifische Wahrnehmung – allerdings bereits eine Reihe sozialer Kompetenzen voraussetzt.

unterzogen, da es Teil der Versuchsanordnungen ist, die üblichen Zuordnungen von Personen zu täuschen. Eine sehende und eine blinde Probandengruppe wurden hierfür jeweils angewiesen, eine Reihe von Personen zu klassifizieren, die sich innerhalb einer fußballfeldgroßen Halle aufhalten. Die Personen können von den sehenden Probanden durch einen rundum verlaufenden Einwegspiegel beobachtet werden. Zusätzlich ist die Verwendung von Feldstechern erlaubt. Von den blinden Probanden kann das Feld durch Richtmikrophone abgehört werden, die ebenfalls eigenständig gesteuert werden können. Im Anschluss werden die Probanden zu ihren Einschätzungen der Personen in der Halle befragt.

Die Laboranordnungen werden dabei in einem zweifachen Sinne als Stätte der Erkenntnis eingesetzt. Die Versuchsprotokolle geben zum einen die Gestaltung der Halle an, wodurch materielle Rahmenbedingungen, die im Alltagsbetrieb von Sehenden für das Erkennen einer Person als selbstverständlich vorausgesetzt werden, weniger als natürliche, sondern als soziale Arrangements deutlich werden. Die Täuschungsversuche, die unter der Rubrik 'Spezialeffekte' aufgeführt sind, verweisen zweitens darauf, dass 'Personen', um als solche erkannt werden können, sich erst als Träger spezifischer Zeichen ausweisen müssen. Die Klassifikationen der Probanden, die zwei Versuchsleiter anschließend vorstellen, lassen dementsprechend Rückschlüsse über Zuordnungs- und Darstellungsaufgaben von Personen zu.

## Die Zuordnung von Personen über Oberflächenmerkmale

Auf dem Tisch des Versuchsteams findet sich eine Auflistung der ersten Versuchsanordnung für die sehenden Probanden, die der Versuchsleiter mit der Bemerkung kommentiert: „Wir haben uns um einen möglichst originalgetreuen Nachbau eines Aufenhaltsraums bemüht. Wir wollten die Statisten schließlich innerhalb einer alltäglichen Situation beobachten lassen, in der sie sich so normal wie möglich verhalten."

## Protokoll der Versuchsanordnung A:
## Gestaltung der Halle:

Deckenfluter, Seitenbeleuchtung, Glasfront oben, mehrere Parkbankreihen, Sitzgruppen und Tribünen, ringförmig und gegenüberliegend angelegt, kleines Café in der Mitte (bunte Tischdecken), Spiegelfront an einer Außenwand, Pflanzen (Zimmerlinden, Drachenbäume, Blumengestecke), Fotoausstellung mit dem Titel 'Porträts unserer Zeit'

**Statisten:**

24 sehende und 2 blinde Personen unterschiedlichen Alters, regionaler Herkunft, Geschlechts; mindestens eine den Probanden bekannte Person; Ausstattung nach eigener Wahl, 7 Statisten werden von uns eingekleidet

**Spezialeffekte:**

Eine Person mit Mülltüte über dem Kopf, drei bekannte Persönlichkeiten aus Politik und Kultur mit Sonnenbrille, eine sehende Person mit Blindenarmbinde, drei Schaufensterpuppen, eine männliche und eine weibliche Person mit Kissen unter dem Pullover, zwei Personen mit Kamera, eine mit Krücken, ein Liliputaner, zwei Männer in Frauenkleidern, ein Lichtausfall

Unter der Rubrik 'Hallengestaltung' werden einige Basisanforderungen formuliert, die sowohl den Probanden und letztlich auch den Statisten die Zuordnung von Personen ermöglichen sollen. Die Gestaltungsprinzipien werden im Folgenden dahingehend genutzt, generelle Rückschlüsse über die Gestaltung von urbanen Zonen zu treffen, die Sehende üblicherweise auch außerhalb der Halle antreffen.

Eine wesentliche Voraussetzung für das Erkennen von Personen besteht offensichtlich darin, spezifische Arenen für Betrachtungen zur Verfügung zu stellen. In der Halle legt man dementsprechend ringförmige und gegenüberliegende Zonen an, die von Parkbänken und Tribünenstaffelungen strukturiert werden. Die Anlage enthält damit zahlreiche 'Schauplätze': Es entsteht eine Bühne des Sehen- und Gesehen-werdens. Die Arrangements bieten Betrachtern demnach zahlreiche Gelegenheiten für Beobachtungspositionen an bzw. umgekehrt Personen bestimmte Präsentationsflächen. Die Bankreihen und die Möbelanordnungen des Cafés richten die Aufmerksamkeit zusätzlich speziell auf die Kopfvorderseiten von Personen, bei denen es sich wohl um einen wesentlichen 'Inszenierungsort' einer Person handelt. Die vis-à-vis-Positionen werden für die sehenden Teilnehmer damit zu fortlaufenden 'Trainingscamps', die ermöglichen, sich ein Wissen über optische Repertoires von Personen anzueignen.

Neben den Konstellationen des Sitzmobiliars in der Halle verweisen Artefakte wie die Deckenfluter der Halle auf die übliche Beleuchtung von Gebäuden bzw. die von öffentlichen Plätzen. Die künstlichen Lichtquellen tragen dazu bei, Sichtverhältnisse zu unterschiedlichen Tages- und Witterungsbedingungen weitgehend konstant zu halten, d.h. die Lichtquellen garantieren andauernde Betrachtungspositionen, wodurch Personen im Dunkeln oder bei starkem Regen nicht einfach verschwinden: Sie bleiben sichtbar. Ein Artefakt wie eine Spiegelfläche deutet schließlich auf die alltagsübliche Praxis hin, ebenso 'Selbstbetrachtungen' zu fördern. Die Spiegel bieten zahlreiche Studienmöglichkeiten, insbesondere des eigenen Gesichts: face-to-face. Insgesamt bewegen sich Sehende damit in einer materiellen „Infrastruktur" (Hirschauer 1994: 680), die Betrachtungen unterstützen, aber auch 'erzwingen'. Die Omnipräsenz von Blicken wird ein integrativer Bestandteil der „civilized landscape of modern world, visible in the utilitarian design of architecture and equipment" (Lynch 1985: 63).

Innerhalb der Versuchshalle wurden die sehenden Probanden während ihrer Betrachtungen der Statisten beobachtet und zusätzlich befragt.

Der Versuchsleiter Herr Kniggebrot fasst das Ergebnis ihrer Zuordnungen folgendermaßen zusammen:
„Also. Das Erkennen von Personen oder Dingen erfolgt ja sozusagen über eine genaues 'Abtasten' ihrer Oberflächen bzw. Konturen, das ist wie beim Einscannen von einem Foto." Er kichert kurz und fährt fort: „Eine menschliche Silhouette wird jetzt speziell dadurch erkannt, dass sie sich gegenüber einem leblosen Ding irgendwann bewegt. Unsere Täuschungsmanöver mit den stehenden Schaufensterpuppen wurden deswegen von den meisten Probanden sofort erkannt – die zappeln halt nicht. Die Sitzende wurde allerdings häufig erst als eine Puppe bemerkt, nachdem die Probanden über ein Fernglas feststellten, dass keine Falten als Spuren eines Minenspiels auf dem Gesicht zu finden sind. Irritationen löste erwartungsgemäß ebenso der Liliputaner aus, der vor einer mächtigen Zimmerlinde platziert wurde. Schließlich wird die Größe einer Kontur proportional im Vergleich zu anderen Gegenständen gebildet. Eine Person, die unter einem Baum verschwindend klein wirkt, erinnert an dieses ansonsten alltagsübliche Hintergrundwissen[97]." Er kichert wieder und hält sich kurz seinen Bauch. „Die Befragten zitierten die Größe einer Kontur folglich als erstes Indiz für eine Personenzuordnung." Er blättert kurz in seinen Unterlagen: „Probandin H sprach von einem 'sehr kleinen Kind' oder einem 'größeren Erwachsenen'. Es sind häufig Paare, die zu einer wechselseitigen Identifizierung der Personen beitragen. Wenn eine Person mit ihrem Arm eine niedrigere Person umschließt, weiß man sofort: Aha, Mann und Frau. Das führt zum zweiten Punkt: Die Formen der Konturen wurden genannt." Er blättert kurz in einem Skript: „Proband J, ein stark Sehbehinderter, beschrieb Personen, die 'regentropfenförmig, spargelförmig oder hoch-wie-breitförmig' aussahen. Bei der Gestaltung der Konturen gaben wir uns schließlich auch leidlich Mühe. Wir setzten 'Konturenklassiker' ein und ließen unsere Statisten Kleidungsstücke tragen, die besonders schön eckige Schultern und richtige Wespentaillen formten. Von solchen Konturenstandards aus werden in der Regel besondere Abweichungen von

---

[97] Vgl. Barley (1990), der auf seiner Forschungsreise bei den Dowayos entdeckte, dass Teile des Stammes an geringe Sichtdistanzen im Buschwerk gewohnt sind, weswegen sie auf 'freien Flächen' Schwierigkeiten hatten, Größenunterschiede von Tieren 'richtig' einzuschätzen (ebd.: 125). Das Beispiel soll weniger zu einer Exotisierung des Stammes beitragen, sondern darauf hinweisen, dass Sehroutinen innerhalb eines spezifischen Kontextes ausgebildet werden (vgl. dazu auch Simmel 1968: 460-526).

Körperzonen registriert. Die beiden Statisten mit Kopfkissen unter dem Pullover wurden dementsprechend von allen Probanden erfolgreich falsch als schwanger bzw. als Biertrinker bezeichnet, was zwar schön war, mich allerdings ein wenig verärgert hat – das sah man doch sofort, dass das nicht echt ist!" Er klopft sich etwas verlegen auf seinen Bauch und trinkt einen Schluck Wasser.

„Als dritter Hinweis wurde das Gangbild der Personen angegeben, also ihre Bewegungsmuster, die von Variationen des Bewegungsflusses, aber auch der Art ihrer Raumnutzung leben.[98] Ein weiblicher Statist wurde von uns angewiesen, die Halle stets frontal in der Mitte des Weges zu durchkreuzen – ein üblicherweise von der männlichen Spezies benutztes Muster. Dementsprechend richtig fiel die Frau bei den Probanden auf. Ihr Verhalten wurde als ausnehmend aggressiv geschildert.[99] Schließlich wurden über die Ausstattung und über die Farbintensität einer Kontur Schlussfolgerungen getroffen. Wir nötigten die Probanden hierfür zu präzisen Beschreibungen." Er blättert wieder in seinem Skript „Es fielen: 'rothaarige Blaßheit' – das war unsere Irin – und 'schwarzhaarige Leichtdunkelhäutigkeit' – ein Spanier. Zahlreiche Hinweise wurden außerdem über die Kleidungsstile getroffen, z.B. wurde für die regionale Herkunft ein Sari als Hinweis benannt, für die Berufsgruppe ein Blaumann, Matrosenmütze und Bundeswehrkleidung, für das Geschlecht Rock, Kleid, Anzug und Schuhwerk und für das Milieu Schlabberlook und Eleganz. Die Wahl der Requisiten wurde ebenfalls erwähnt. Der Statist mit Kamera wurde sofort zum Tourist, der Krückenträger zum Unfallgeschädigten erklärt. Alle Probanden entdeckten schließlich noch ihre Bekannten, spätestens, wenn sie ihre Gesichter im Fernglas betrachteten. Unsere Prominenten wurden ebenso trotz ihrer Sonnenbrille zumindest von einem Drittel der Probanden entdeckt.

Irritiert waren die Probanden natürlich sehr über die Person mit der Mülltüte über dem Kopf. Wir hatten schon Angst, er würde alle unsere Täuschungsmanöver auffliegen lassen. Das Gegenteil war der Fall. Die meisten erklärten ihn prompt für einen Insassen der Psychiatrie und hielten gerade ihn für die wesentliche Figur, um die sich der Versuch eigentlich dreht. Als wir dann einen Lichtausfall in den Beobachterkabinen simulierten, sind natürlich alle furchtbar erschrocken. So etwas passiert eben selten in natura, es gab nicht umsonst ein solches Gedöns um die letzte Sonnenfinsternis. Was jetzt für uns besonders schön war, war die Sache mit dem Blinden und den beiden Männern in Frauenkleidern. Kein Proband erkannte ihre Vortäuschungen – und sie benahmen sich

---

[98] Goffman spricht in diesem Zusammenhang von „Territorien des Selbst" (Goffman 1974: 54-96), mit denen Aktionsfelder für Personen geschaffen werden, an die bestimmte Identitäten gebunden sind. Goffman grenzt sich damit von subjektlogischen Ansätzen ab, die genau umgekehrt das Bewegungsrepertoire einer Person von deren Identität ableiten. Hirschauer spitzt eine personendezentrierte Beschreibung sozialer Territorien folgendermaßen zu: Es geht weniger „um den Raum, den Körper brauchen, als um die vielfältigen Räume, die Körper brauchen, um Personen zu beherbergen" (Hirschauer 1999: 231).

[99] Vgl. dazu Henley (1991: 49-70), die sich insbesondere mit geschlechtercodiertem Territorialverhalten beschäftigt. Auch wenn die Arbeit konzeptionell teilweise darunter leidet, eine Betroffenenperspektive diskriminierter Frauen zu beziehen, besticht sie durch einen umfangreichen Materialkorpus, der von Studien des Ausweichverhaltens von Frauen und Männern auf Bürgersteigen bis hin zu Untersuchungen reicht, die den Zusammenhang zwischen dem Status einer Person und dem Stockwerk ihres Büros auswerten.

teilweise fürchterlich. Der 'Blinde' nahm mehrmals seine Brille ab und las offen das Etikett einer Flasche! Proband H bemerkte über ihn schlicht, es sei aufgefallen, wie treffsicher der Mann nach seinem heruntergefallenen Hut griff, und er hätte sich noch fasziniert gedacht, über welche fantastischen Fähigkeiten Blinde verfügen.[100] Drei Probanden enthüllte ich nach dem Versuch die männliche Identität eines Statisten in Frauenkleidern. Alle drei waren entsetzt. Einer fing wild an zu erklären, ihm sei sofort aufgefallen, dass an den Händen etwas nicht stimmen würde, das sei ihm sofort aufgefallen.[101] Das war wirklich schön."

Auf der Grundlage der Beschreibung des Versuchsleiters lassen sich einige Rückschlüsse über den üblichen optischen *Identifikationspfad* von Sehenden ziehen, mit dem in der Regel Zuordnungen von Personen vorgenommen werden. Über die Größe bzw. Form einer Silhouette, ihre Hautfarbe, Gangbild und Paarformationen sowie Kleidung bzw. Requisiten werden Personen erstens als Zugehörige einer bestimmten Gruppe ausgewiesen: 'weibliche Menschen', 'Ausgewachsene', Fremde etc. Personen werden zweitens als ein einzigartiger Informationskomplex (Goffman 1994: 74) vermerkt. Die Zuschreibung einer persönlichen Identität erfolgt dabei primär über eine Gesichtszuordnung, die nach physiognomischen Merkmalen bzw. nach der Frisur, dem Make-up etc. genauer bestimmt wird. Die einzelnen Indikatoren sozialer und persönlicher Identitäten werden schließlich in einer spezifischen Form geordnet. In der Regel wird über ein Merkmal, von dem ausgegangen wird, dass es lebenslang erhalten bleibt, eine Hauptidentifizierung getroffen, wie das Geschlecht oder die Erblindung einer Person. Versagt dabei eine Registriervorrichtung wie das Bestimmen einer blinden Person über ihr Gangbild, werden weitere Hinweise überprüft, um die Erblindung z.B. an einem Hilfsmittel, der Paarbildungsform oder an Auffälligkeiten der Kopfvorderseite zu fixieren. Die basale Zuordnung einer Person wird in der Regel nicht mehr revidiert, da sie als Interpretationskontext für andere 'Bauteile' einer Person verwendet werden muss. Von den Probanden wurden deswegen die zahlreichen 'Fehler' des angeblichen Blinden übersehen. Einzelne Zeichen einer Person werden innerhalb eines „Verweisungszusammenhangs" (Hirschauer 1994: 685) gepolt, d.h. die Bedeutungen der einzelnen Merkmale werden in eine zirkuläre Beziehung zueinander gesetzt und 'zurechtgerückt'. Dementsprechend wurde von einem Probanden die gelungene Täuschung eines Statisten, eine Frau zu sein, durch die Feststellung eindeutig männlicher Hände wieder korrigiert. 'Falsche' Zuordnungen werden demnach ex post durch

---

[100] Die Beispiele stammen von Frisch (1975: 27f).
[101] Das Beispiel stammt aus: Hirschauer (1993: 36). Er zitiert einen Transsexuellen, der sich darüber ärgert, dass auffallend große Hände bei 'normalen' Frauen häufig einfach übersehen werden.

Hilfserklärungen wieder geglättet. Ansonsten müssten die Teilnehmer die nicht unwesentliche Irritation ertragen, sich als verkennende bzw. als sozial inkompetent zu erweisen, eine Person richtig identifizieren zu können.

Mit dem Erkennen einer Person nehmen die Teilnehmer folglich eine Objektivierung vor, indem sie bestimmte Merkmale als natürliche Zeichen einer Person deklarieren. Fälle von Verwechslungen oder Täuschungen müssen deswegen Verwirrung bei den Teilnehmern stiften. Mit einer Verwechslung wird schließlich der Herstellungsprozess sozialer Wirklichkeiten transparent, was zu einer existentiellen Irritation in das Vertrauen alltagsweltlicher 'Tatbestände' führen kann. Die einzelnen Zuordnungsvorrichtungen übernehmen folglich elementare Funktionen für soziale An-Ordnungen. Personen müssen sich wechselseitig Zuordnungskriterien zeigen, damit sie über entsprechende Verhaltenserwartungen verfügen, um Situationen als spezifische *Aktivitätszonen* gestalten zu können. Ein Incognito sozialer Mitgliedschaft kann deswegen nicht geduldet werden. Bei 'Personen' handelt es sich folglich weniger um Träger offensichtlicher Tatsachen, als um Aufseher von 'moralischen Fakten' (Garfinkel 1967: 121).[102]

### Die Zuordnung von Personen über Tätigkeiten, Stimmen und Namen

Für die zweite Versuchsanordnung wurden einige Änderungen innerhalb der Halle und der Auswahl der Statisten vorgenommen. Das Ziel der Hallengestaltung erklärt der Leiter Herr Ginet folgendermaßen: „Wir wollten vor allem eine optimale Akustik zur Verfügung stellen. Außerdem haben wir uns um Nutzungsanforderungen für die blinden Statisten bemüht, damit sie nicht unmittelbar von den Probanden erkannt werden können, wenn sie mit einem Gegenstand oder Passanten kollidieren."

### Protokoll der Versuchsanordnung B:
### Ausstattung der Halle:

Bodenmaterialien und Wandverkleidungen, die Klänge weder zu stark dämpfen noch zu lauten Hall erzeugen; Strukturierung in Nutzungszonen (nach Schlephorst/ Stahl wurde die Oberflächenbeschaffenheit der Hauptwege von Nebenstrecken abgesetzt, sowie Vorbereitungszonen für die Eingänge des Cafés taktil

---

[102] Garfinkel bezieht die moralische Verpflichtung einer Bona-fide-Mitgliedschaft vorrangig darauf, eine Geschlechtszugehörigkeit vorweisen zu müssen. Gerade im Kontext von Blindheit stellt sich an dieser Stelle die Frage nach Praktiken eines 'undoing gender' (Hirschauer 1994), da sowohl die Zugehörigkeit zu einem Geschlecht als auch die zu einer Ethnie von der Erblindung einer Person 'verschluckt' werden, d.h. sie treten als Hauptidentifizierung in den Hintergrund bzw. werden eher latent gehalten.

gestaltet; Hauptwege wurden in drei Zonen unterteilt: in eine Lauf- (genoppte Fließen), eine Respekt- (glasierte Fliesen) und eine Hinweiszone (Gummimatten); zusätzliche Raumeinteilungen durch Trennwände; verglaste und damit sonnenerwärmte Zonen; taktil angenehme Materialien (Türgriffe, Geländer und Möbel; Installation von drei Zimmerbrunnen; Pflanzen (wie vorher); aggressive Reinigungsmittel, die den Eigengeruch von Gegenständen überdecken, wurden drei Tage vor Versuchsbeginn abgesetzt[103]

**Statisten:**

Wie vorher

**Spezialeffekte:**

1 Kehlkopfoperierter, 1 Bayer, 4 Schauspieler, die geschult worden waren, ihre Intonation gegengeschlechtlich einzustellen (nach McConnell-Ginet verwendeten die männlichen Statisten im Durchschnitt vier Tonlagen in schnelleren Wechseln und benutzten dabei vor allem Gleitlaute, die weiblichen Statisten nutzten maximal drei Tonlagen und nasale Laute[104]), 3 Statisten verwendeten Vor- und Zunamen bekannter Personen der Probanden, 3 Tonbänder mit Digitalaufnahmen eines Gesprächs, 2 Pudel als Versuchstiere, mehrere Tonausfälle

Der Versuchsleiter verweist auf die blindenspezifische Ausrichtung der Halle, die vorrangig darin besteht, die Navigationserfordernisse der Statisten zu berücksichtigen. Die Geräusche der Brunnen, die Wärmezonen, die durch Verglasungen der Halle entstehen, und vor allem die taktil unterschiedlichen Bodenbeschaffenheiten sollen Orientierungsaufgaben der Teilnehmer unterstützen. Die taktilen Einteilungen der Wege grenzen schließlich eine 'Laufzone' von einer 'Respektzone' ab, die ausschließlich Gesprächen vorbehalten ist. Die Trennwände der einzelnen Sitzgruppen fördern zusätzlich Ruhezonen für Unterhaltungen und sorgen für eine akustische Privatsphäre. Bei allen Artefakten wurden darüber hinaus ästhetische Präferenzen miteinbezogen (Schlephorst/ Stahl 1994). Gegenstände wurden 'taktil ansprechend' gestaltet, der Eigengeruch von Materialien wurde gepflegt und eine angenehme Geräuschkulisse durch mehrere Brunnen geschaffen.

Bei dieser Gestaltung der Halle handelt es sich im Gegensatz zu der Aus-

---

[103] Die zitierten Qualitätsmerkmale für eine blindenspezifische Architektur formulierten Schlephorst/ Stahl (1994), auf die ich in den Abschlussbemerkungen 4.5 nochmals eingehen werde.

[104] Die Studie von McConnell-Ginet (1978) beschäftigt sich mit Geschlechtsunterschieden im amerikanischen Sprachraum und widerlegte die These, dass Sprechweisen natürlich zu begründen wären. Unterschiede ergäben sich aus den jeweiligen „intonational habits" (ebd.: 1978: 557), d.h. den Formen, in denen Intonationen genutzt werden.

stattung für Sehende eher um eine 'künstliche' Laboranordnung, die nicht den üblichen urbanen Zonen entspricht. Derartige Arrangements finden sich bislang fast ausschließlich in Ausstellungen für blindenspezifische Architektur (Schlephorst/ Stahl 1994). In gebräuchlichen Stadtbereichen obliegen allein die akustischen Eindrücke von Personen einer spezifischen Rhythmik. Städtebauliche Vorgaben führen zu einem tageszeitlichen Erkennungs-Takt, da großflächige Plätze sich tagsüber in aktivitätsdichte und damit eher personendiffuse Bereiche verwandeln. Erst abends oder an Feiertagen unterstützt ein menschenleerer Platz z.B. das Erkennen von Schrittgeräuschen einer Person. Jahreszeitliche Veränderungen wie Regen oder Schnee lassen einzelne Geräusche wiederum nahezu verschwinden. Ein Platzregen löscht Personen akustisch aus. Vergleichsweise konstante akustische Bedingungen stellen dagegen zwar Räume in Gebäuden bereit, nachteilig wirken sich aber Ausstattung und Bodenmaterialien der meisten Innenräume aus, die häufig verzerrenden Hall oder zu stark dämpfende Effekte erzeugen. Taktile Hinweise wiederum, die die eigene Navigation unterstützen, erhalten Nichtsehende fast ausschließlich in Gebäuden innerhalb des öffentlichen Nahverkehrs, wie z.B. innerhalb von Bahnhöfen. Die Leitliniensysteme sind jedoch weder national noch international aufeinander abgestimmt und müssen insofern von den Teilnehmern jedes Mal neu erschlossen werden. Blinde bewegen sich demnach in einer materiellen Infrastruktur, die eher 'unzivilisierte' Zonen einschließt: Man bewegt sich weitgehend durch einen akustischen und taktilen 'Dschungel'.

Innerhalb der Laborbedingungen nahmen die nichtsehenden Probanden schließlich nach Auffassung des Versuchsleiters folgende Klassifikationen der Statisten vor:

„Ja. Wo fange ich an? Ein Passant und ein Staubsaugender, das waren glaube ich die ersten Personen, die die Probanden nannten. Also. Fast alle Probanden wiesen auf Statisten hin, deren Tätigkeiten als eindeutiger Hinweis auf eine Person und nicht auf einen unserer beiden Versuchstiere verstanden wurde. Zitiert wurde z.B. das Stolpern eines Kindes oder ein klobiger männlicher Schritt – eine Statistin trug Stöckelschuhe und wurde von allen Probanden erwähnt. Modebedingt werden solche sozialen Informationen über das Gehwerkzeug jedoch zunehmend eingeebnet. Fast alle Personengruppen tragen wie unsere Statisten inzwischen Turnschuhe, die – ebenso wie Plateauschuhe – vor allem Differenzen des Geschlechts weitgehend beseitigen." Er hält kurz inne und schiebt seine Brille zurecht.
„Im Zusammenhang von Tätigkeiten wurden ebenfalls Gebrauchsgegenstände, die Personen benutzen, erwähnt. Ein Staubsauger wurde einer Reinigungsfrau zugesprochen, was ohne unser Zutun jedoch ausnahmsweise ein Mann, nämlich der Ober des Cafés, war. Drittens wurden Körpergeräusche wie Stöhnen, Räus-

pern oder ein Gähnen von den Befragten angeführt, ebenso wie die Körperbewegungen der Statisten. Also, ob z.B. jemand eher stumm in einer Position
sitzen blieb oder viele sprechbegleitende Gesten verwendete." Er blättert kurz
in seinem Skript und fährt fort: „Probandin A sprach von 'hektischen Kopfbe-
wegungen, Kopfdrehungen und heftiger Gestikulation'. Sie erwähnte selbst
einzelne Aktionen wie 'die Hand vor den Mund nehmen'. Auf der Grundlage
der Körpergeräusche und des Aktivitätsumfangs der Personen bestimmten die
Probanden das Alter der Statisten und stellten eine Reihe von 'Charakterstudien'
an. Die Statisten wurden als freundlich/ unfreundlich, ruhig/ nervös, lebhaft/
still, impulsiv/ zurückgezogen beschrieben etc. Ein Proband schätzte schließlich
noch die Körpergröße einzelner Statisten, die er grob in drei Klassen einteilte:
unter 1,50, von 1,50 bis 1,70 und darüber.
Spezifischere Zuordnungen erfolgten durch die Stimmen von Personen. Erwähnt wurden zunächst fast alle Personen, die Akzente verwenden. Der Bayer
wurde sofort erkannt, der Spanier auch. Zitiert wurde auch ein Stotternder und
natürlich der Kehlkopfoperierte. Dementsprechend sprach man von gehandi-
capten Personen. Als weitere Stimmauffälligkeit wurde die Intonation genannt.
Hier entzündete sich allerdings unter den Probanden in einer Pause der Befragungen ein heftiger Streit, den wir zufälligerweise mit aufzeichneten." Er blättert
erneut in seinem Skript und liest: „Die Probandin B meint: 'Das hört man sofort, Frauen sprechen höher und betonen Sachen stärker'. Probandin J widersprach dem und erzählte von einem Fall, in dem sie eine Person verwechselte:
'Ich hielt meinen Taxifahrer jahrelang für einen Mann. Der hatte so eine gebro-
chene kaputte Stimme. Ich habe erst später erfahren, dass die Frau wohl un-
heimlich viel geraucht und getrunken hatte.' Probandin E fügte dem hinzu, dass
sie Kinder geschlechtlich kaum bestimmen kann: 'Das kriege ich fast nie hin,
mitzukriegen, ob das ein Mädchen oder ein Junge ist!', woraufhin Probandin C
bemerkte: 'Frauen zwischen 30 und 40 sind ganz schwer zu schätzen – ich gebe
mir eine Trefferquote von 60 Prozent.' Schließlich fielen alle in einen Grund-
satzstreit ein, was man überhaupt bei Personen hören könne."
Er nimmt kurz seine Brille ab und merkt an: „Ich selbst war ziemlich überrascht, wie schwer es den Probanden fiel, überhaupt über ihre akustischen Eindrücke zu sprechen, und wie wenig konkretes Wissen über den Vorgang des
Hörens vorhanden sind. Unsere Untersuchung hatte nämlich gerade auf die
Beschreibungen von Blinden gesetzt. Die Versuchsanordnung war deswegen
extra nicht wie die üblichen Studien angelegt worden, bei denen Befragungen
auf der Grundlage von Messungen der Intonationsverläufe, Tonhöhen bzw.
Tiefen oder der Klangfarbe einer Stimme vorgenommen werden.[105] Von den
Probanden hörten wir allerdings in der Regel Antworten wie: 'Das hört man

---

[105] Vgl. dazu die Untersuchungen von Dörner (1946) und Lüthi (1976). Die „Klangfarbe" bezeichnet die Intonationsart, die aus Atmung, Tonhöhenbewegung, einem Wechsel von Lautstärke
oder Stimmvolumen und der Verwendung von Gleitlauten, die langsam schwingen, entsteht
(McConnell-Ginet 1978: 541-559). Methodisch verweist diese Form der Beschreibung einmal
mehr darauf, dass das Wissen über Wahrnehmungen von Personen jeweils über bestimmte Verfahren erzeugt wird, mit denen wiederum ein bestimmtes sinnesphysiologisches Verständnis (re)-
produziert wird. Die optische Ausrichtung der Verfahren wird dabei im Feld der Akustik noch
einmal besonders deutlich: Ein Ton wird als Farbe oder in Form eines Kurvendiagramms bestimmt.

eben!' Deswegen überrascht es wiederum weniger, dass jeder auf seinem 'individuellen Gehör' bestand. Naja." Er setzt sich die Brille wieder auf und fährt fort:
„Die Erkennung der eigenen Bekannten erfolgte schließlich nur in vier Fällen,
als die Statisten mit ihren Namen angesprochen wurden oder sich selbst vor-
stellten. Eine bekannte Person wurde außerdem aufgrund ihrer Art, eine Person
zu begrüßen, erkannt. Der Proband erwähnte ein 'fistelndes Hallöchen'. Eine
Verwechslung unserer Geschlechter-Specials ergab sich nicht, sie wurden von
allen zumindest als ungewöhnliche Stimmen bemerkt." Er blättert kurz. „Ich
zitiere Proband F: 'Der eine sprach so komisch hoch!' Die Tonbänder wurden
ebenso als solche sofort erkannt. Die Tonstörungen wurden von einigen Probanden dagegen erst relativ spät bemerkt." Er nimmt wieder seine Brille ab:
„Das überraschte jetzt wieder nicht so, weil das ein Charakteristikum akustischer Umwelten ist. Was mich zu guter Letzt allerdings überraschte: Kein Proband erwähnte die Anwesenheit eines Blinden." Er lächelt, setzt seine Brille
wieder auf, steht vom Tisch auf und greift zu seinem Langstock.

Vor dem Hintergrund des Berichts und einzelner Äußerungen der nichtsehenden Teilnehmer lassen sich eher vorsichtig einige allgemeine Rückschlüsse über
akustische Klassifikationen ziehen, die im Alltagsbetrieb von Blinden relevant
sind. Schließlich markierte der Versuchsleiter das methodische Zugangsproblem, auf keine spezifischen oder einheitlichen Beschreibungen der nichtsehenden Teilnehmer getroffen zu sein und deswegen eher Vermutungen über Klassi-
fikationsverläufe anzustellen. Das Erkennen von Personen wird vor diesem
Hintergrund in Form von drei *Zuordnungsspiralen* beschrieben, die sich aus den
jeweils unterschiedlichen 'tonalen' Darstellungen von Personen ergeben.

Eine Variante des Erkennens einer Person besteht darin, die Teilnehmer
unter die Großkategorie *'Ereignisträger'* zu subsumieren. Ihre Zuordnung erfolgt
dabei auf der Grundlage von Tätigkeiten wie Staubsaugen, Zeitunglesen, Gehen
etc. Die „identitätsenthüllenden Wirkungen" (Krähenbrühl 1977: 68) der Aktio-
nisten sind allerdings durch eine gewisse Flüchtigkeit gekennzeichnet, da Personen eher selten wiederkehrende bzw. anhaltende Geräusche produzieren. Man
verhält sich akustisch eher diskret und erzeugt in der Regel weder beim Gehen
noch beim Essen schlürfende Dauereffekte. Die Gruppierung gestaltet sich
insofern eher inkonsistent und erlaubt mehr, die Anwesenheit einer Person zu
bemerken als ihre soziale Kontur genauer zu bestimmen.

Zweitens werden Personen als *Stimmträger* klassifiziert. Auf der Grundlage
von Rhythmik, Tonhöhe, Lautstärke, Wortwahl[106] u.a. werden regionale, ge-

---

[106] Neben dem Hinhören, wie etwas gesprochen wird, kann eine Fülle von Informationen
daraus bezogen werden, wie etwas formuliert wird. Der Erzählduktus von Personen bezieht die
Verwendung eines bestimmten (Fremd)Wortschatzes, Satzbaus, stereotyper Wendungen oder un-
persönlicher Pronomina u.a. mit ein. *„Also, in was für sprachliche Formeln werden bestimmte Sachen ge-*

schlechtliche und altersspezifische Zuordnungen getroffen, aber auch die Bestimmung gehandicapter Personen vorgenommen. Vorrangig werden die Sprechweisen von Personen allerdings nach emotionalen Verfassungen geordnet: *„Das Erste immer die Stimme, vor allem die Stimmung, das innere Bild ist wichtig, das äußere Bild ist just for fun"* (Agnes). Marlies erklärt ähnlich: *„Was bei euch der zweite Schritt ist, ist bei uns der erste. Ich kriege zuerst mit, wie jemand drauf ist, und mache mir dann nach und nach ein Bild von seinem Äußeren. Das ist mir oft aber nicht besonders wichtig."* Die Teilnehmerinnen beschreiben als sichtbare Außenseite von Personen ihre 'emotionale Optik'. Physiognomische Merkmale und Bekleidungsform werden darüber hinaus als ein nicht unbedingt notwendiges Plus von Informationen beschrieben.

Eine Zuordnung von Personen erfolgt drittens über ihren *Eigennamen*. Der Name fungiert als ein unverwechselbarer 'Identitätsaufhänger', mit dem Personen als bestimmte Individuen erkannt werden. Ein Proband verwies zusätzlich auf die Möglichkeit, die persönliche Identität einer Person über bestimmte Grußformen festzustellen. Er nannte ein 'fistelndes Hallöchen'. Die Voraussetzung für die Rückbindung einer solchen Grußform an eine bestimmte Person ist dabei allerdings, auf möglichst wenig 'Doubles' zu treffen. Die Unverwechselbarkeit eines Namens ist im Gegensatz zu Grußformen zumindest bedingt gesichert, da eine Übereinstimmung des Vor- und Zunamens bei mehreren Personen eher selten ist. Das Problem der Zurechnung von Gesagtem wurde deswegen in einer Ausbildungsstätte dahingehend gelöst, Verwendungsrechte für den Gebrauch von Grußformeln, Kosenamen oder Witzen zu vergeben. Die Teilnehmer machten Urheberrechte für bestimmte Ausdrücke geltend, die von anderen Personen erst nach einem offiziellen Tauschgeschäft verwendet werden durften. Außerhalb solcher akustisch geregelten Orte können Zuordnungen des Namens oder Grüßens zumindest noch durch die Möglichkeit eines 'cross-checking' überprüft werden. Man hört einen Namen bzw. eine Grußwendung und prüft gleichzeitig den Klang der Stimme. Decken sich die Wörter mit charakteristischen Merkmalen der Stimme, ist das akustische Gesicht einer bestimmten Person 'erkannt'.

Über die Ordnung, mit der einzelne Hinweise sozialer und persönlicher Identitäten verbunden werden, kann allerdings insgesamt nur spekuliert werden. Es lässt sich zwar mutmaßen, dass eine Reihe elementarer Identitätsaufhänger

---

*kleidet? Das ist dasselbe wie mit Kleidung, bestimmte Subkulturen ziehen sich auf eine bestimmte Weise an, um Signale auszusenden, und auf sprachlicher Ebene werden auch bestimmte Begrifflichkeiten übernommen, ein momentanes Schlüsselwort. An solchen Stellen muss man genau hinhören, das ist genauso wie mit genau hingucken"* (Siegfried).

von Sehenden durch andere ersetzt werden: Eine Inderin wird z.B. als eine Fuß-
gängerin registriert, ein Zeitungsleser bleibt geschlechtlich incognito, bei einer
Reinigungskraft fällt aufgrund des Hintergrundwissens über weibliche Berufsgruppen der Verdacht wahrscheinlich auf eine Frau, weshalb kinderwagenschie-
bende Männer Gefahr laufen, 'verweiblicht' zu werden. Aber gerade, wenn
Blinde selbst optische Parameter wie die Körpergröße für die genauere Bestimmung einer Person angeben, ist noch nicht beantwortet, welche Zuordnungs-
funktion dieser Index innerhalb einer Hauptidentifizierung übernimmt. Eine
Schülerin berichtete z.B. fasziniert von Stöckelschuhen. Das vermeintliche to-
nale 'gendering' entpuppte sich auf meine Nachfrage als Freude an dem Geräusch, das die Schuhe produzieren. Eine andere Befragte erwähnte ihr Glück,
einen kleinwüchsigen Freund zu haben, den sie „*wunderbar umarmen könne*"
(Paula), womit sie vor allem auf die Ikonographie visueller Paarbildungsregeln
hinweist. Die Frage nach einem indexikalischen Zusammenhang der Hinweise
und nach Formen von Hauptidentifizierungen bleibt damit eine empirisch offene Frage.

Praxeologisch interessiert jedoch insgesamt weniger, welche Vorstellungen
die Beteiligten über Personen haben, d.h. welche 'Gesamtbilder' Sehende oder
Blinde von einer Person in ihren Köpfen haben. Geklärt werden muss, wie Personen im *Handlungsvollzug* hergestellt werden. Das Erkennen einer Person ist
schließlich an deren Darstellung als Person gekoppelt, und umgekehrt sind
'Darstellungen' expressis verbis an ein Publikum gebunden, d.h. es handelt sich
um Praktiken, mit denen das Offensichtliche *wechselseitig* erzeugt wird: „Die
Spiegelung des Selbst in der Fremderfahrung – genauer in meinem Erfassen des
anderen von mir – ist das konstitutive Moment der Wir-Beziehung" (Schütz/
Luckmann 1979: 69f). Es stellt sich damit die Frage, wie eine Reziprozität von
den Teilnehmern in actu hergestellt wird und situationale Bezüge interaktiv
hergestellt werden.

## 4.4    Die (Selbst-)Darstellung einer Person

Methodisch wird für diesen letzten Teil die Beschreibungsposition gewechselt
und eine starke Autorenschaft eingesetzt: Die Beobachtungen einer Sehenden
werden als erkenntnisleitende Spur verfolgt. Die Rückbezogenheit an eine Betrachterin gestattet zu Beginn, eine Szene zu beschreiben, die ein Tabu unter
Sehenden bricht – so darf man Behinderte nicht beschreiben. Umgekehrt wird

die Schilderung den blinden Teilnehmern nicht gerecht, da es sich, wie die Teilnehmer selbst äußerten, für sie um eine Ausnahmesituation handelt, in der sie sich anders verhielten als normalerweise. Die Beschreibung der Szene beabsichtigt jedoch nicht, allgemeine Aussagen über Blinde zu formulieren. Sie wird statt dessen als eine Krisensituation eingesetzt, um einige grundsätzliche Befangenheiten von Sehenden – hier verkörpert in der Beobachterin – zu verdeutlichen, die im Zuge von Darstellungen Blinder entstehen können. Anschließend werden eine Reihe von Selbstbeobachtungen dahingehend verwendet, eine Annäherung an nicht-optische Ausrichtungen innerhalb von Situationen zu beschreiben.

## Visuelle Befangenheiten als Rezeptionssperre gegenüber Blinden

Der Rektor schlägt auf dem Klavier die ersten Töne an: „Go tell it on the mountains." Während die Chormitglieder sich einsingen, blicke ich mich um. Ein Teil der Personen in der Reihe mir gegenüber schwingt mit dem Oberkörper, sie pendeln gleichmäßig hin und her, hin und her. Ein anderer Teil ruht, der Schwerkraft folgend, entspannt auf den Sitzflächen, den Bauch weit nach vorn gestreckt. Fast niemand hält die Beine übereinandergeschlagen. Viele Köpfe hängen, überall Haarschöpfe. Michel springt gerade von seinem Sitz auf, er klatscht sich überschwänglich auf seine Schenkel, lacht, den Kopf weit nach hinten werfend, und ebenso abrupt wechselt sein Ausdruck wieder – er sinkt in sich zusammen. Ich betrachte einige Gesichter. Sie wirken fast maskenhaft, blass. Viele halten die Augenlider halb oder ganz geschlossen. Einmal denke ich, einen Blickkontakt zu erhaschen, aber die Frau lächelt nicht zurück, ich vermute, sie trägt Glasaugen.

Plötzlich beginnt jemand, der schräg hinter mir sitzt, heftiger nach vorn und hinten zu schwingen, immer schneller werdend, wie von einer magischen Kraft erfasst, die stoßweise von seinem Körper Besitz ergreift und wieder von ihm ablässt, bis er schließlich wieder bewegungslos auf seinem Stuhl sitzt. Ich drehe mich zur Seite und betrachte eingehender sein Gesicht. Sein Mund ist leicht geöffnet, etwas Spucke läuft von seiner Unterlippe. Ich fixiere kurz seinen Nasenrücken und sehe in seine Augen. Die beiden Iris glänzen. Eine krümmt sich etwas vergrößert nach vorn, zwei glatte Halbkugeln ohne Pupillen, einzig durchbrochen von einigen rot geäderten Flecken, als wären die Augäpfel mit einer ätzenden Flüssigkeit beträufelt worden, aufgerissen – beißend.[107] Das ganze Gesicht scheint auf diese Augenhöhlen zuzufliehen. Ich starre einige Sekunden in diese milchigen Flächen ohne Pupillen. Ich schließe meine Augen. Ich lausche, lausche auf das Gewirr von Lachen, Stühlerücken und Stimmen, versuche, mich nur noch auf diese Kulisse zu konzentrieren. Erst als jemand zur Tür hereinkommt, öffne ich meine Augen wieder: Eine Praktikantin tritt ein. In Sekundenbruchteilen baut sich ein Bewegungsspannungsfeld zwischen uns

---

[107] In der Regel werden stark deformierte Augen wegretouchiert, d.h. sie werden operativ entfernt und durch Glasaugen ersetzt. Die wenigsten Nichtsehenden tragen heute noch Blindenbrillen.

auf, präzise diagonal zwischen unseren Körpern. Sie geht langsam auf einen Stuhl zu. Ihre gesamten Bewegungen sind behende, exakt. Die kleinsten Feinabstimmungen der Gliedmaßen wirken wie aus einem runden Guss, eine Bewusstheit vom Scheitel bis zur Sohle, ein konzentriertes Körperfeld: Welch ein Aufwand! Wir nehmen kurz Blickkontakt auf. Aus dem Augenwinkel beobachte ich, wie sie langsam auf einem Stuhl Platz nimmt, die Beine übereinander schlägt, ihren Kopf kurz in den Nacken wirft und sich langsam in der Runde umblickt.[108]

Betrachtet man die Teilnehmer zunächst vor dem Hintergrund vertrauter Darstellungen von Personen, besticht unter den Teilnehmern als Erstes die Praktikantin. Gerade im Kontrast zu den anderen Anwesenden löst ihr Auftreten bei der Betrachterin unmittelbar den Effekt einer Linse aus, die die Beobachtung eindringlich dahingehend schärft, wie eine Person eine optisch ausgerichtete 'Bühne' einrichtet. Als Vertreterin von 'Schaustellern' lässt die Praktikantin damit einige Rückschlüsse über Darstellungen in face-to-face-Situationen zu. Mit dem Eintritt in den Raum gelingt es ihr in Sekundenbruchteilen, ein optisches Gewahrsein auszulösen. Ein „visueller Magnetismus" (Hirschauer 1999: 232) baut sich auf, Blicke treffen sich unmittelbar. Vor allem die Bewegungen der Praktikantin regen die Betrachterin spontan an, weiter bei ihr zu verweilen. Schließlich agiert sie im Spiegel der anderen, sie richtet sich gezielt auf ein Publikum aus bzw. umgekehrt werden mit ihren Bewegungen Publikumsaugen mitreflektiert. Damit wird ihr Gang blickheischend, ihr Kopfdrehen und das Übereinanderschlagen der Beine gleichen einem Lockruf. Ihre Choreografie provoziert eine Beobachtungspräsenz, mit der die gesamte Aufmerksamkeit auf eine Beachtung des Körpers im Raum gerichtet wird, sie erzeugt eine optische Bühnenspannung.

Diesem Angebot kann man sich als Betrachtende offensichtlich schwer entziehen. Die Publikumsposition, die in der Darstellung angelegt ist, verschafft ihr schließlich erst die Möglichkeit, als eine Teilnehmerin gewürdigt zu werden. Eine Darstellung beinhaltet demnach eine spezifische Form des 'Blick-Fangens'. Blicke können demzufolge weniger als Privatbesitz, sondern eher als Allgemeingut verstanden werden. Sie sind integrativer Bestandteil der sozialen Choreographie einer Darstellung, mit der jeweils eine bestimmte Form von Betrachtung zugewiesen wird. In optischen Kontexten werden Situationen demgemäß als

---

[108] Die meisten der zitierten Verhaltensweisen Blinder, wie z.B. das „Schaukeln" oder ein Augenbohren, werden in der Blindenpädagogik als ein Integrationsproblem diskutiert: „Haben Blinde ein Recht auf Blindismen?" (Seuß 1995) Die Frage wird größtenteils dahingehend beantwortet, eine Eingliederung in die 'Sehendenwelt' erreichen zu wollen, indem derartige Verhaltensweisen – soweit möglich – unterbunden werden.

spezifische *Resonanzzonen* gestaltet, die Beteiligten richten eine „co-bodily presence" (Goffman 1983c: 4) ein, indem sie Beobachtungs- und Darstellungspositionen reflexiv aufeinander beziehen.

Betrachtet man vor dem Hintergrund einer optischen Reziprozitätserzeugung als Nächstes die Chormitglieder, bieten die Anwesenden eine Reihe von Anlässen für Irritationen. Zum einen lassen sich die kommunikativen Zeichen der Körper mit Hilfe der üblichen Zuordnungen nur schwer erklären. Zum anderen befremden die Angebote von Betrachtungspositionen, die mit ihren Darstellungen vermittelt werden.

Widersprüchliche Interpretationen ergeben sich als Erstes aus der Betrachtung einiger *Körperhaltungen*. Durch die kauernden Sitzpositionen könnten Beobachter z.B. einerseits zu der Feststellung veranlasst werden, dass es sich bei Blinden um eine Gruppe sehr introvertierter Menschen handelt. Einzelne Sitzpositionen sprechen fast schon für eine depressive Grundhaltung, weswegen mancher der Anwesenden nicht umsonst auf seine Befindlichkeit angesprochen wird: „*Ein Freund fragte mich oft: Was hast du denn, du siehst so traurig aus, und ich hatte gar nichts – manchmal stimmte es aber auch*" (Knut). Andererseits wirken einige der Anwesenden auch ungewöhnlich extrovertiert: Man klatscht sich auf die Schenkel, man wirft den Kopf beim Lachen weit in den Nacken oder springt abrupt auf. Diese Exzentrik von Gebärden erinnert eher an die Auftritte von Musikern, von denen fast erwartet wird, besonders 'frei' auf der Bühne zu agieren, hingebungsvolle Darstellungen werden von manchen Zuschauern nicht von ungefähr als Zeichen der Echtheit von Emotionen gewürdigt. Für sie wäre das Verhalten der Chormitglieder dementsprechend authentisch und wenig gekünstelt. An dieser Deutung lässt allerdings ein Vorfall Zweifel aufkommen.

Das plötzliche Schaukeln eines Teilnehmers entwickelt sich zu einer scheinbar nicht mehr kontrollierbaren Bewegung bzw. es ist für Beobachter zumindest nicht erkennbar, ob das Schaukeln vom Teilnehmer 'bewusst' in Szene gesetzt wird oder nicht. Im Fall eines Kontrollverlustes berührt er ein Tabu optischer Selbstdarstellungen: Körper „als Symbol und Container von *Personen* müssen kulturell intakt gehalten werden" (Hirschauer 1999: 239). Die Körper scheinen den Teilnehmern allerdings zu entgleiten, selbst geschlechtercodierte Haltungen werden 'vergessen'. Die wenigsten Chormitglieder wahren schamhafte Positionen, als befände man sich in einem vertrauten Kreis unter Freundinnen, mit denen man abends auf dem Sofa plaudert. Die Körperhaltungen versetzen Beobachter damit unmittelbar in ein Privatszenario, wobei wiederum offen bleibt, ob die Intimität von den Chormitgliedern beabsichtigt ist.

Für den Fall, dass die Körperhaltungen nicht auf eine Öffentlichkeit ausgerichtet[109] sind, kippt die Situation ein weiteres Mal. Diesmal entsteht ein voyeuristisch konnotiertes Setting. Die Chormitglieder werden dann in einem unbewachten Moment ertappt, in dem sie sich nicht in Gegenwart eines Publikums wähnen. Die Option für das Erleben eines solchen Szenarios entsteht zusätzlich durch die einseitige Beobachtungsposition der sehenden Teilnehmer, da mögliche 'Vergehen' des Anblickens bestimmter Körperzonen nicht kontrolliert werden. Die Blickabwehr, die eine Sexuierung von Körperzonen verhindert, ist außer Kraft gesetzt, d.h. eine Blickführung wird nicht durch einen 'Gegenblick' in seine Schranken verwiesen. Für die Betrachter wird dadurch eine selbstverantwortliche Blickdisziplin erforderlich. Es bleibt jedoch umgekehrt eine offene Frage, ob für Blinde eine derartige Sexuierung überhaupt von Relevanz ist.

Eine Reihe weiterer Irritationen können für Sehende zweitens speziell durch die Gesichter der nichtsehenden Teilnehmer ausgelöst werden, insbesondere durch das Nichtsehen-Können ihrer Augen. Einer Betrachterin kann eine halbverschlossene Lidstellung z.B. als Zeichen von Desinteresse einstufen. Die Lidstellung kann aber ebenso als eine Form von Zurückhaltung, Schüchternheit und selbst als ein schamhaftes Zu-Boden-blicken interpretiert werden. Für ein vollständiges Verschließen der Augenlider lässt sich dann allerdings nur noch schwer eine Erklärung finden. Es gibt unter Sehenden schließlich nur wenige Situationen, in denen die Augen in der Öffentlichkeit geschlossen werden dürfen, z.B. als Ausdruck von intensiven Empfindungen eines körperlichen oder seelischen Schmerzes bzw. des Genusses während eines Kusses, eines Menüs oder im Konzertsaal.

Im Gegensatz zu der Mehrdeutigkeit von Lidstellungen ist die Betrachtung einer weißen Iris eindeutiger. 'Deformierte' Augen werden als ein untrügliches Indiz für die Erblindung einer Person behandelt: Die Erblindung wird 'sichtbar'. Die Person wird daraufhin von den meisten Sehenden wahrscheinlich als 'fremd' eingestuft werden, da man nicht weiß, über welchen geteilten Vorrat von Alltagserfahrungen man verfügt, und vor allem ungewiss ist, wie man miteinander kommunizieren kann. Im Vergleich dazu erscheint die Betrachtung eines Glasaugenpaares zunächst völlig unauffällig. Die Glasoberfläche lässt einen quasi-natürlichen Fokussierungseindruck des Auges entstehen, wodurch die Prothese 'lebendig' wirkt. Wird die Person dann allerdings als Prothesenträger erkannt, kann sie rückwirkend eine grundlegende Irritation bei Betrachtern aus-

---

[109] Blinde verfügen durchaus über Mimik und Körperausdruck, die aber nur teilweise 'bewusst', im Sinne publikumsgeeichter Bewegungen, ausgerichtet sind. Gerade der Fall Blindheit verweist darauf, dass es sich um kulturelle Zeichen des Körpers handelt und weniger um 'naturgeschichtliche' (Cole 1999).

lösen, die so weit gehen kann, dass sie sich getäuscht fühlen, da sich der vermeintliche Augenkontakt als Begegnung mit einem Glaskörper herausstellt.

Gerade der letzte Fall einer 'Täuschung' verweist auf eine wesentliche Gemeinsamkeit, die bei allen Irritationen über Körperhaltungen und Lidstellungen der Chormitglieder auftauchte: Das Wissen um die Erblindung der Teilnehmer bleibt merkwürdig abstrakt. Es wird von den Blickroutinen der Betrachter überlagert. Sie projizieren ihr eigenes Blickprogramm in Gesehenes hinein: „Kurz, die Beobachter tragen ihre Bezugssysteme aktiv in ihre unmittelbare Welt hinein, und das verkennt man nur, weil die Ereignisse gewöhnlich diese Bezugssysteme bestätigen, so dass die Hypothesen im glatten Handlungsablauf untergehen" (Goffman 1993: 50). Demnach können Betrachter in Situationen mit Blinden vor allem ihre eigenen Wahrnehmungsroutinen beobachten, die Lidstellungen oder Körperhaltungen mit Bedeutungen 'besetzen'. Die wechselseitige Durchdringung von Blicken und Darstellungen ist allerdings unterbrochen. Die Versuche von Sehenden, zwischen Selbstpositionierungen und Fremddarstellungen vermitteln zu wollen, greifen nicht.

Aus Sicht der blinden Teilnehmer entbehrt eine Unterhaltung jedoch zunächst rein praktisch der Notwendigkeit, z.B. den Kopf anzuheben: „*Für mich ist es angenehmer, den Kopf nicht immer hoch zu halten – wozu auch, dann höre ich auch nicht besser!*" (Beate). Für die Teilnehmerin entspricht ein gesenkter Kopf einer neutralen Haltung, der sich für eine Kommunikation von 'ear-to-ear' eignet, er wird nicht als Ausdruck einer Gemütsverfassung verstanden. Die Körperhaltungen der Blinden verweisen damit letztlich vor allem auf die Darstellungspflicht, mit der Sehende einer Disziplin des Aussehens Folge leisten müssen. Mit der Unterbrechung der üblichen Verweisungszusammenhänge von Darstellungen und Betrachtungen verlieren die sehenden Teilnehmer damit nicht nur die Möglichkeit von einzelnen Zuordnungen, sondern sie können ihr gesamtes interaktives System optischer Zeichen nicht mehr etablieren.

**Das Unterlassen einer optischen Resonanzsuche**
Innerhalb nicht-optisch ausgerichteter Situationen bedarf es deswegen offensichtlich einer Reihe von Unterlassungen von Blickgewohnheiten und Darstellungsformen, um eine gemeinsame Interaktionszone einzurichten. Im Folgenden werden vier Praktiken auf der Grundlage von Selbstbeobachtungen beschrieben, die mir als Teilnehmerin erleichterten, eine nicht-optische Resonanzzone herzustellen und eine „Wir-Beziehung" (Schütz/ Luckmann 1979:129) mit Blinden aufzubauen. Im Einzelnen lernte ich, meine Blickaufmerksamkeiten zu reduzieren, die eigene Körperspannung zu verändern, eine Außenausrichtung

während des Sprechens zu verringern und mich schließlich nur noch auf akustische Eindrücke zu beziehen.

Meine Lehrzeit begann damit, dass meine vertrauten Versuche der Kontaktaufnahme fast alle scheiterten. Nach den ersten Gesprächen mit Blinden saß ich in einem Café in der Fußgängerzone und war völlig erschöpft. Meine Augen schmerzten von dem fortlaufenden Versuch, Augenkontakt herzustellen, meine Gesichtsmuskulatur war zu einer steifen Grimasse erstarrt, eingefroren in eine 'Aufmerksame-Zuhörerin-Position'. Trotz des Wissens um eine Situation, in der meine Mimik einen Monolog führen wird, insistierte ich weiter auf einer sozialen Resonanz. Schließlich wird die Spiegelung des eigenen Gesichts in dem des Gegenübers ansonsten zum Brennpunkt des Geschehens. Kleinste Nuancen eines Augenbrauenzuckens, von Mund- oder Augenbewegungen schaffen eine Aufmerksamkeitszone für die Gesichtszonen des anderen. Man setzt Zeichen, durch die die Teilnehmer wechselseitig den Ablauf der Situation koordinieren. In dieser Zone des *interface* blieb meine Aufmerksamkeit wie gebannt.

In den folgenden Gesprächen begann ich nach Alternativen zu suchen. Ich erprobte, den Fokussierungspunkt meines Blickes zu wechseln – einmal rechts, links, unten, oben – sowie eine konstante Blickrichtung schräg über den Kopf der Person zu halten. Zuletzt schloss ich mit großer Überwindung meine Augen. Obwohl mir meine Gesprächspartner versicherten, mich nicht sehen zu können, war ich mir dessen nie sicher. Keine der erprobten Techniken bewährte sich jedoch. Das Umherschweifen des Blickes lenkte ab, der starre Blick schläferte ein, mit geschlossenen Augen fiel ich in Tagträume. Schließlich folgte ich der Körperhaltung vieler Blinder und blickte, ohne etwas genauer zu fixieren, mit halb geschlossenen Augen auf den Boden. Die Methode bewährte sich. Ich konnte lange, entspannte Gespräche führen. Die Gesprächsaufmerksamkeit, die entsteht, kann mit der während eines Spazierganges verglichen werden, bei dem man nebeneinander geht und sich nur selten oder gar nicht ansieht. Ebenso entlasten ear-to-ear-Positionen dabei, die gewohnten Blickaufmerksamkeiten hochzufahren, indem man sich neben oder hinter einen Gesprächspartner stellt. Die Arrangements unterstützen es, optische Referenzstellen einer Person zu 'vernachlässigen' und andere Formen der Synchronisation zu entwickeln.

Ich hole Steffi in ihrer Wohngruppe ab, um Pascal im Nachbarzimmer zu besuchen. Wir klopfen an seiner Tür, öffnen sie und ertappen ihn vor seinem Schreibtisch, auf dem eine üppige Plastiktüte mit Traubenzuckerbonbons liegt. Er steht schaukelnd im Raum, gleichmäßig seinen Oberkörper vor- und zurückschwingend und lutscht genüsslich ein Bonbon nach dem andern. Steffi stellt sich zu ihm, ebenfalls schaukelnd, und die beiden beginnen, über einzelne Geschmacksrichtungen der Bonbons zu diskutieren. Je länger ich neben den beiden stehe, desto unruhiger werde ich. Irgendwann fange auch ich an zu schaukeln. Nach einigen etwas holprigen Schwingversuchen treffe ich die Balance und schwinge gleichmäßig mit den beiden vor und zurück, vor und zurück: pendeln synchron.

Das Schaukeln der beiden Teilnehmer irritierte mich zunächst aufgrund seiner Unruhe. Im Alltagsbetrieb Sehender sind unruhige Körperbewegungen zwar nicht unbekannt: Kinder zappeln am Tisch herum, manche Gesprächsteilnehmer wackeln ununterbrochen mit einem Fuß oder fummeln an ihrer Brille herum. Auf diese Verhaltensweisen können Beteiligte aber unmittelbar Bezug nehmen: „Jetzt sitze doch mal ruhig!" Das Schaukeln der beiden Blinden ist allerdings – zumindest mutmaßlich – nicht an ein spezifisches Publikum adressiert, womit die übliche Zuordnung kommunikativer Funktionen von Bewegungen nicht genutzt werden kann. Damit 'erlischt' das gesamte körperliche Resonanzfeld zwischen den Situationsteilnehmern. In optischen Kontexten werden Körperfelder schließlich reziprok aufgebaut, indem Körper zueinander ausgerichtet oder miteinander bewegt werden. Durch ihre Bewegungsanpassungen schaffen die Anwesenden eine fortlaufende körperliche Aufmerksamkeitszone. Die Körperdarstellungen werden folglich zu einem elementaren Bezugsfeld, und man 'lauert' auf einzelne Mitteilungen. Wird eine solche Ko-Aufmerksamkeit in der Situation mit den beiden Blinden aufrechterhalten, müssen die Interferenzen von Körperaktionen und Ruhe dazu führen, dass das eigene leibliche Bezugsfeld fortlaufend irritiert wird. Die Ausrichtung bildet damit eine fundamentale Rezeptionssperre gegenüber Blinden.

Wir plaudern zu fünft in der Küche. Mit zwei Schülern lehne ich eng aneinander gedrängt an den Küchenschränken, unsere Köpfe sind zum Boden gesenkt. Bianca sitzt direkt vor uns, mir den Rücken zugewandt. Bernhard sitzt am Küchentisch ca. drei Meter rechts von uns, sein Kopf ist Richtung Fenster ausgerichtet. Während des Gesprächs verändert keiner der Anwesenden seine Position, kein Kopf wendet sich einem Sprecher zu, unsere Körper ruhen fast bewegungslos im Raum. Wir führen zwei Einzelgespräche parallel, quer durch den Raum. Nach kurzen Pausen werden die Gesprächsfäden durch Namensnennung wie: „Hey, Bernd, was ich noch sagen wollte..." wieder aufgenommen. Ich höre mir zum ersten Mal zu. Ich erschrecke ein wenig über diese nervösen Untertöne meiner Sprechweise, meine Grundstimme kippelt etwas, Satzenden brechen leicht atemlos ab, sie dünnen aus und bleiben nicht kraftvoll intoniert, es ergibt sich ein zitterndes Nachschwingen. Ich denke, das bin ich: Caro akustisch.

Die wesentliche Erfahrung des Gesprächs besteht darin, mimische und gesti-
sche Rückkopplungen mit den Gesprächspartnern zu unterlassen. Dadurch wird
es möglich, die eigene Stimme zu hören, ohne sich *gleichzeitig* dabei zu sehen, sei
es als Erinnerung an einen Blick im Spiegel, sei es in Reaktionen der anderen in
Form eines Zurücklächelns oder einer Augenbrauenbewegung. Die Aufmerksamkeit bleibt ausschließlich bei der Stimme und richtet sich einzig auf eine
akustische Resonanz aus.

Es ist Mittwoch Abend, man trifft sich im Kneipenraum. Ich gehe an der Theke
vorbei zum 'Sofazimmer', wo sich einige Leute der verschiedenen Wohngruppen versammelt haben. Wie üblich sind die meisten 'Blindis' im Sofazimmer
und die anderen, d.h. die 'Sehrestigen', eher im Billiardraum oder an der
Theke.[110] Ich sehe mich kurz um, Elke und Dieter schmusen innig. An ihrer
Seite sitzt Sofia und fragt jedes Mal, wenn jemand hereinkommt: „Sandra?" Ihre
akustische Uhr kräht auf einmal wie ein Hahn, was fast alle Anwesenden mit
einem genervten Stöhnen kommentieren. Da entdecke ich Kurt, der tief in einem Sessel versunken sitzt und mit einem Legostein beschäftigt ist. Ich setze
mich dicht neben ihn auf eine Lehne und spreche ihn an: „Hi, Schnarcher!" Er
lacht, und ich genieße kurz dieses offene, breite Lachen. Ich fahre meine Blick-
aufmerksamkeit dann herunter, lockere meine Körperspannung so weit möglich, setze mich auf den Boden und versuche, langsam 'nach innen zu schalten'.

Richtet sich die volle Aufmerksamkeit auf das Sprechen und Zuhören, wird die
Fülle der Haupt- und Nebenschauplätze von Stimmen deutlich. Ein Informant
eröffnete z.B. mehrere Schauplätze gleichzeitig, indem er zahlreiche Strategien
anwendete, um sich ein Feedback einzuholen: Er paarte feinste Wortwahl mit
viel Witz, wechselte unmittelbar auf eine Metaebene, auf der er Gesprochenes
reflektierte und provozierte gerade dadurch eine Stellungnahme seines Gegenüber. Ebenso sprach er Irritationen direkt an und nutzte dabei bewusst eine
'visualistische' Sprache: *„Jetzt guck nicht so verdattert!"* (Siegfried), was sich bei den
meisten Sehenden als eine erfolgreiche Strategie erwies, um Informationen über
ihre Mimik zu erhalten. Im Gegenzug explizierte er eigene Gesten und Mimik,
anstatt sie auszuführen, und zeigte sich damit als Kenner nonverbaler Kommunikation bzw. als deren kompetenter Übersetzer. Eine andere Informantin
führte mich in die Kunst der 'Klangfarbe' ein, d.h. ich lernte, mich auf die Untertöne von Äußerungen zu konzentrieren, die ihrer Auffassung nach Auskünfte

---

[110] Eine Binnendifferenzierung zwischen Blinden und Sehbehinderten innerhalb von Einrichtungen äußert sich vorrangig in der Benutzung verschiedener Lokalitäten. Unter Sehbehinderten gilt es zudem als besonders 'statushoch', bestimmte Freizeitaktivitäten zu pflegen, mit
denen man sich diskret von Blinden absetzen kann: Blinde gehen in den Chor, als Sehrestiger
spielt man Kicker, Billard und Computer.

über die Absicht eines Sprechers vermitteln, die wiederum dazu verwendet werden kann, Interpretationen des Gesagten vorzunehmen: *„Die Stimme besteht ja aus verschiedenen Lagen, du willst ja was ausdrücken. Ich höre oft genau in der Stimme, was die Leute wollen. Da reichen schon ein Satz oder ein paar Wörter, die einer sagt, und du weißt eigentlich schon ziemlich viel. Es gibt z.B. Leute, die wollen sich darstellen, als hätten sie sehr viel Ahnung von Sachen, oder es gibt Leute, die wollen sehr schüchtern wirken, die wollen das nicht bewusst. Die gehen nicht auf dich zu und sagen, ich will jetzt schüchtern wirken, aber irgendwas tragen sie nach außen, und das hört man dann. Das ist wie eine besondere Tonspur beim Sprechen. Das kann man natürlich auch für sich nutzen: Viele kriegen das nicht mit, wie man sie einwickelt.“* (Agnes) Im Gegensatz zu den beiden Stimmexperten blieben andere Informanten allerdings auch 'stumm', d.h. sie verwendeten keine Sprechweisen, um einen indexikalischen Zusammenhang ihrer Äußerungen zu verdeutlichen oder bestimmte Resonanzen zu erzeugen.

Die akustische Bühne wird von den blinden Teilnehmern folglich sehr unterschiedlich genutzt. Sie verwenden weniger kollektive Formen von Sprechweisen, mit denen diskursive Äußerungen gemeinsam sinnstiftend organisiert werden. Man nutzt dagegen eher persönliche Mitteilungsformen.[111] Ein 'tiefer Blick' bedeutet für manche Blinde z.B., sich unmittelbar zu berühren. Man lächelt sich an, indem man Zärtlichkeiten austauscht. Eine Barriere solcher Übersetzungen von emotionalen Chiffren besteht jedoch in der Berührungsetikette Sehender: *„Für viele Sehende ist eine Berührung der Untergang des christlichen Abendlandes!“* (Siegfried)[112]

Die andere Möglichkeit, Hinweise verbal zu geben, stößt ebenfalls an Anwendungsgrenzen, da eine Explikation wiederum das 'Evidenztabu' Sehender verletzt. Darüber hinaus verändern sich Situationen durch ihre Verbalisierung: *„Dann sitzt man abends zusammen, bei Kerzenschein und bla, und dann würde ich am*

---

[111] Mit dem Absehen von optischen Eindrücken fand ich einen möglichen Zugang zu einer Bühne, auf der akustisch Resonanzen hergestellt werden. Es bedarf allerdings weiterer Forschungen, um die besondere akustische Aufmerksamkeit von Blinden zu untersuchen. Konversationsanalytische Studien könnten z.B. durch Gesprächs- und Videoanalysen klären, wie Sprecherwechsel von Blinden organisiert werden, wie 'Duz'- und 'Siez'-Qualitäten von Blicken substituiert werden, und ermitteln, ob das Schaukeln einzelner Teilnehmer als Äquivalent zum Blickkontakt verstanden werden kann.

[112] Der körpernahe Umgang zwischen Blinden und Sehenden führt gerade in institutionellen Kontexten immer wieder zu heftigen Diskussionen unter den Mitarbeitern: *„Das geht doch nicht, dass da ein Sechzehnjähriger bei einer Erzieherin – einer erwachsenen Frau – auf dem Schoß sitzt!“* (Erzieher). Ähnlich den Auseinandersetzungen um die Verwendung von Gebärdensprachen vertreten einige Pädagogen die Position, ausschließlich konventionelle Verständigungsformen vermitteln zu wollen, um eine Integration Gehörloser/ Blinder zu erreichen. Im Gegensatz zu Gehörlosen haben Blinde jedoch den Nachteil, dass Berührungen weniger als eine blindenspezifische Sprache behandelt werden, was darauf zurückgeführt werden kann, dass durch Körperkontakte im Vergleich zu Gebärden wesentlich mehr Tabus verletzt werden.

*liebsten sagen: Ich guck dich jetzt ganz verliebt an, merkste das? Oder der andere guckt gerade so – und ich merke es nicht. Das kann er dann nicht sagen, das würde ja alles zerstören!"* (Daniela) Insgesamt werden Kommunikationsbezüge zwischen Sehenden und Blinden demnach eher individuell verhandelt, gerade weil die Ersatzstrategien gegen übliche Etiketten von Sehenden verstoßen: Gefördert werden eher privat-sprachliche Kontaktformen. Aber auch der Rückzug ins Private entbindet die Teilnehmer nicht von den üblichen Konnotationen von Berührungen und Ver-balisierungen Sehender.

## 4.5    Schlussbemerkungen über Kommunikationsver-pflichtungen und Kommunikationsbarrieren

Die eingangs zitierte Ratlosigkeit der Beobachterin, als sie zum ersten Mal den Chor einer Schule besuchte und schließlich kontaktlos und unbemerkt am Handlauf stehen blieb, lässt sich damit am Ende des Kapitels ethnomethodolo-gisch begründen. Die Besucherin blieb durch das Fehlen einer sozialen Reso-nanz unsichtbar und nicht durch das Nichtsehenkönnen der blinden Teilneh-mer. Bei der Offensichtlichkeit einer Person handelt es sich eben nicht um ein Naturphänomen, sondern ausschließlich um ein Ergebnis von Praktiken, mit denen Evidenzen von 'Personen' erst erzeugt werden. Die Bezugsprobleme, die Anwesenheit bzw. Zuordnung einer Person festzustellen und sich selbst als eine Person darzustellen, werden als kulturelle *Organisationsleistung* der Teilnehmer erklärungsbedürftig. Innerhalb der Krisenzugänge zeigten sich im Wesentlichen zwei *Milieus*, mit denen Referenzrahmen für Situationen sinnhaft strukturiert werden, die bestimmte Personen 'sichtbar' werden lassen: materielle Arrange-ments und kommunikative Bezüge der Körper.

*Städtebauliche Maßnahmen* und *Artefakte* fördern ein bestimmtes Milieu für Per-sonen, da sie sinnliche Erfahrungen in einer spezifischen Form lenken. Die heutige Städtelandschaft vermittelt ihren Benutzern unmissverständlich optische Ausrichtungen, indem sie vor allem 'Ausguckorte' zur Verfügung stellt. Sie schaffen eine Omnipräsenz von Publikumspositionen bzw. umgekehrt von Präsentationsbühnen: Man flaniert entlang von Strandpromenaden, sonnt sich im Blick der anderen im Foyer eines Theaters, oder man zieht sich auf eine Be-obachtungsposition zurück und läßt den Blick über das Geschehen eines Marktplatzes schweifen. Diese Schauplätze beinhalten aber keine natürlichen Entsprechungen optischer Erfordernisse. Man könnte eher von einer historischen Ko-Evolution sprechen, die Sinnesorgane und Architektur aufeinander abstimmt. Es liegt nicht in der Natur von Blicken, über großräumige Flächen verfügen zu müssen, sondern die materiellen Anordnungen schaffen erst ein Wissen um die Bedeutung, die dem gesamten Komplex des 'Sehen und Gesehen-werdens' zukommt.

Die städtische Infrastruktur eröffnet dementsprechend vorrangig die Option, sich optisches Wissen über Personen anzueignen: Sie wird zum Trainingscamp für Visualisten. Den Fokus von Wissenswertem präzisiert zusätzlich die Anordnung und die Gestaltung von Artefakten. Die Positionen von Sitzmöbeln vermitteln den Teilnehmern eindringlich die Präferenz, die Kopfvorderseiten von Personen zukommt und weisen sie als die wesentliche Interaktionszone aus. Durch künstliche Lichtquellen in Innen- und Außenräumen wird zusätzlich die Konstanz einer Betrachtung garantiert, und schließlich bieten Spiegelflächen in Handtaschen, über dem Beifahrersitz oder in Toilettenräumen zahlreiche Studienmöglichkeiten, die eigene optische Wirkung zu überprüfen. Materielle Arrangements werden in diesem Sinne zu „*institutional sightisms*".[113] Sie schaffen ein weites Feld der Institutionalisierung des Augensinnes, die vor allem optische Referenzrahmen für Personen organisieren: 'Das Auge' hat allerorten einen Sitz in der Architektur, es hat sich materialisiert.

Für die blinden Teilnehmer prädisponieren die Arrangements dementsprechend andere Interaktionszonen. Großräumige Plätze werden tendenzhaft als reine Durchgangsstationen genutzt, da sie einer akustischen Zuordnung einzelner Personen und damit der Eröffnung einer Situation wenig entgegenkommen. Innenräume in Gebäuden fördern dagegen eher eine Kontaktanbahnung, da sie akustisch konstante Ruhezone bereitstellen. Für Nichtsehende führen städtebauliche Maßnahmen folglich zu einem Dasein von Lokalmatadoren, die eine Teilnahme an sozialen Situationen eher innerhalb bestimmter urbaner Zonen pflegen.

Ein zweites Milieu, in dem Situationen organisiert werden, führt auf das *Mikroterrain* der *Körper*. In diesem Feld richten die Teilnehmer elementare Resonanzzonen für Interaktionen ein. Als eine der markantesten Stellen einer Person zeigte sich dabei ihr Gesicht: Eine Person zu sein, bedeutet im Wesentlichen, ein 'Gesicht zu haben'. Träger eines Gesichtes zu sein, beinhaltet dabei zum

---

[113] Vgl. dazu den „institutional genderism" bei Goffman (1977: 305). Er beschrieb mit dem Begriff die Entstehung einer Geschlechtszugehörigkeit als einen Umkehreffekt: Die geschlechtliche Trennung von Toiletten oder Umkleidekabinen vermittelt erst die Bedeutung, die Frauen und Männern zukommt. Geschlechtliche Monokulturen erscheinen daraufhin als 'natürliche' (ebd. 316).

einen, über eine Kopfvorderseite zu verfügen, die als ein einzigartiges Tableau behandelt wird. Nicht umsonst beinhaltet ein Verdecken der persönlichen Identität, sich durch eine Maske oder Sonnenbrille unkenntlich zu machen. Ein Gesicht zu haben, bedeutet zum anderen, über ein 'interface' zu verfügen. Im 'interface' werden fast alle wesentlichen Aufgaben von Situationen organisiert: Man leitet Kontaktanbahnungen ein, bestätigt die Anwesenheit einer Person, verteilt Ehrerbietungen und Missachtungen von Personen, platziert Formen des Selbstausdrucks und sichtbare Kommentare zu diskursiven Äußerungen von Gesprächsteilnehmern, initiiert Sprecherwechsel, bildet Abschlusssequenzen etc. Die „Gesichtsfeldbeziehung" (Schütz 1972: 148) wird folglich zu der zentralen Eröffnungs- und Rückkopplungszone von sozialen Situationen.

Kennzeichnend für die Rückkopplungen des 'interface', aber auch für Interaktionen des gesamten Körpers, ist eine reflexive Beziehung zwischen Betrachter und Betrachteten. Die Beteiligten gehen dabei eine symbiotische Beziehung ein. Erst die Reaktion einer Betrachterin auf eine Darstellung bzw. die in ihr angelegte Publikumsposition bestätigt für beide den jeweiligen situativen Kontext. Man dient sich wechselseitig als Quelle der eigenen Selbstpositionierung. Die Ausrichtung der eigenen Aktionen im Spiegel der anderen ermöglicht den Akteuren folglich erst, sich in einem situativen Bezugsrahmen zu verankern. Um wesentliche Hinweise während eines Gesprächs über den Ablauf der Situation nicht zu übersehen, müssen die Teilnehmer demnach einen fortlaufenden Aufmerksamkeitsfokus auf die kommunikativen Zeichen der Körper aufrechterhalten, um ihre stille Übereinkunft über das Stück, das gerade gespielt wird, treffen zu können. Deutungs- und Darstellungstätigkeiten sind in diesem Sinne nie abgeschlossen, sondern begleiten rhythmisch den interaktionalen Verlauf. Eine Person zu sein, beinhaltet demnach ein umfassendes Programm von Rückkopplungsarbeiten. Sie muss permanent ein Resonanzfeld für Geschehnisse vor Ort erzeugen.

Dementsprechend viel Überwindung kostete es mich, in einem Gespräch die Augen zu schließen und ebenso massiv waren meine Irritationen über das Fehlen von Gesichtfeldbeziehungen, d.h. Sehende können bei blinden Teilnehmern zwar die übliche Gesichtszuordnung einer persönlichen Identität vornehmen. Nichtsehende stellen aber insbesondere kein 'interface' zur Verfügung. Das Verständigungsproblem, das dadurch entsteht, besteht jedoch weniger darin, einzelne kommunikative Zeichen nicht austauschen zu können. Die 'Krise' zwischen Sehenden und Blinden entsteht grundlegender durch die Unterbrechung des Verweisungszusammenhanges zwischen performativen Zeichen, d.h. Mimik, Gestik, Körperhaltungen, und diskursiven Äußerungen. In gemischten

Situationen können Sehende folglich häufig nur Mutmaßungen darüber treffen, wie einzelne Äußerungen kontextualisiert werden. Die Unterbrechung der Reziprozität der Teilnehmerperspektiven führt damit zu einer elementaren Kommunikationskrise *für Sehende*. Durch eine blinde Person werden Sehende zu 'Behinderten': Sie verlieren ihre Sprache und verstummen, da sie ihr gesamtes System optischer Bezüge nicht mehr etablieren können.

Die wesentliche Kommunikationsbarriere für Blinde besteht im Gegensatz dazu darin, die wenigsten nicht-optischen Ausdrucksformen nutzen zu können, da insbesondere haptische Hinweise die Berührungsetikette von Sehenden verletzen. Nichtsehende verfügen daher fast ausschließlich über verbale Strategien, um Bezüge von Äußerungen und einzelne Abläufe von Situationen zu verdeutlichen. Innerhalb von Gesprächen fehlt damit aber die Möglichkeit einer Triangulierung unterschiedlicher Formen von Resonanzen, die Sehende innerhalb ihrer Interaktionen nutzen, um wesentliche Redundanzen zu erzeugen. Darüber hinaus zieht eine Explikation von Abläufen eine Situation nach sich, die Anwesenheit einer Person, ihre Zuordnung und die Eröffnung eines Gesprächs genau gegenläufig zu Blickreglungen von Sehenden klären zu müssen.

Die Interaktionsdynamik verstrickt beide Seiten damit leicht in eine verhängnisvolle Beziehung. Nichtsehende müssen innerhalb von Situationen in Kauf nehmen, 'Imageverluste' zu erleiden, wenn sie z.B. jemand nicht erkannt haben und Nachfragen anstellen, wenn sie einen Sprecherwechsel ankündigen und damit der Eindruck einer Gesprächspanne entsteht oder wenn Zuneigungsbekundungen explizit bekundet werden und damit der 'Zauber' des stummen Einverstehens erlischt. Umgekehrt müssen Sehende ihre üblichen Darstellungsbezüge vergessen, wenn sie nicht in ihren körperlichen Bezugsfeldern des Gesichts und des Körpers gebannt bleiben wollen. Vor allem müssen sie sich mit der Explikation ihrer Anwesenheit die Pein einer tautologischen Darstellung ertragen, indem sie aussprechen, was doch jeder Sehende weiß.

Die Umstellungshürden der Teilnehmer verweisen damit auf eine elementare Ordnung, mit der die 'sinnesspezifischen Aufgaben' streng getrennt innerhalb von face-to-face-Situationen organisiert werden. Performative und diskursive Zeichen werden fast hermetisch voneinander getrennt. Eine Umverteilung gilt als Verstoß gegen die *'Moral der Sinne'*, die scharf zwischen dem, was man zeigen und was man ansprechen darf, trennt. Das Evidenztabu wird damit zu *dem* 'Erblindungsfaktor' für alle Teilnehmer.

Für Nichtsehende bleibt deswegen eher ein Wahrnehmungsindividualismus, mit dem Merkmale von Personen – zumindest für die Allgemeinheit stumm – nach privaten Präferenzen gepflegt werden. In einer visuell organisierten Infrastruktur werden sie zu *innerkulturellen Fremden*. Die Möbelanordnungen sind falsch, die akustischen Bedingungen unstet, und die Landessprache bleibt ohne eigene bedeutungskonstituierende Praktiken eine Fremdsprache. „Wenn ich mich mit einem gehörlosen Menschen nicht verständigen kann, dann liegt das nicht daran, dass er behindert ist, sondern daran, dass unsere Kommunikationen nicht zueinander passen. Für Rollstuhlfahrer ist eine auf Stehen und Gehen ausgerichtete Umgebung in vielen Punkten nicht passend. Ob dies behindernd wirkt, d.h., ob es im Kommunikationsprozess hinderliche Bedeutung gewinnt, ist eine Frage, die nicht nur den Rollstuhlfahrer betrifft, sondern alle Beteiligten: Personen, Institutionen, Regeln, Umgebungsbedingungen" (Walthes 1995: 91).

# 5    Das Verbergen von Blindheit –
# ein Übersetzungsproblem

Eine sehr betont sprechende, die situationsangemessene Lautstärke leicht über-bietende Stimme ertönt: „Dann geht sie mal schön auf den Platz da drüben, ne?" Der Ober schiebt Marlies zu einem Tisch und hilft ihr, sich zu setzen. Kurz darauf kommt Beate, die Marlies gleich entdeckt und sie überschwänglich begrüßt. Der Ober kehrt zurück: „Was darf ich Ihnen bringen?" Beate: „Einen Milchkaffee". Der Ober notiert die Bestellung und fragt anschließend: „Und was trinkt sie?" Er blickt erwartungsvoll zu Beate, welche die Wahl des Geträn-kes von Marlies preisgeben soll.

Blinde werden von Sehenden selten als Personen behandelt, die eine eigene Form von Kommunikation pflegen, dagegen häufiger als Personen, die einer anderen Kommunikation bedürfen. Der Ober stellt seine Fragen auf eine Art 'non-person-treatment' um. Er redet betont laut und langsam, in inkludierender 'Wir'- oder 'Er'- Form und übergeht die Teilnehmerin direkt, indem er mit ihrer Begleitung spricht. D.h. er behandelt die Nichtsehende, als ob sie der Landes-sprache nicht mächtig ist.[114]

Mit der Feststellung der Erblindung einer Person wird sie folglich von der Mitgliedschaft der 'native speakers' suspendiert. Im Gegenzug erhält sie die Position einer Fremden, für die Sonderbehandlungen als angemessen betrachtet werden. *„Ich habe immer eine Sonderstellung als Blinde. Als Blinder bist du immer der bunte Hund, egal, wo du hinkommst. Ist nicht einfach, nicht aufzufallen!"* (Imre). Um die eigene Informationshoheit als Person innerhalb einer Situation nicht zu verlie-ren, wird von vielen Blinden deswegen versucht, die Zuweisung eines diskredi-

---

[114] Die Feststellung der Erblindung einer Person zieht häufig einen Assoziationshof von Vor-urteilen nach sich. Der Ausfall eines Sinnesorgans wird dabei zu einer umfassenden Reduziertheit verallgemeinert. Unterstellt werden nicht nur körperliche Defizite, sondern ebenfalls bestimmte Eigenschaften und emotionale Befindlichkeiten wie z.B. Einsamkeit oder Gutmütigkeit (Thimm 1972: 94ff). Eine andere Variante besteht darin, die Erblindung zu überhöhen bzw. zu mystifizie-ren. Man schreibt der Person außergewöhnliche Fähigkeiten wie einen sechsten Sinn oder ein besonderes Einfühlungsvermögen zu. Derartige Umgangsweisen werden in der Regel psycholo-gisch und machtanalytisch (Born/ Burger 1992, Barzen 1988) beschrieben, was ich an dieser Stelle zugunsten einer mikrosoziologischen Analyse der kommunikativen Verpflichtungen der Situa-tionsteilnehmer zurückstellen möchte.

tierenden „Stigmas"[115] zu erschweren, indem sie ihre Erblindung verbergen. Das Verständigungsproblem zwischen Sehenden und Nichtsehenden verschiebt sich zu einem Problem der blinden Teilnehmer, Techniken des „Stigma-Managements" (Goffman 1994: 86) zu erwerben.

Das Kuvrieren von Blindheit schließt für Nichtsehende aber nicht nur ein, ein zerstörtes Auge zu kaschieren. Sie müssen elementar lernen, *optische Situationsbezüge* zu simulieren, um sich als Bona-Fide-Mitglieder auszuweisen, die das übliche Repertoire von Zeichen verkörpern und damit die 'Sprache der Sehenden' beherrschen. Vor allem müssen Nichtsehende verdecken, die kommunikativen Funktionen des eigenen Körpers nachlässig bis gar nicht zu verwenden: Man muss – überspitzt formuliert – verbergen, dass man nichts zu zeigen hat.[116] Im Unterschied zu fast allen anderen Behinderungen stellt sich damit gleichzeitig ein exklusives Problem des Informationszugangs.[117] Bevor man weiß, was es zu kaschieren gilt, muss schließlich bekannt sein, was eine 'aussehende Person' überhaupt kennzeichnet.

Petra hatte mich gebeten, ihr zu zeigen, wie man sich 'cool' in einer Bar verhält. Ich eröffne: „Am besten lehnst du dich erst mal mit einem Bein aufgestellt an die Theke." Petra springt von der Küchenbank auf: „Wie?" Wir lehnen uns zusammen an die Heizung. Ich versuche, manuell ihre Beine zu arrangieren, sie schwankt dabei allerdings bedrohlich und kippt fast um. Ethnographin: „Vielleicht solltest du das Becken noch etwas lockerer halten. Außerdem musst du die Füße nach außen richten, wenn du sie nach innen drehst, wirkt das eher verklemmt. Wenn du lässig sein willst: Fußspitzen immer nach außen." Petra kommentiert: „Das merke ich gar nicht, wie mein Fuß steht." Ich drehe mit den Händen ihre Knie nach innen: „So! Das wäre verklemmt. Cool ist immer breit-

---

[115] Mit „Stigma" bezeichnet Goffman eine besondere Art von Beziehung zwischen Diskreditierbaren und Diskreditierten. Das eigentlich zu untersuchende sind demnach die Praktiken, die ein Merkmal als stigmatisiertes erst hervorbringen: „Ein und dieselbe Eigenschaft vermag den einen Typus zu stigmatisieren, während sie die Normalität eines anderen bestätigt, und ist daher als ein Ding an sich weder kreditierend noch diskreditierend" (Goffman 1994: 11). Goffman unterscheidet drei Typen von Stigmata: physische Deformationen des Körpers, individuelle Charakterfehler (Willensschwäche, unnatürliche Leidenschaften, Unehrenhaftigkeit u.a.) und phylogenetische Stigmata (Rasse, Nation, Religion) (ebd.: 12f).

[116] Ich beziehe mich fast ausschließlich auf Techniken des Kuvrierens und weniger auf Strategien des Täuschens, Enthüllens, Vermeidens u.a. (Goffman 1994: 95-115) der blinden Teilnehmer. Die Techniken der Täuschung sind im Falle von Blindheit – zumindest während der eigenen Fortbewegung – schließlich nur umsetzbar, wenn die blinde Person von einer sehenden Person geführt wird, da sie sich ansonsten unmittelbar als blind ausweist, wenn sie sich mit dem Langstock fortbewegt. Verbreiteter sind Techniken der „freiwilligen Enthüllung" (ebd.: 126) wie z.B. die Aufforderung an eine Person, Fragen zu stellen, die sich direkt auf Vorurteile gegenüber Blindheit beziehen. Auf Strategien der Vermeidung werde ich in einzelnen Abschnitten des Kapitels jeweils noch hinweisen.

[117] Mir ist nur ein vergleichbarer Fall bekannt und zwar der von Gehörlosen, die versuchen, sprechen zu lernen, worauf ich in den abschließenden Bemerkungen 5.4 näher eingehen werde.

beinig, dann entsteht so ein bißchen was O-Beiniges." Petra: „Warte mal, das muss ich mir mal angucken." Sie kommt mit ausgestreckten Händen zu mir, trifft meinen Körper auf Schulterhöhe und beginnt zu tasten. Sie erreicht meinen Schädel, die Backenknochen und kommentiert: „Aha, eine Augenbraue leicht hochgezogen, Stirn faltenlos, Augen geöffnet, Mundwinkel..." Ich verziehe den Mund und muss lachen. Petra: „Du sollst stillhalten. Dass ihr immer lachen müsst. Also: Mundwinkel leicht nach unten gezogen. O.K. Schultern, oh, angespannt, nach hinten gezogen." Ethnographin: „Dann kommt die Brust raus, das wirkt selbstbewusster." Petra versucht, die Schultern nach hinten zu ziehen. Ethnographin: „Genau. Und wenn du sie noch weiter zurückziehst, wirkt es wieder femininer."
Petra tastet mich kommentierend weiter ab: „Arme am Körper hängen lassen, Handflächen entspannt, Beine auseinander. Wie kann man denn so gehen?" Wir starten beide. Petra läuft wie ein Kartoffelkäfer. Ihre Hüfte bleibt fast bewegungslos, ausgleichend nimmt sie ihr Körpergewicht in die Rückenlage und schaukelt mit ihrem Oberkörper nach rechts und links. Ethnographin: „Du müsstest die Bewegung im Becken ausgleichen: Hüftschwingen!" Petra: „Ja, mit dem Becken, das konnte ich noch nie." Ich umgreife ihr Becken und versuche, eine Schaukelbewegung zu initiieren. Sie wird etwas lockerer. Petra: „Noch größere Schritte, oder wie?" Ethnographin: „Genau so: Richtig stampfen, das ganze Körpergewicht verlagert sich auf die Füße." Petra fällt fast hinten rüber, in Riesenschritten durchkreuzt sie die Küche und bleibt vor einem Schrank schließlich stehen.
Ethnographin: „O.K., zurück zur Theke. Du hast z.B. ein Bierglas in der Hand, an dem du ab und an nippst. Probier mal, alles ganz langsam zu machen." Petra: „In dem Tempo ungefähr?" Ethnographin: „Ein bisschen schneller. Ja, so ungefähr, und jetzt guckst du dich einmal um, lässt den Blick durch den Raum schweifen." Petra: „Wie mache ich das denn?" Ethnographin: „Dreh den Kopf langsam von einer Seite zur anderen!" Petra dreht den Kopf, allerdings nicht auf einer Ebene, sondern sie streckt ihr Kinn etwas zu hoch nach oben. Ethnographin: „Kopf gerade halten und nicht so ruckhaft drehen, eher fließend. Ja, so ist es gut. Und nicht anhalten, sonst könnte das als ein Fixieren gewertet werden, d.h. dass du jemanden anmachen willst." Petra seufzt: „Mein Gott, habt ihr komplizierte Regeln. Und nicht lächeln, ne?" Ethnographin: „Genau, keine Gefühle zeigen, cool bleiben." Petra: „Mein Gott, ihr Sehenden seid echt lustig!"

Die humoreske Seite des 'Rollenspiels' verweist scharf auf die Zugangsschwierigkeiten der blinden Teilnehmerin, sich optisches Darstellungswissen anzueignen, mit dem Sehende üblicherweise über Schnelligkeit bzw. Langsamkeit von Körperbewegungen, über Aktion oder Pausengestaltung, Spannung oder Entspannung des Körpers, Zeichen setzen. Umgekehrt führt das 'Lehrstück' unmittelbar zu einem zentralen Problem der sehenden Teilnehmer. Sie müssen optisches Wissen über Personen blindengerecht vermitteln können und geeignete Übersetzungsstrategien finden, um sich als Dolmetscher bzw. Souffleusen des 'Offensichtlichen' zu bewähren.

Im Folgenden werden drei Kuvriertechniken beschrieben bzw. ihre Vermittlung durch sehende Informanten. Alle Strategien des Verbergens verbindet, eine spezifische 'Arbeit' am Körper vorzunehmen. Als Erstes lassen die nichtsehenden Teilnehmer einige Korrekturen der Kopfvorderseiten vornehmen, und sie lernen, ihre Gesichtsseite innerhalb von Gesprächen kommunikativ auszurichten (5.1). Sie werden zweitens darin unterrichtet, ihre Körperhaltungen auf kommunikative Funktionen einzustellen (5.2). Drittens erhalten Blinde eine Reihe von Beratungen, die die 'ordnungsgemäße' Bedeckung ihres Körpers ermöglichen sollen (5.3). Insgesamt werden zuerst die erforderlichen Kuvrierarbeiten beschrieben, mit deren Hilfe Blinde lernen, optische Inszenierungstechniken von Personen zu simulieren. Jeweils anschließend werden einzelne Übersetzungsstrategien der sehenden Informanten bzw. die Schwierigkeiten der Vermittlung fokussiert. Die Schulungsmaßnahmen lassen schließlich grundsätzliche Rückschlüsse darüber zu, wie eine Person überhaupt zu einer 'aussehenden Person' wird. Dementsprechend werden abschließend die Praktiken verfolgt, mit denen Personen sich als Träger offensichtlicher Zeichen ausweisen, deren Übernahme für die nichtsehenden Teilnehmer wiederum zum Erwerb einer spezifischen 'Fremdsprache' führt (5.4).

## 5.1   Ein Gesicht haben

Eine der vorrangigen Maßnahmen, die Nichtsehenden zum Verbergen ihrer Erblindung angeraten wird, ist eine kosmetische bzw. chirurgische Behandlung des Gesichts: Die Kopfvorderseiten sollen retouchiert und ein publikumsbewusster Einsatz der Gesichtsfront erlernt werden.

Ein Ausschnitt aus einem Ratgeber für Späterblindete formuliert die erforderlichen Korrekturen der Kopfvorderseiten für Nichtsehende folgendermaßen:

„Der Spiegel, dieses Requisit, ist für jeden anderen ein ständiger Begleiter. Man trägt ihn in der Handtasche, er hängt in jedem Badezimmer, in jedem Flur. Ein kurzer Blick, ja, alles in Ordnung. Uns fehlt dieser Blick (...) aber jeder kann gepflegt sein (...) Lassen Sie uns also beim Kopf anfangen: Die Haare sind der schönste und natürlichste Schmuck, den wir haben. Locker, weich und glänzend sollen sie Ihr Gesicht umspielen. Ruhig etwas herein mit den Haaren, so Sie ein schmales Gesicht haben, man wirkt gleich freundlicher, nicht so streng (...) Legen Sie sich eine praktische Frisur zu; Haare also, die Sie sich selbst waschen, föhnen oder eindrehen können (...) Was die Pflege des Gesichts betrifft (...) Lassen Sie sich ruhig einmal in einem Kosmetikgeschäft überprüfen, ob Sie das

Auftragen richtig machen. Das gilt auch für die Benutzung eines Lippenstiftes. Sind Ihre Augen auch nur ein wenig entstellt, so nehmen Sie vom Schminken der Augen Abstand (...) Ich weiß nicht, ob Sie so weit gehen wollen wie ich; meine Augen sind durch eine Glaukomerkrankung so unansehnlich geworden, dass ich sie zugunsten eines besseren Aussehens nach langem inneren Ringen entfernen ließ. Durch die hervorragenden Prothesen wirkt mein Blick nun völlig normal, und die Blindheit ist diesen Augen nicht anzusehen (...) Dass es Ihnen gelingen möge, als 'schöne Frau' wie früher geschätzt zu werden, dies wünsche ich Ihnen; denn die Worte des Philosophen gelten auch für uns: 'Schönheit ist Macht'" (Kloske 1996: 142-144).

Die Ratgeberin erteilt eine Reihe von 'ästhetischen Arbeitsaufträgen' für die Gestaltung des Kopfes, die Blinden dazu verhelfen sollen, ihr Gesicht zeigen zu können. Die Anweisungen sind klar geschlechtlich konnotiert. Die Kopfvorderseiten weiblicher Körper bedürfen nach Auffassung der Ratgeberin besonderer Techniken der Selbstpflege. Für die angemessene Oberflächenbehandlung empfiehlt sie Expertinnen wie Friseusen und Kosmetikerinnen[118], deren geschultes Auge den 'fehlenden Blick' Nichtsehender professionell substituieren soll. Darüber hinaus verhelfen Augenärzte, Chirurgen und Prothesenhersteller dazu, die empfohlene 'Renaturierung' des Gesichts zu vollziehen und Abweichendes zu beseitigen bzw. 'Dysfunktionales' zu kaschieren. Zum Herzstück der Vorderseitenkorrektur wird das Glasauge: „Künstliche Augen aus Glas ermöglichen Ihnen dank der naturgetreuen Nachbildung ein unauffälliges Tragen, einen problemlosen Sitz und damit ein sicheres und persönliches Auftreten" (Müller & Co 1999).

Die Prothesen übernehmen folglich eine doppelte Kuvrierfunktion in face-to-face-Situationen. Mit den Glaskörpern treten Nichtsehende erstens als eine Person auf, die über eine unauffällige Gesichtsfront verfügt – und gleichzeitig über ein persönliches Erscheinungsbild. Die Substitution deformierter Augen ermöglicht, dass Sehende ihre übliche (Gesichts-)Zuordnung einer Person vornehmen, ohne sofort die Erblindung der Person als Hauptidentifizierung zuzuweisen. Die Prothesenträger zeigen sich aber nicht nur als publikumsbewusste Personen, die wissen, dass sie betrachtet werden. Die 'Reserveaugen' verleihen

---

[118] Seit einigen Jahren bieten darüber hinaus Stilberater spezielle Lehrgänge für Blinde und Sehbehinderte an, die sogenannten „Outfitseminare", in denen Nichtsehende sich mit optischen Stilelementen vertraut machen können. Die soziale Textur optischer Zeichen wird dabei aber anscheinend eher weniger vermittelt: „Unser Lehrgangsleiter (...) machte uns die Wichtigkeit des ersten Eindrucks klar, der bei den Sehenden in erster Linie beeinflusst wird von dem äußeren Erscheinungsbild und mit Logik nichts zu tun hat. Hier gab er auch gleich individuelle Ratschläge in Bezug auf Kleidung, Frisur und das Tragen von Bärten und Brillen. Ein freundliches Gesicht jedoch gewinnt die meisten Menschen" (in: DBV 1993: 3).

Blinden zweitens ein 'interface', da die Glaskörper eine wesentliche kommunikative Funktion innerhalb von face-to-face-Situationen simulieren: Sie wirken
im Blick der anderen lebendig. Die Augen können demnach nicht nur betrachtet
werden, sondern sie erscheinen auch als betrachtende: Die Prothesen spiegeln
einer sehenden Person vor, ein Gegenüber zu sein, das wahrgenommen wird.
Die Glaskörper übernehmen dadurch die wesentliche Aufgabe von Situationsteilnehmern, das Gesicht einer anderen Person 'sichtbar' werden zu lassen, indem sie eine vermeintliche Resonanz durch einen Gegenblick erzeugen. Die
Prothesen werden zu einer nahezu perfekten Substitution 'natürlicher Zeichen':
Sie versetzen die blinden Teilnehmer in die Position kompetenter Situationsteilnehmer, die an einer Reziprozität der Teilnehmerperspektiven partizipieren.

Für die Zuordnung als ein optisch ausgerichteter Interaktionsteilnehmer ist
die Anpassung einer Prothese jedoch nur der erste Schritt. Nichtsehende müssen insbesondere den praktischen Einsatz der Gesichtsfront als ein Kommuni-
kationsfeld beherrschen. Die Schulung der kommunikativen Verwendung der
Gesichtsseite übernehmen vorrangig Familienmitglieder und Lehrer: Sie vermitteln, wie die Zone des 'interface' eingerichtet werden kann.

„Man hat mir oft gesagt: 'Halte den Kopf hoch', mein Vater sagte immer: 'Ich
sprech' nicht gegen 'ne Wand, guck mich an' oder ich soll nicht so krumm wie
ein Fragezeichen sitzen und die Augen offen halten. In der Schule sollte ich den
Kopf nicht auf den Tisch legen und nicht gähnen, ohne mir die Hand vor den
Mund zu halten – das sieht wohl nicht so gut aus" (Agnes). Bernd resümiert
seinen pädagogischen Hintergrund ähnlich: „Ich denke, meine Eltern haben
mich normal, so wie sich Sehende auch verhalten, erzogen. Wenn ich zum Beispiel weggeguckt habe, wenn mein Vater mit mir geredet hat, dann hat mein
Vater immer gesagt: Hier spielt die Musik!"

Nach den Äußerungen der Nichtsehenden besteht das Kuvrieren der eigenen
nicht-optischen Ausrichtungen insbesondere darin, die Kopfrotation richtig einzustellen. Der Kopf soll gerade gehalten werden, das Gesicht nach vorn orientiert bzw. innerhalb von Gesprächen den Beteiligten jeweils auf Augenhöhe
zugewandt werden. Um die Gesichtszuwendung zu bestimmen, wird von Pädagogen häufig empfohlen, jeweils die Stimme einer Person zu nutzen: *„Das kann
man gut hören, ob jemand eher von oben/ links oder unten/ rechts spricht"* (Lehrerin). Mit
Hilfe der Stimmlokalisierung soll darüber hinaus der passende räumliche Abstand zu einer Person rückversichert werden, um nicht zu dicht an jemanden
heranzutreten und damit Regeln der Proxemik zu verletzen.

Im Anschluss an diese 'Basisvorbereitungen' von face-to-face-Bezügen wird
die Schulung von Gesichtsausdrücken vorgenommen, die allerdings zu den

schwierigsten Kuvrierformen zählen: „*Es wurde mir halt gesagt, das mit dem Ge-sichtsfeld, das mit dem Sehen oder mit dem, wie soll ich sagen, mit der Mimik. Also, wir Blinden, wir tasten ja, und ihr macht das halt mit den Augen, oder ihr habt halt, ihr macht halt so Grimassen, wie soll ich das erklären, ihr habt halt verschiedene Gesichtsausdrücke als Sehende*" (Mike). Agnes erklärt ähnlich: „*Ich habe erst später erfahren, dass ihr das mit den Augen macht und Mimik. Das ist, das macht ihr mit dem Gesicht.*"

Die Beschreibungen der Teilnehmer signalisieren den Fremdheitsgrad mimi-scher Ausdrucksformen: Da werden Grimassen geschnitten und passiert etwas mit den Augen. Implizit verweisen die Befremdungen damit auf die Schwierig-keit für Nichtsehende, sich ein Wissen über Gesichtsausdrücke zu verschaffen. Die Kuvrieraufgabe führt folglich unmittelbar zu dem Problem des Informati-onszugangs der blinden Teilnehmer – bzw. zu den Übersetzungsschwierigkeiten von Sehenden.

Die erste Möglichkeit, sich über Mimik von Personen taktil zu informieren, scheitert häufig an einem geeigneten Studienobjekt: „*Den meisten fällt es sehr schwer, stillzuhalten, die verziehen immer alle das Gesicht!*" (Anna). Die Teilnehmerin fordert eine 'professionelle' Gelassenheit Sehender, um ihre taktilen Erkundun-gen vollziehen zu können. Für Sehende zählt ein Abtasten der Kopfvorderseite allerdings nicht zu den üblichen Umgangsgepflogenheiten. Gerade eine Berüh-rung des Gesichts gilt in der Regel als eine intime Geste. Die Voraussetzung für eine sachliche Erkundung wäre folglich eine Neutralisierung der Berührungen, durch die das Abtasten als eine neutrale Arbeit am 'Modell' definiert wird. Eine Umdeutung scheint allerdings häufig zu misslingen, was die Teilnehmer durch ihr 'Herumzappeln' deutlich zum Ausdruck bringen. Das 'Zappeln' könnte al-lerdings ebenfalls auf einen misslungenen Versuch eines Modells hinweisen, die ungewohnte Aufgabe zu bewältigen, einen Gesichtsausdruck ohne eine mimi-sche Resonanz einer anderen Person zu rekonstruieren. Die Bemühungen en-den im 'Grimassen-Schneiden'. Eine andere Möglichkeit taktiler Demonstratio-nen besteht schließlich darin, dass eine sehende Person die Gesichtsmuskulatur einer Nichtsehenden hin- und herschiebt, um z.B. den Unterschied zwischen einem sanften und einem fragenden Lächeln zu vermitteln. Die Technik erweist sich jedoch als wenig präzise: „*Das bleibt wohl alles etwas zu steif bei mir*" (Imre). Die taktilen Erkundungen lassen demnach insgesamt nur bedingt 'Einblicke' in mimische Ausdrucksressourcen zu.

Eine zweite Möglichkeit des Informationszugangs für die nichtsehenden Teilnehmer besteht darin, sich Gesichtsausdrücke beschreiben zu lassen. Die Erläuterungen von Sehenden erweisen sich allerdings häufig als wenig informa-tiv: „*Das können die Leute meistens nicht genau beschreiben, wie jemand guckt oder wie das aussieht. Dann sagen sie, der sieht soundso nett oder blöd aus oder so – es interessiert mich aber eher die Intention, also der guckt, als würde er das und das sagen"* (Bernd). Der Teilnehmer verweist auf zweierlei Beschreibungsdefizite Sehender: Sie können sowohl den 'technischen' Vollzug der Muskelbewegungen eines Gesichts als auch die Bedeutung eines mimischen Zeichens nur rudimentär explizieren. Eine mögliche Erklärung für die Defizite Sehender besteht darin, dass es sich bei 'Gesichtsausdrücken' für sie maßgeblich um ein Darstellungswissen handelt, über das sie selten sprechen.

Gerade im Bereich von Mimik wird ihre Sprachlosigkeit durch eine besondere Informationslücke verschärft. Strenggenommen haben Sehende kein Wissen über ihr Gesicht, da sie ihre eigenen Gesichtsausdrücke vorrangig über das Feedback von Gesprächspartnern kennen: Erst ihr Lächeln bestätigt die Mundbewegung des eigenen Gesichts. Ein Gesichtsausdruck wird demnach eigentlich erst durch die Resonanz eines Gegenübers vollzogen. 'Mimik' wird dementsprechend in der Regel in Bezug auf ihre Wirkung beschrieben und weniger als solche: ein ärgerliches Gesicht, ein freundliches Gesicht. Die wenigen Begriffe, die ausdrücklich erklären können, wie ein Stirnrunzeln, Lippenschürzen etc. funktioniert, helfen insofern wenig weiter, als das Vollzugswissen bei sich selbst nur indirekt bekannt ist. Sehende bleiben auf eine Rückmeldung angewiesen, um festzustellen, dass ein Lippenschürzen 'richtig' ausgeführt wurde, da sie die Bewegung nicht selbst betrachten können. Es handelt sich ohne Unterstützung von Artefakten wie Fotos, Videoaufzeichnungen oder Spiegel demnach auch für Sehende um ein Second-Hand-Wissen.

Aber selbst die Explikation von Mimik würde nur bedingt weiterhelfen, um eine Kouvriertechnik zu vermitteln. Sehende müssen zusätzlich über ein reflexives Wissen verfügen, welche kulturelle Bedeutung einem Gesichtsausdruck jeweils zukommt. Ein solches Hintergrundwissen ermöglicht Blinden schließlich erst, eine Ausdrucksgebärde situationsangemessen zu platzieren. Ein extremes 'Displacement' der Verwendung von Mimik schildert eine Mobilitätstrainerin: *„Ich fuhr einmal mit einem sechzehnjährigen Schüler im Bus zum Bahnhof. Irgendwann fing Olaf an zu spinnen. Er zuckte ständig mit den Augenbrauen und blinkerte mit dem Auge. Ich fragte ihn: 'Was machst du denn da?' Er sagte trocken: 'Ich flirte.' Uns gegenüber saß eine inzwischen ziemlich irritierte Rentnerin."* Der blinde Teilnehmer demonstrierte eindrücklich, dass ein Augenblinkern ein egozentrischer und damit asozialer Reflex[119] bleibt, solange die wechselseitige Wahrnehmung der Beteiligten nicht

---

[119] Die Unterscheidung zwischen biologischen und sozialen Interpretationen von Körperaktionen kennzeichnet folglich  das 'tacit knowledge' der Teilnehmer. Sie müssen zwischen einem Augenzucken im Gegensatz zu einem Zuzwinkern bzw. der Parodie eines Zuzwinkerns unterscheiden können (Geertz 1994:11).

berücksichtigt wird. Eine handlungsinstruktive Beschreibung muss folglich die Rückkopplungsmechanismen von Blicken mitbedenken. Gerade die exklusive Rückbindung von Blickkontakten lässt sich jedoch verbal nur schwer vermitteln. Im Vergleich zu Feedbackformen eines Sprechens/ Hörens bzw. Tastens/ Fühlens kennzeichnet einen Blickaustausch schließlich seine *lokale Simultanität*: Aug in Aug. Die Besonderheit des Auges besteht folglich gerade darin, zu betrachten und gleichzeitig betrachtet zu werden, d.h. in einer endlosen reflexiven Bewegung, als Betrachter zu sehen, von jemandem gesehen zu werden und im Gesehen-Werden zu sehen, selbst zu sehen und damit wiederum zu einem Betrachter zu werden, der sieht, von jemandem gesehen zu werden etc. Die Bedeutung eines Blickes lässt sich damit nur als eine Relationsbeziehung zwischen Betrachtern und Betrachtetem beschreiben, ein Blick ist immer bezogen. Auf Fragen zur 'Kunst des Blickens' erhalten Blinde deswegen von Sehenden häufig eher rätselhafte Antworten: Die 'Tiefe von Blicken' wird als ein unerklärbares Phänomen behandelt.

Nicht zuletzt aufgrund der Schwierigkeiten, sich Informationen über die technische Ausführung eines Gesichtsausdrucks, seine Bedeutung und seine Platzierung zu beschaffen, erreichen die Bemühungen des Kuvrierens im Bereich von Mimik offensichtlich eine Grenze: „*Man hat mir oft gesagt: Ich soll die Stirn nicht so kraus ziehen und nicht so ernst gucken, ich soll die Augen offen halten, da muss ich ständig daran denken, um meinem Gegenüber zu genügen. Das ist total schwierig. Am entspanntesten ist es, die Augen zuzumachen. Wenn ich länger mit Leuten zusammen bin, mache ich die Augen zu. Das kann ich kaum beeinflussen. Ich kann nicht willentlich beeinflussen zu entspannen*" (Claudia). Die Anstrengung, Gesichtszüge zu disziplinieren, wird demnach häufig als zu aufwendig bezeichnet: „*Man muss ständig dran denken, das ist immer ein bewusster Akt*" (Paul), bzw. mit dem Argument zurückgewiesen, keinen Einfluss auf Bewegungen der Kopfvorderseite ausüben zu können: „*Mimik – das wird nicht von mir kontrolliert*" (Birgit). Viele Nichtsehende lösen die Aufgabe des Kuvrierens deswegen dahingehend, nur ein Minimum des 'interface' zu simulieren: Man hält den Kopf gerade und nach vorne ausgerichtet und zeigt einen möglichst neutralen Gesichtsausdruck, der nicht zu freundlich und nicht zu unhöflich wirkt.

## 5.2    Einen Körper zeigen

Jonas läuft. Die Schultern sind leicht nach oben gezogen, die Arme sind eng am Körper anliegend, fast schon gepresst. Seine Hände sind zu einer Faust geballt, der Kopf liegt im Nacken, sein Mund ist leicht geöffnet. Sein Gesicht ist entspannt, aber konzentriert. Der gesamte Oberkörper bleibt bewegungslos, nur die Beine bewegen sich: Jonas läuft.

Ein zweiter Bereich von Kuvrierarbeiten beschäftigt sich mit dem Einsatz des gesamten Körpers. Die blinden Teilnehmer erwerben insgesamt vier Formen, mit denen sie vortäuschen können, ihren Körper kommunikativ auf andere Situationsteilnehmer zu beziehen. Sie lernen erstens, bestimmte Ausrichtungen ihrer Körper gegenüber Personen vorzunehmen, die zweitens einige Grundhaltungen beinhalten, die wiederum drittens durch einige Sonderhaltungen ergänzt werden müssen, um schließlich viertens eine Reihe von Handbewegungen (Gestik) zu platzieren. Von den Übersetzungsschwierigkeiten werden zunächst spezifische Probleme der sozialen Konnotation von Bewegungen im Kontext der einzelnen Kuvrierformen beschrieben. Anschließend werden die Zugangsschwierigkeiten zu Abläufen von Bewegungen für alle vier Kuvriertechniken gemeinsam fokussiert.

Die Ausrichtung des Körpers innerhalb von Situationen folgt wiederum maßgeblich Prioritäten des face-to-face: *„Ich weiß von Sehenden, dass sie sich lieber gegenüber sitzen. Ich sitze lieber nebeneinander, da kriege ich viel mehr vom anderen mit"* (Marlies). Der Teilnehmerin wird eine blickkontakt-orientierte Zuwendung zu den anderen Situationsteilnehmern nahegelegt, um eine optische Kopräsenz des eigenen Körpers zu fingieren. Für ein Gespräch sollte man sich dementsprechend einen Platz suchen, der sich enface der beteiligten Person befindet und ihr die gesamte Frontseite des eigenen Körpers zudrehen.

Innerhalb dieser Zuwendung sind zusätzlich bestimmte Grundhaltungen des Körpers erforderlich, um anderen Personen ein optisches Gegenüber zu sein: *„Meine Eltern haben mir oft gesagt, dass ich gerade sitzen soll und nicht so krumm wie ein Fragezeichen. Meine Mutter hat mir ein Keilkissen besorgt. Jetzt sitze ich auch in der Schule gerade, da wird man hochgehoben. Ich lernte auch, bewusster zu sitzen und zu gehen, die Schultern hängen zu lassen und nicht so angespannt zu sein"* (Verena). Die technischen Korrekturen weisen die Nichtsehende vor allem auf eine Streckung des Oberkörpers hin, der in einer geraden Position gehalten werden soll, um den Kopf auf Augenhöhe anzuheben. Dabei soll das 'Muskelkleid' des Körpers, bzw. einzelner Partien in einem bestimmten Ent- bzw. Anspannungszustand gehalten werden. Eine Art 'civil inattention' des Körpers wird erforderlich, die weder zu abweisend steif, noch zu verkrampft, noch zu gelassen wirkt.

Neben Grundausrichtungen, ohne die optische Verhaltenscodices frontal irritiert würden, erwerben die blinden Teilnehmer daraufhin einige Sonderhaltungen, mit denen die kommunikativen Funktionen von Körperbewegungen eine präzisere Kontur erhalten sollen. Die Teilnehmer lernen, emotional und geschlechtlich kodierte Zeichen zu setzen: „*Meine Mutter hat mir gezeigt, wie ich gehen soll, sie hat mir gezeigt, wie man sich femininer bewegt, also nicht so vornübergebeugt, nicht so steif. Ich sitze grundsätzlich mit den Beinen übereinandergeschlagen, wenn es geht. Das ist eine etwas arrogantere Haltung. Wenn mich jemand anspricht, würde ich 'ne sehr lockere, aber doch etwas stolze Haltung einnehmen, nicht unnahbar, aber doch mit 'nem Schutzschild. Ich habe den Kopf immer gerne höher, auch wenn ich den Kopf manchmal aufstütze. Und wenn ich fröhlich bin, dann schwingt das hier so in dem Becken*" (Sophia).

Die Befragte zitiert eine Reihe von unterschiedlichen Haltungen, die sie gezielt als Ausdrucksmittel einsetzt: den Kopf in den Nacken legen, das Becken schwingen, Beine übereinanderschlagen. Die einzelnen Positionen werden dabei als emotionale Chiffren ausgewiesen, wie z.B. 'Freude' über ein schwungvolles Gehen zu vermitteln. Mit der Verwendung der Körperhaltungen weist sich die Teilnehmerin damit einerseits als Kennerin optischer Darstellungsmittel aus, ihre Beschreibungen führen andererseits unmittelbar zu den Schwierigkeiten ihrer Aneignung. Für die Anwendung von Körperchiffren bedarf es offensichtlich präziser Informationen über die Textur sozialer Zeichen, die Attribute können ansonsten 'falsch' verwendet werden. Die Befragte betont z.B. die Botschaft von 'Arroganz' übereinandergeschlagener Beine, die allerdings eher durch Kopf- bzw. Oberkörperhaltungen signalisiert wird oder durch einen raumgreifenden 'männlichen' Gestus, wie die Arme auf der Rückenlehne eines Sitzmöbels auszubreiten. Ein anderer Befragter widersprach ähnlich den gewöhnlichen Konnotationen von Körperzonen, indem er beschrieb, welch ungewöhnlich große Hände seine Freundin habe und wie ausgesprochen feminin sie dadurch wirke. Für die Beteiligten besteht folglich insgesamt mit der Verwendung der Chiffren die Gefahr, die Bedeutungen zu verwechseln, mit denen bestimmte Haltungen und Körperpartien konnotiert werden.

Beide Teilnehmer verweisen auf die zweite elementare Funktion von Körperhaltungen. Eine aussehende Person muss zwingend geschlechtlich Farbe bekennen.

Barbara sitzt auf einer Bank in der Turnhalle und wartet. Ihre Beine stehen weit geöffnet nebeneinander, ihre Füße zeigen leicht nach außen. Ihre Arme liegen rechts und links neben dem Oberkörper. Ihre Handflächen liegen entspannt, nach oben geöffnet auf der Bank. Sie lehnt mit dem oberen Rücken an der

Wand, ihr Bauch und Unterleib strecken sich dadurch weit nach vorn in den Raum. Die Sportlehrerin kommt in die Halle, entdeckt Barbara und kommentiert ihre Sitzposition mit: „Barbara, wie sitzt du denn da? Schlag die Beine mal übereinander!"

Für blinde Frauen gestaltet sich der Kuvrieraufwand insgesamt aufwendiger als für blinde Männer, da die öffentliche Ordnung speziell von ihr verlangt, bestimmte Schamauflagen zu beachten. Eine Grundtechnik des weiblichen Habitus beinhaltet demzufolge beim Sitzen, den Unterleib zu bedecken und eher geschlossene Beinhaltungen zu wahren. Eine weit geöffnete Sitzhaltung könnte schließlich als sexuelle Offerte missdeutet werden (Henley 1991: 29).[120] Darüber hinaus erwarten die nichtblinden Teilnehmer von der Bewegungskoordination eines weiblichen Körpers mehr Geschmeidigkeit. Die meistgenannte Korrektur Sehender weist blinde Frauen dementsprechend darauf hin, sich nicht „*hölzern oder steif*" (Claudia) zu gebärden, wobei häufig nicht näher bestimmt werden kann, was das für eine Umsetzung konkret bedeutet. Im Gegensatz dazu partizipieren blinde Männer an einem Darstellungsrepertoire ihrer sehenden Geschlechtsgenossen, das wenig ausschließt. Selbst eine Bewegungsablauf, der auffallend ungelenk ausfällt, kann als misslungene Kuviertechnik unbeachtet bleiben, da er mit Hilfe der Zuordnung 'männlich markant' übersehen werden kann.

Nach dem Erwerb von Grund- und Sonderhaltungen beinhaltet eine letzte Technik des Kuvrierens, die Arme bzw. Hände für bestimmte Ausdrucksgebärden zu nutzen: Handspiele werden erlernt. „*Wenn mir so danach ist, mache ich auch gerne Gesten. Ich meine, ich mache nicht sehr viele Gesten.. Du kannst schon darauf aufpassen, dass du nicht wie ein Elefant in der Gegend so 'pr', 'pr' rummachst. Das musst du alles lernen als Blinder, das passiert nicht automatisch*" (Viola).

Die meisten Blinden verfügen über ein Grundrepertoire von Gesten: eine Hand nach vorne strecken (Eröffnungsgeste für einen Händedruck, die mit der Schwierigkeit verbunden ist, die Hand des Gegenübers zu finden), Kopf schütteln (verneinen), Kopf nicken (bejahen). Der Einsatz weiterer Gesten obliegt individuellen Vorlieben – und den spezifischen Präferenzen der einzelnen Familien bzw. Freunde: „*Mein Freund hat das immer gemacht, so zu zählen: eins, zwei, drei – und hat dann irgendwas gemacht, und dann habe ich gefragt: 'Was machst du denn da?', als ich einmal in der Nähe von ihm war und mitgekriegt habe, dass er irgend etwas mit den*

---

[120] Blinde Frauen werden andererseits häufig geschlechtsneutralisiert: „*Ich werde nie als Frau behandelt, immer als Blinde*" (Marlies). Die Körperschulungen versuchen deswegen gegebenenfalls eher, Schamgrenzen für Sehende zu wahren, als ein 'doing gender' zu vermitteln. Vgl. zu 'Entsexuierung' von behinderten Frauen: Born/ Burger (1992), Elder (1983), Neff (1983).

*Armen macht. Oder mein Vater hat manchmal gesagt: 'Das ist so groß', und dann hat er meine Hände genommen und gezeigt: 'Das ist so groß und so hoch'"* (Beate).

Die Sparsamkeit von Instruktionen der sehenden Informanten verweist darauf, dass eine Verwendung von Gesten anscheinend als ein 'Surplus'[121] von Körperhaltungen und nicht als eine grundlegende kommunikative Verpflichtung verstanden wird. Einzelne ikonografische bzw. sprechbegleitende Chiffren (Kopfschütteln, Zählen der Finger) sowie performative Zeichen ('so groß') werden eher als Optionen einer Selbstdarstellung behandelt.[122] Der Variantenreichtum von Handspielen wird von den Informanten demnach nicht als notwendige Kuvriertechnik erachtet. Auf der Prioritätenliste steht im Wesentlichen ein Beachtungsgebot: das Händeschütteln. Der Langmut von Sehenden stößt allerdings an eine Grenze: Herumwedeln der Arme – das 'pr pr' – wird als inakzeptabel ausgewiesen. Es gehört schließlich zu einer elementaren Pflicht von Darstellern, nicht die Kontrolle über ihre Körper zu verlieren. Als eine Grundhaltung wird Blinden deswegen häufig empfohlen, die Hände ruhig zu halten, um zumindest zu verhindern, etwas Falsches zu zeigen.

Entscheiden sich die blinden Teilnehmer für den Einsatz von Gesten, benötigen sie wiederum ein spezifisches Hintergrundwissen, mit dem ein situationsangemessener Gebrauch erreicht wird. Auf Kriterien der Anwendung von Gesten verweisen erneut 'Displacements' der Ausdrucksmittel. Einige Nichtsehende lösten z.B. innerhalb eines Ausbildungszentrums durch die Geste Irritationen aus, mit der Faust auf den Tisch zu hauen. Bei manchen Teilnehmerinnen wirkte die Geste allerdings etwas 'grobschlächtig', was darauf hinweist, dass Milieu- und Geschlechtskonnotationen des Ausdrucksmittels ignoriert wurden. Darüber hinaus wurden bei der Platzierung die Lokalität und der Zeitpunkt nicht berücksichtigt. Das Tischklopfen könnte abends in einer Kneipe noch als eine Ausdrucksgebärde akzeptiert werden – beim Frühstück in einem Speisesaal dagegen weniger.

Neben Anwendungsproblemen stellen sich aber vor allem Zugangsschwie-

---

[121] Auf den kognitiven Bias dieser alltagstheoretischen Annahme verwies ich bereits im Zusammenhang des Mobilitätstrainings (vgl. 3.3). Gesten können nicht als eine Unterstreichung sprachlicher Ausdrücke verstanden werden, sondern setzen performativ Zeichen innerhalb von face-to-face-Situationen. Im Vergleich zu einem Blickkontakt übernehmen Gesten aber keine unmittelbare Rückkopplungsfunktion zwischen Betrachtern und Betrachteten und können zumindest in diesem Sinne als ein 'Surplus' bezeichnet werden.

[122] Für eine weiterführende Untersuchung von einzelnen 'Bautypen' von Gesten erscheint eine Spezifizierung von Gesten sinnvoll, die sie nach interaktiven Funktionen unterscheidet und vor allem die Kopplungsmechanismen der Akteure für die gemeinsame Produktionsarbeit fokussiert (vgl. dazu: Streeck 1996). Anders als bei dem Versuch, Gesten als eine 'Grammatik' (Katz/Katz 1983) einzelner Aktionen zu klassifizieren, gerät dadurch die Reflexivität von Darstellungen nicht aus dem Blick.

rigkeiten in Bezug auf die technische Abwicklung einer Geste – was durch einzelne Schulungssituationen prägnant illustriert wird.

Der Chorleiter eröffnet: „Zuerst legt ihr die Hände aneinander!" Die meisten Schüler falten spontan ihre Hände. „Nein, nicht wie beim Beten. Die eine Hand umschließt die andere Hand, die Finger werden nicht ineinander gesteckt." Er geht zu einem Schüler, öffnet dessen Klammerhaltung, formt eine Hand zu einer Faust und legt die andere auf sie oben darauf: „So!" Der Chorleiter blickt sich erneut um: „Und jetzt bitte alle die Hände nicht vor der Nasenspitze falten, sondern vorm Hosenbund oder Bauchnabel." Im allgemeinen Gelächter suchen die geformten Hände die richtige Position. „Jetzt geht ihr in die Chorhaltung." Die Schüler richten sich auf und stellen ihre Beine eng nebeneinander. „Und jetzt beugt ihr euren Kopf über die Hände als wolltet ihr einen Kirschkern weit nach vorn spucken, aber ohne die Hände zu treffen, und dann wieder aufrichten, das Gesicht nach vorn." Der Leiter geht durch die Reihen und nimmt einige Einzelkorrekturen vor, die meisten Verbeugungen sind nicht weit genug nach unten geneigt, er drückt die einzelnen Köpfe etwas tiefer. „Damit ihr die Zeit nicht vergesst, faltet ihr die Hände und zählt: einundzwanzig, zweiundzwanzig – ganz ruhig, nicht so hektisch. Und haltet euch aufrecht, ihr steht hier teilweise wie ein Fragezeichen in der Landschaft rum. O.K. Das ist das Dankeschön von euch an das Publikum. Das werden wir jetzt öfter üben für eure Auftritte."[123]

Die Instruktionen des Chorleiters verweisen auf das grundlegende Bezugsproblem aller Kuvriertechniken des Körpers. Es gilt, geeignete Mittel zu finden, mit denen Bewegungen vermittelt werden können.

Für eine Explikation der Bewegungsabläufe nutzt der Chorleiter zunächst eine Reihe von Begriffen, die die Durchführung einzelner Aktionen konkretisieren sollen, wie die Hände aneinander zulegen oder eine Faust zu formen. Die Chormitglieder demonstrieren jedoch eindrücklich, dass die Bezeichnungen bereits ein Hintergrundwissen über Bewegungen voraussetzen: Man formt zuerst einen 'Klammergriff'. Der Chorleiter geht daraufhin dazu über, den Bewegungsablauf in Sequenzen einzuteilen. Die einzelnen Phasen vergleicht er dabei mit Bewegungseinheiten, von denen er annimmt, dass sein Klientel sie kennt, wie ein 'Beten' oder 'Spucken'. Die Muster dieser Bewegungen werden von dem Chorleiter in den Kontext des Chorauftritts übertragen: Aus dem Kirschkernspucken soll eine Verbeugung werden.

---

[123] Derartige Übersetzungskompetenzen bilden eher die Ausnahme. Das Training von Gesten und Körperhaltungen und damit die kommunikative Funktion von Körpern gehört bislang nicht zum Curriculum der Ausbildungsstätten von Blinden und Sehbehinderten. Erst seit kurzem wird der Bedarf an solchen Ausbildungen in blindenpädagogischen Kontexten gefordert (Abel/ Thorstensen 1995).

Als Teil einer Applausordnung erfordert eine Verbeugung allerdings eine gewisse Gleichförmigkeit, die insbesondere durch die Neigungshöhe des Oberkörpers vermittelt werden soll. Der Chorleiter korrigiert deswegen die Höhe einzelner Ausführungen. Er ersetzt dabei übliche optische Deiktika durch konkrete Körperanhaltspunkte, die die Chormitglieder selbst taktil überprüfen können: 'auf Hosenbund- und Bauchnabel-Höhe'.

Zusätzlich gibt der Leiter eine Prothese für die Dauer und damit für die ästhetische Note der Bewegung an. Ein Abzählen soll zu einer gewissen Eleganz der Verbeugung beitragen. Für die Endkorrekturen wird er schließlich handgreiflich und zeigt die richtige Höhe der Kopfposition einiger Chormitgliedern manuell, indem er die Köpfe auf die 'richtige' Neigungshöhe schiebt.

Das abschließende taktile Zeigen verweist auf das grundlegende Problem der Verbalisierungen. Die Explikation 'versagt' an Stellen, an denen in optischen Kontexten über nonverbale Hinweise Bezüge verdeutlicht werden oder Demonstrationen die Beteiligten anleiten, etwas mimetisch nachzuvollziehen. Dem Chorleiter gelingt es zwar, einen Verstehenshintergrund der Aktionen über das körperliche Erfahrungswissen der Teilnehmer herzustellen. Zusammengefasst können aber selbst die 'blindengerechten' Beschreibungen einzelner Sequenzen den Gesamteindruck der Bewegung nicht verdeutlichen. Der Lehrer greift deswegen in letzter Instanz auf eine optisch gebräuchliche Beschreibungsform zurück und erklärt die Körperhaltung einiger Chormitglieder vor einem ikonografischen Hintergrund, der für Blinde eher schwer nachzuvollziehen ist: Eine Körperhaltung wird mit der Form eines Fragezeichens analogisiert. Am Ende kann die optische Wirkung einer Bewegung schließlich nur mechanisch substituiert werden, indem eine würdevolle Verbeugung durch das Abzählen von Sekunden erzeugt wird.

Eine zweite Möglichkeit für die blinden Teilnehmer, sich Kenntnisse über Bewegungsabläufe zu verschaffen, besteht wiederum darin, sich durch Berührungen eines 'Modells' zu informieren. Eine taktile Eigenerkundung stößt jedoch schnell an einige praktische Aneignungsbarrieren.

Die Aneignung von Handbewegungen ist zumindest noch bedingt durchführbar, da sich die Hand eines Informanten auf Grund ihrer Größe noch umfassen lässt. Die sozialen Konnotationen einzelner Nuancen von Gesten bleiben allerdings ein schwer zu erlernender Fundus:

„Wie geht das denn jetzt, jemanden herzuwinken?" Die Hand der Fragenden ertastet die Fingerposition meiner Hand, und gemeinsam formen wir anschließend die Ausgangsposition des Zeigefingers an ihrer Hand. Sarah beginnt das Handgelenk zu bewegen: „Das ist noch zu schnell, das wirkt fast schon aggressiv, etwas langsamer. Guck mal so." Sarah tastet nach meiner Hand, und sie vollzieht im Schlepptau meine Handbewegung mit. Sarah probiert wieder. Ethnographin: „Ja, schon besser, und jetzt noch etwas fließender, nicht so abrupt." Sarah probiert wieder. Ethnographin: „Nein, das ist jetzt zu langsam, du hast doch keine Gicht! Probier noch mal!"

Informationen über Aktionen des gesamten Körpers zu erhalten, gestaltet sich dagegen (fast) impraktikabel. Sitz- und Standpositionen einer Person können zwar noch sukzessive abgetastet werden. Gerade einzelne Bewegungsabläufe sind aber am Modell kaum studierbar. Der 'Performer' müsste wie bei einem Daumenkino in einzelnen Bewegungsschritten einfrieren, wodurch aber gerade der Bewegungsfluss nicht vermittelt wird. Die Abfolge ergibt sich schließlich erst durch eine Bewegung der einzelnen Bilder. Eine Variante der taktilen Erkundung bestünde darin, sich zu zweit als Tandem zu bewegen, was Nichtsehenden zwar das Tempo, aber nicht die Koordination einzelner Körperteile vermittelt. 'Bewegungen' bleiben damit für Nichtsehende letztlich ein kaum zu ergründendes Phänomen. Es überrascht insofern wenig, dass gerade auch die Fortbewegungsstile von Tieren für viele Blinde kaum nachvollziehbar sind: „*Unter 'hoppeln' eines Hasen kann ich mir so gar nichts vorstellen*" (Kirsten).

Eine mögliche Erklärung für die 'Steifheit' Nichtsehender könnten folglich die Übersetzungsschwierigkeiten und Unzugänglichkeiten von Bewegungsabläufen sein: „*Eine meiner Arbeitskolleginnen sagte einmal zu mir, man sieht sofort, wo Blinde sitzen, Sehende fletzen sich so hin, die Blinden säßen die ganze Zeit total steif da. Wir können das ja nicht beobachten, das ist einfach sehr schwierig.*" (Agnes) Das bleibende Unverständnis visueller Anforderungen wird deshalb von vielen Blinden dahingehend beantwortet, nur Grundausrichtungen zu bedienen. Eine blindenspezifische Übersetzung visueller Erwartungen besteht damit darin, den eigenen Körper auf 'neutrale' Positionen einzustellen. Man rastet in einer Haltung ein, die nicht weiter bemängelt wird: aufrechte Rückenposition, mittlere Körperanspannung, Gesicht nach vorn, die Hände ruhend. Eine geschlechtliche Codierung beschränkt sich in vielen Fällen auf das Nebeneinanderstellen der Beine bei Frauen, Männer bemühen sich fast ausschließlich darum, nicht zu angespannt zu wirken.

Allein die Einhaltung bzw. Konservierung dieser Grundformen erfordert für viele Teilnehmer bereits einige Sondertechniken. „*Das ist sehr schwierig, ich muss mich dauernd daran erinnern, z.B. den Kopf aufrecht zu halten*" (Birgit). Einmal erworben, sind viele der Verdeckungsstrategien nicht andauernd in einem „körperlichen Gedächtnis" (Hirschauer 1994: 674)[124] verankert, was unter Sehenden zu einer erheblichen Entlastung von Darstellungsaktivitäten beiträgt. Die Schwierigkeit vieler Nichtsehender, sich an die Verhaltensauflagen zu erinnern, verweist auf die Bedeutung, die in optischen Arenen dem *'Gedächtnis der Mitanwesenden'* zukommt. Die dauerhafte Kontrolle von Beobachtern entlastet offenbar darin, bestimmte Grundausrichtungen nicht zu vergessen – und vor allem nicht zu vernachlässigen, sich als *Resonanzkörper* für die anderen Anwesenden permanent zur Verfügung zu halten.

Für Nichtsehende werden deshalb eine Reihe von 'Gedächtnisstützen' notwendig. Die Teilnehmer nutzen zum einen materielle Hilfsmittel wie ein Keilkissen als Erinnerungsprothese, die die erforderliche Aufrichtung beim Sitzen fortlaufend vergegenwärtigt. Durch das Artefakt wird man gezwungenermaßen angehoben. Eine andere Mnemotechnik, die an die Anwesenheit von Betrachtern erinnert, besteht in einer anhaltenden Selbstkontrolle. Situation für Situation wird eine Checkliste abspult, die immer wieder einen bestimmten Bewegungshabitus stimuliert: *„Kopf gerade halten, Augen geöffnet lassen..."* (Claudia). Eine grundsätzliche Entlastung der Kuvrieraufgaben stellt schließlich die Episodenhaftigkeit sozialer Geschehnisse dar. Die Einhaltung des 'Blindenknigge' wird vor allem bei öffentlichen Auftritten erwartet, je privater der Rahmen einer Situation sich gestaltet, desto weniger Kuvrierformen werden in der Regel als notwendig erachtet: *„Meinen Freund stört das nicht, wenn ich die Augen geschlossen habe"* (Agnes).

---

[124] Mit dem Begriff des 'Gedächtnisses' werden von Hirschauer die Entstehungsorte der Zweigeschlechtlichkeit pointiert, die gerade nicht *in* körperlichen oder kognitiven Konstitutionsmerkmalen von Personen liegen. Hirschauer unterscheidet vier *soziale* Gedächtnisformen, die das Geschlecht einer Person sozial fortpflanzen bzw. 'erinnern': Das biografische Gedächtnis (Bindung der Lebensgeschichte an eine Geschlechtskategorie), das korporale Gedächtnis (fleischliche Biographie von Darstellungen), das Gedächtnis der Mitwisser (Angehörige, Freunde, Bekannte) und das Gedächtnis der Akten (Geburtsklassifikation, Vorname u.a.) (1994: 683f).

## 5.3    Einen Körper bedecken

Ein dritter Bereich, in dem Kuvrieraufgaben notwendig werden, ist die Bedek-
kung des eigenen Körpers: Es gilt, textile Zeichen zu setzen. Sehende übernehmen dabei wiederum wesentliche Zuarbeiten. Sie beraten sowohl die Auswahl
von Kleidungsstücken und unterstützen ihre 'Konservierung'. Im Vergleich zu
den körperlichen Kuvrierformen verfügen die nichtsehenden Teilnehmer im
Bereich der Textilien insgesamt aber über einen gewissen Freiheitsgrad der Ge-
staltungsmöglichkeiten: „*Ja, also ich trage gerne weite Sachen, und, also nicht zu weit,
bequeme Sachen, die aber auch eine gute Passform haben, es muss nicht alles weichgespült sein,
aber ich würde jetzt nicht irgendwelche brettharten Hosen anziehen, bequeme eben. Es ist halt
wichtig, dass es gut zusammen passt, also nicht, weil ich irgendwie eitel bin, sondern ich möchte
nicht, dass die anderen meinetwegen sagen, ja die ist blind, die weiß nicht, was zusammen-
passt*" (Beate). Eine Antwort auf die 'Passung' von Kleidungsstücken besteht
darin, Kleidungsstücke zu wählen, die bestimmte Beschaffenheiten aufweisen:
„*Leicht waschbar muss es sein, nicht schnell verfärbbar, möglichst solche Farben, so dass jedes
zu jedem passt und Sprüche-T-Shirts mag ich gerne für den Sommer*" (Bernd). Neben
Waschfestigkeit bewährt sich ein Kleidungsstück folglich als Kuvriergegenstand
vorrangig durch seine Multikombinierbarkeit und durch ein Material, das Knit-
terfreiheit garantiert: „*Plätten? (Anmerkung der Verfasserin: gemeint ist Bügeln) Das
mache ich nicht – das macht taktil so überhaupt keinen Unterschied*" (Siegfried). Zusätzlich wird vereinzelt von Teilnehmerinnen wert auf die Funktion des Verhüllens
eines Kleidungsstückes gelegt: „*Ich trage am liebsten Hosen, bei einem Kleid haben mir
meine Eltern einmal gesagt, man würde meinen Slip sehen, wenn ich mich bücke. Tiefe Ausschnitte finden sie auch nicht so toll*" (Beate).

Mit der Auswahl der Kleidungsstücke verweisen die Teilnehmer auf einige
visuelle Grundregeln der Bedeckungsetikette Sehender. Um nicht als Stigma-
träger aufzufallen, müssen Nichtsehende bestimmte Farbkombinationen von
Textilien tragen, deren Farbintensität zudem frisch bzw. neuwertig wirken sollte,
um als eine 'gepflegte Person' zu erscheinen bzw. als eine, die es sich leisten
kann, ihre Kleidungsstücke regelmäßig zu ersetzen. Speziell für blinde Frauen
gelten zusätzliche Kuvriervorschriften. Im Gegensatz zu ihren sehenden Ge-
schlechtsgenossinnen werden sie öfter angewiesen, sich bedeckt zu zeigen. Die
Auflagen können soweit gehen, den üblichen Freiheitsgrad des Enthüllens zu
verschieben und Kleidungsstücke, deren Dekolletés freizügige Einblicke gewähren, zu tabuisieren: „*Da weiß man doch gar nicht, wo man hingucken soll!*" (Mutter
Clara). Diese Basisanforderungen der Bedeckungspflichten werden von vielen

Blinden dahingehend beantwortet, eine Art 'Freizeitlook' zu kultivieren und Textilien zu verwenden, die sich durch bequeme Passform und multikombinierbare Farben auszeichnen. Mit dem Outfit zeigt man sich als eine Person, die einen neutralen Geschmack pflegt: Man wirkt weder geschmacklich inkompetent, noch zu blickheischend schlampig bzw. schrill, noch zu körperbetont sexuierend, noch altersgemäß unpassend gekleidet.

Beim Erwerb, für die Konservierung und für das Wiedererkennen von Kleidungstücken bedarf es jedoch zwingend der Mitarbeit von Sehenden. Die Konservierung von Kleidungsstücken bezieht sich dabei weniger auf notwendige Reparaturen als auf Regeln der öffentlichen Hygiene. Die Aufgabe eines sehenden Begleiters besteht darin, während eines Essens auf möglicherweise entstehende Schmutzstellen wie Soßenspritzer hinzuweisen. Gut funktionierende Ansagedienste bemerken ebenfalls mit Matsch oder Hundekot verschmierte Schuhe.[125] Um nicht als 'blind' aufzufallen, muss eine Person folglich eine Reihe von Alltagskompetenzen vorweisen wie z.B. die eigene Fortbewegung steuern oder fleckenfrei essen zu können.

Bei der Auswahl von Kleidungsstücken helfen Sehende vor allem dabei, eine Farbauswahl der Textilien zu treffen. Bei der Bestimmung einer Farbe sind ihre Dienste allerdings weniger nur in Form einer physikalischen Messung gefragt, sondern sie sind als Informanten gefordert, die über eine Reihe von sozialen Kompetenzen verfügen sollten: *„Wenn ich jetzt vor einer Neuanschaffung bei Kleidungsstücken stehe, weil auch die geliebtesten Kleidungsstücke sind irgendwann mal so, dass man sie, selbst wenn man nicht visuelle Kriterien zugrunde legt, also auch nach taktilen Kriterien, irgendwann sind sie nicht mehr tragbar. Dann gibt es das Zwei-zu-eins-Modell. Ich kenne eine Reihe von Leuten, die für so was einen Blick haben und wissen, wo was getragen wird, und vor allem nicht so informative Antworten geben wie: 'Das sieht blöd aus' oder 'Das kannst du nicht anziehen!' Viele Sehende werden furchtbar massiv bei ihren Rückmeldungen. Zum Zwei-zu-eins-Prinzip: Eine Kombination wird dreimal angeguckt. Wenn zwei sagen: 'popp', dann 'popp' – und wenn zwei sagen: 'hopp' – dann 'hopp'. Manchmal gibt es die Drei-zu-null-Kombi. Bei einer Zwei-zu-eins-Kombi wird einer Person mitgeteilt, dass sie schlicht nicht geschmacksbildend ist"* (Siegfried).

In das elaborierte Beratungsverfahren sind eine Fülle von Erfahrungen eingegangen, die die Schwierigkeit der Rekrutierung von qualifizierten Informanten

---

[125] Viele Nichtsehende umgehen die Inanspruchnahme solcher Ansagedienste, indem sie es vermeiden, in öffentlichen Lokalitäten Speisen zu sich zu nehmen, die eine erhöhte Verschmutzungsgefahr beinhalten, wie der Verzehr von Spaghetti - oder man benutzt nur ganz bestimmte Wege, bei denen die Gefahr, in „*Tretminen*" (Paul) zu laufen, gemeint ist Hundekot, eher gering ist. Viele Blinde ziehen insgesamt eine 'freiwillige Gettoisierung' vor und bewegen sich vor allem unter ihresgleichen, wie z.B. innerhalb eines Blindenvereins.

verdeutlichen. Es erweist sich als sinnvoll, das Gewicht einzelner Rückmeldungen zu relativieren, indem man sich mehrere Rückmeldungen einholt. Die Mehrfachrückmeldung erzeugt zusätzlich ein Surplus an Information über Bekleidungsstile, was für einen gewissen Ausgleich in einem Bereich sorgt, der selbst nicht zugänglich ist. Die Informanten sollten dabei insbesondere über ein Wissen verfügen, das sich auf die kulturelle Bedeutung eines Outfits bezieht: *„Wenn mir dann jemand sagt, die laufen alle schwarz rum, kann ich überhaupt nichts damit anfangen. Wenn mir jemand erklärt, dass das eine Vereinbarung einer Szene ist und dass das dieses und jenes über eine Gruppe aussagt, weiß ich schon eher, was Sache ist"* (Nicole). 'Geschmacksverirrungen' oder 'Inkompetenzen' einzelner Sehender können durch einen Mehrheitsproporz folglich ausgeglichen werden. Die Übereinstimmung von zwei Rückmeldungen bestätigt die Hypothese: 'Dieses Hemd passt zu der Hose'.

Für die Wiedererkennung erworbener Kleidungsstücke setzen die meisten Nichtsehenden wiederum Artefakte als Erinnerungshilfen ein. Bei den Artefakten handelt es sich um spezielle Hilfsmittel, die in Versandhäusern bestellt werden können und eine blindenspezifische Umrüstung alltäglicher Verrichtungen erleichtern sollen.[126] Die Vorteile von Wäsche-Markierungsknöpfen zur Kennzeichnung von Textilien beschreibt ein Katalog von Hilfsmitteln für Blinde und Sehbehinderte z.B. folgendermaßen:

Mit Hilfe der ausgesprochen dekorativen, farbigen Knöpfe aus Naturnylon, die auch ein Annähen an sichtbaren Stellen zulassen, kann die Farbe eines Kleidungsstückes und damit festgestellt werden, welche Teile (Rock und Bluse) zueinander passen. Die Knöpfe sind kochfest, reinigungsbeständig und vertragen mittlere Bügeltemperatur. Tastbares Unterscheidungsmerkmal der einzelnen Farben sind die verschiedenen Formen (Kleeblatt, Stern, Kreis, Dreieck usw.) der etwa 17 mm großen Knöpfe, die je nach Farbe und Form zu 5 Stück abgepackt sind. Darüber hinaus ist zur Unterstützung sehender Helfer (beispielsweise beim Annähen) jeweils vor der Punktschrift die Bezeichnung auch in Normalschrift gestickt und zwar quer zum Bandlauf. Das Sortiment umfasst die Zahlen 1-12 (mit Zahlzeichen) sowie 8 Farbbezeichnungen: weiß, grau, beige, braun, schw (für schwarz), gelb, blau und rot. - Empfehlenswert nur für Punkt-

---

[126] Im Zusammenhang von Hilfsmitteln kann man zum ersten Mal von einer blindenspezifischen 'Subkultur' innerhalb einer visuellen Infrastruktur sprechen. Die Artefakte reichen vom Barometer, Eidottertrenner, einem Randwächter, der die Flüssigkeitsmenge einer Tasse anzeigt, einem Lichtdetektor, der die Farbe eines Sockens akustisch angibt, bis zum taktilen Skatspiel. Die Hilfsmittel werden allerdings nicht durchgängig verwendet. Flüssigkeiten können ebenfalls einfach ertastet werden, ein Kleidungsstück wie ein Socken kann z.B. über seine 'Typik' erkannt werden – entsprechend seiner Waschgeschichte ergibt sich ein charakteristisches Erschlaffen des Gummis (Marlies).

schriftgeübte /° Artikel Nr. 1421501 [127]

Zwischen den präzisen Angaben über die Beschaffenheit der Knöpfe erwähnen die Herausgeber, dass sie sich um eine Diskretion und optisch ansprechende Designs der Artefakte bemühen. Die Knöpfe können an 'sichtbaren Stellen' eingenäht werden und sind 'ausgesprochen dekorativ'. Bei den Gegenständen handelt es sich folglich nicht nur um spezielle Werkzeuge wie eine Schere für Linkshänder, sondern gleichzeitig um Techniken des Kuvrierens.[128] Nachdem sehende Informanten die Farbbestimmung eines Textils vorgenommen haben, verhelfen die Markierungsknöpfe Nichtsehenden dazu, über eine eigene Sortiervorrichtung zu verfügen, mit der die ordnungsgemäße Verwendung von Kleidungsstücken vor- und nachbereitet werden kann. Die Knöpfe können demnach als ein *Gedächtnis der Artefakte* genutzt werden, die eine Ansage- und Merkfunktion zugleich übernehmen.

Ein besonderes Hilfsmittel fordert Nichtsehende zu einer letzten schwierigen Kuvrieraufgabe heraus: die Verwendung des Langstocks. Die Benutzung des Stockes stellt vor allem stark Sehbehinderte und späterblindete Frauen vor ein grundsätzliches Darstellungsproblem: „*Ich kaufte mir ein Sommerkleid – fühlte mich total schick. Ich kaufe gern ein, und dann sehe ich mich innerlich vorm Spiegel. Alles passt – und dann kommt der Stock dazu – dann ist es aus. Der passt nicht ins Selbstbild. Dieses permanente Wissen, gesehen zu werden und selbst nicht zu sehen (...) Geburtsblinde haben es da besser, die kennen es ja nicht, durch die Stadt zu gehen und gesehen zu werden – das ist furchtbar*" (Judith). Die Benutzung des Stocks kann zwar durch eine Hilfestellung Sehender verdeckt werden, die primär als Fortbewegungshilfe gedacht ist: Man präsentiert sich beim Führen als untergehaktes Paar. Für die Kuvriertechnik muss allerdings passendes Begleitpersonal verfügbar sein. Gegengeschlechtliche Paare sollten z.B. altersmäßig aufeinander abgestimmt sein, um nicht als ein ungewöhnliches Tandem aufzufallen. Bei einem jüngeren Paar kann wiederum die Geste des Unterhakens zur Irritation eines kohärenten Gesamtbildes führen, da die Geste eher für Fortbewegungseinheiten höheren Alters reserviert ist. Ebenso können extreme Lifestyledifferenzen eines Mannes in jugendlichem 'Schlabberoutfit' und einer Frau in Abendkleidung an der legiti-

---

[127] Herausgegeben vom: Verein zur Förderung für Blindenbildung e.V. (VzfB) 1991/ 1992: Hilfsmittel für Blinde und Sehbehinderte, Hannover: 14-5f.

[128] Die Verwendung bestimmter Hilfsmittel übernimmt darüber hinaus eine assimilative Funktion (Goffman 1994: 129). Artefakte wie eine akustische oder taktile Uhr, eine Unterschriftenleiste oder ein Geldsortierer können in zahlreichen Situationen als 'Blindendolmetscher' eingesetzt werden. Dementsprechend verhelfen die Artefakte dazu, an wesentlichen Stellen im Alltagsgeschehen nicht auf Sehende angewiesen zu sein.

men Paarbildung zweifeln lassen - und zur Suche nach anderen Begründungen führen. Als Technik des Kuvrierens ist das Führen damit insgesamt für die nichtsehenden Teilnehmer nur bedingt anwendbar.

Zusammengefasst ergibt sich im Bereich der textilen Zeichen für Nichtsehende eine doppelbödige Ausgangsposition. Im Gegensatz zu den Körperdarstellungen bewegen sich die Beteiligten im Bereich der Kleideretikette einerseits in einem Terrain, das weniger strenge Verpflichtungen der Einhaltung einschließt als face-to-face-Auflagen. Die Disziplinlockerung kennt zwar eine Reihe klarer Grenzen, wie z.B. Auflagen, die Scham und Sauberkeit betreffen. Falls sich jemand unpassend kleidet, wird ihm jedoch 'nur' eine geschmackliche Inkompetenz unterstellt. Wenn eine Person dagegen mit dem Kopf nach unten geneigt zu jemandem spricht, verstößt sie gegen fundamentale Beachtungsregeln. Bei näherer Betrachtung zeigt sich die vermeintliche Freiheit textiler Zeichen andererseits jedoch als ein Phänomen, das 'Geschmacksverirrungen' zwar subtil, dafür letztlich aber ähnlich drakonisch sanktioniert wie ein körperliches Fehlverhalten. Eine Rückmeldung, die ein Kleidungsstück einfach als 'blöd' deklariert, mutet zunächst wenig gefährlich an, sie ruft allerdings diskret eine 'Identitätskrise' der Träger auf. Die Bemerkung verweist nicht nur auf ihre Inkompetenz, die passende Auswahl eines Kleidungsstückes zu bewerkstelligen, sondern sie droht vor allem mit der Gefahr, dass Embleme der eigenen Identität falsch betrachtet bzw. verwechselt werden könnten: Man ist dann kein 'Girlie', sondern eine 'bad woman'.

Diese Ausgangslage wird für die nichtsehenden Teilnehmer zusätzlich dadurch verschärft, dass sie – allein auf Grund der Unzugänglichkeit von Farben – dauerhaft auf die Ansage- und Beratungsdienste von Sehenden angewiesen sind.[129] Die Wirkung von Kleidungsstücken bleibt für Blinde damit ein kryptisches Terrain, was zu einer elementaren asymmetrischen Deutungshoheit von Sehenden führt. Mit ihrer Beratung können Sehende Embleme sozialer und persönlicher Identitäten verteilen, über die sich die blinden Teilnehmer letztlich nie selbst informieren können. Sie können sich nur graduell über einen Mehrheitsproporz absichern, nicht völlig gegenläufig zu ihren eigenen Präferenzen bekleidet zu werden. Die Beratung der Farbe eines Pullovers erweist sich dabei noch als vergleichsweise harmlos, bei der Auswahl der Farbe einer Glasprothese

---

[129] Gerade die Dauerhaftigkeit einzelner Dienstleistungen führt häufig zu 'Beschäftigungskrisen', da sich viele Sehende als Führhunde oder Vorlesedienst zu einem Hilfsmittel degradiert fühlen. Die Instrumentalisierung trifft insbesondere sehende Frauen, da die Caringdienste zusätzlich klar geschlechtlich konnotiert sind. Wesentlich mehr sehende Frauen sind mit blinden Männern verheiratet als umgekehrt (vgl. dazu: Schopmans 1995 und Kiss/ Malottki u.a. 1990).

erreicht die Fremdbestimmung allerdings einen skurrilen Höhepunkt: „*Mein Vater findet grüne Glasaugen gut, meine Mutter nicht. Es ist wichtig, dass man auch ein bisschen auf sich selber, also ich will nicht egoistisch sein, aber dass man halt ein bisschen selbst guckt, ob einem das gefällt*" (Marlies). Eine andere Möglichkeit für Nichtsehende, den Zugang zu Informationen zu verbessern, besteht darin, sich visueller Auflagen so weit wie möglich zu entziehen, indem man nur ein 'kleines Alphabet' textiler Zeichen – d.h. ohne Malvenfarbton – verwendet und darüber hinaus eigene Vorlieben einer taktilen Ästhetik pflegt, die wenig an Darstellungsqualitäten interessiert ist: Weich und bequem sollte ein Kleidungsstück sein.

## 5.4    Ein Fazit über visuelle Anforderungen an Personen und den Erwerb einer Fremdsprache

Die Aneignung von Kuvriertechniken zeigte sich insgesamt weniger als eine Form von Informationsaustausch zwischen Blinden und Nichtblinden, sondern eher als eine klassische Schulungssituationen, die die Teilnehmer in ein Lehrer-Schüler Verhältnis versetzt. Die Rolle der Lehrenden löst bei Sehenden jedoch erstaunlich wenig Irritationen aus. Schließlich werden im Bereich der Kuvrieraufgaben natürliche Ausdrucksformen des Körpers unterrichtet. Daraufhin müsste sich eigentlich die Frage stellen, was an einer Körperhaltung natürlich ist, wenn man sie erlernen muss. Zusätzlich müsste die Alltagstheorie Sehender irritiert werden, nach der die Wirkung einer Körperhaltung als eine offensichtliche Selbstverständlichkeit betrachtet wird. Innerhalb des Unterrichts üben die Beteiligten schließlich fortlaufend, wie eine bestimmte Wirkung ausgelöst wird, und nicht zuletzt die Widersprüche der Informanten verweisen dabei auf ihre Abhängigkeit vom jeweiligen Betrachter.

Die Selbstverständlichkeit der Lernsituation für Sehende lässt damit Rückschlüsse über grundlegende Naturalisierungsstrategien einer 'aussehenden Person' zu, die letztlich mit dem Ausschnitt aus einem Ratgeber für Späterblindete pointiert wurden. Die Autorin wies sich als besondere Informantin aus, da sie als Späterblindete die alltägliche Selbsterfahrung des Blickes in einen Spiegel kenne, was sie zusätzlich als Expertin für Retouchierarbeiten des weiblichen Körpers qualifiziere. Für Blinde erklärt sie den Blick in den Spiegel daraufhin als einen Reflex, der von allen Sehenden gleichermaßen wahrgenommen wird. *Eine* mögliche Betrachtungsweise des Gesichts einer Person wird von der Autorin dadurch als ein natürliches Abbild stilisiert. Selbst die kosmetischen Behandlungen des Kopfes werden als eine 'natürliche' Bearbeitung des Körpers ontologisiert. Demnach lösen die sehenden Teilnehmer den Widerspruch der Aneignung natürlicher Merkmale auf, indem sie eine Entsprechung zwischen der Natur des Körpers und kulturellen Ausdrucksmitteln unterstellen. Bestimmte Körperzuwendungen und Bedeckungsformen müssen nach der Alltagstheorie Sehender zwar erlernt werden, ihre Aneignung beinhalte aber einen einmaligen Lernprozess und würde 'einfach' mimetisch vollzogen.

Demnach müssten sich Blinde in einem Zustand andauernder Adoleszenz befinden. Schließlich müssen sie sich ständig daran erinnern, ihre Körperausrichtungen einzustellen. Die notwendigen Erinnerungsstützen von Blinden verweisen folglich darauf, dass der visuelle Habitus[130] einer Person einem Herstellungsprozess in situ unterworfen ist. Die Wirkung einer Person ist demnach weniger als natürlicher Reflex einer Betrachtung zu verstehen, sondern sie ist das Ergebnis einer (Wieder-) Aneignung und Rückversicherung von Ausdrucksmitteln, mit denen die Teilnehmer 'Offensichtliches' fortlaufend erst erzeugen. Die Übersetzungsformen und Schwierigkeiten von Sehenden gegenüber Blinden können deswegen in einem zweifachen Sinne als Erkenntnisstätte genutzt werden. Sie verweisen erstens auf Praktiken, mit denen Offensichtliches einer Person erzeugt wird, deren Naturalisierung und Übernahme seitens Nichtsehender zweitens zu einer Reihe von 'Erblindungsfaktoren' führt.

Bei der Vermittlung von Kuvrierformen des *Körpers* lassen sich vor dem Hintergrund der Beschreibungsnöte der sehenden Informanten einige Rückschlüsse über Praktiken der Evidenzerzeugung von Personen ziehen. Als eine zentrale Vermittlungsinstanz des 'Offensichtlichen' einer Person zeigte sich das 'interface'. Über die Kopfvorderseiten tauschen die sehenden Teilnehmer grundlegende Informationen über ihre Wirkung aus. Dieser Informationsfluss beinhaltet vor allem eine reflexive Bezugnahme auf ein Gegenüber, durch die die eigenen Selbstdarstellungen erst platziert werden können. Ein Gesichtsausdruck muss folglich stets zu zweit vollzogen werden. Eine Person lächelt, die andere lächelt zurück, wodurch das erste Lächeln erst als *sozial erkannt* ausgewiesen wird. Die 'Wirkung' einer Person ist damit zwingend auf die Mitarbeit der anderen Situationsteilnehmer angewiesen. Die Zone des interface wird damit zu einem fundamentalen Herstellungs- und Bindungsmechanismus von Personen

---

[130] Vgl. dazu Bourdieu (1991: 277-331), der mit seinem Habituskonzept Ausdrucksressourcen des Körpers zwar als soziale erklären kann, sein Verständnis des Körpers als Repräsentationsmedium symbolischer Ordnungen setzt aber nicht an bedeutungskonstituierenden Praktiken, sondern an 'objektiven Strukturen' an. Die Konzeption läuft damit Gefahr, Darstellungen als Personenmerkmale zu reontologisieren, da ihre soziale Genese und vor allem ihre fortlaufenden semiotischen Funktionen innerhalb von Situationen nicht berücksichtigt werden.

als Darsteller: Das 'Offensichtliche' muss gemeinsam performativ erzeugt werden. Die reflexive Zeichenarbeit einer Darstellung bindet die Beteiligten damit in einer hochgradig symbiotischen Beziehung. Die Situationsteilnehmer bannen sich förmlich in face-to-face-Bezügen, da sie auf eine Rückmeldung angewiesen sind. Der '*Gegenblick*' wird zu einer anhaltenden Sozialisationsagentur in situ.

Eine weitere existentielle Rückkopplungsschleife, mit der Beteiligte innerhalb einer Situation Offensichtliches erzeugen, entsteht durch eine wechselseitige Ausrichtung der gesamten Körper. Emotionale und geschlechtliche Chiffren z.B. werden durch eine (Umkehr-)Mimesis erzeugt, mit der Anwesende sich reziprok zueinander positionieren, indem sie Basisausrichtungen, Grund- und Sonderhaltungen einrichten und während ihrer Zeichenarbeit fortlaufend korrigieren. Die offensichtliche Bestätigung von Positionierungen wird dabei stets in Abhängigkeit von den körperlichen Reaktionen der anderen Teilnehmer vollzogen, die einzelne Zeichen ignorieren oder bestätigen können. Lehnt sich eine Person z.B. kokettierend zurück, folgt die andere der Bewegung entweder, oder sie 'hält dagegen'. Die Schwierigkeiten vieler Blinder, sich an Körperausrichtungen zu erinnern und einzelne Chiffren situationsangemessen zu platzieren, verweisen deswegen auf die wesentliche Bedeutung, die dem '*Gedächtnis der Mitanwesenden*' zukommt: Ihr Verhalten wird zu einer Mnemotechnik. Die Mitanwesenden erzeugen eine anhaltende Stimulans für alle Beteiligten, bestimmte kommunikative Zeichen sichtbar werden zu lassen, d.h. sie fortlaufend zu produzieren, was wiederum erst durch die reflexive Bezugnahme auf Rückmeldungen durchführbar wird. Die Anwesenheit von Betrachtern übernimmt damit elementare Erinnerungsfunktionen für die Teilnehmer. Ihre dauerhafte Kontrolle *nötigt* die Beteiligten dazu, sich stetig innerhalb des körperlichen Resonanzfeldes zu bewegen und sich als Träger sichtbarer kommunikativer Zeichen zu platzieren.

Erst in letzter Instanz fungieren *Artefakte* wie Spiegel, Videoaufnahmen oder Fotografien als Mittler von optischem Wissen über Personen. Spiegelflächen agieren dabei als besondere Informanten, da sie die Doppelfunktion einer Darstellung simultan übernehmen: Ein Spiegel arbeitet als Darsteller und als Betrachter zugleich. Die Einschätzung eines Spiegelbildes wird letztlich allerdings wieder vor dem Hintergrundwissen vorgenommen, wie man von anderen Personen betrachtet wird.

Bei der Beratung von *Textilien* zeigen die Rückmeldungen von Sehenden den Bauplan optischer Zeichen nochmals anders. Die grundsätzliche reflexive Rückbindung eines Zeichens ist im Bereich von Kleidungsstücken offensichtlicher, da plurale Betrachtungs- bzw. Darstellungsweisen zulässig sind. Die Bedeutungen von Textilien werden folglich offener verhandelt, da sie weniger

kollektiv organisiert sind als körperliche Zeichen. Der Effekt eines Kleidungsstückes bleibt an die Hintergründe der einzelnen Betrachter rückgebunden: Ein
textiles Zeichen verändert sich unter einem folkloristischen, konservativen oder
jugendlichen Blick. Je nach regionalem Hintergrund, Alter, Präferenzen des
Begehrens oder Status etc. entsteht eine andere 'Wirkung' eines Textils. Die
Aneignungsspezifik eines Betrachters besteht dabei jeweils darin, zu wissen, wie
man wo hinsieht: Ein spitzgeformter Schuh wird von manchen schlichtweg
übersehen, von Kennern einer Szene als Hinweis für die Zugehörigkeit zu einer
bestimmten Subkultur 'erkannt'. Damit werden *Blickführungen* zu der vermitteln-
den Instanz der 'Sichtbarkeit' eines textilen Zeichens. Die Träger eines Dekolletés und einer Blindenarmbinde verbinden damit, ein kommunikatives
(Blick-)Angebot zu machen, das in dem Moment, in dem das Textil offensichtlich beachtet wird, seine Bedeutung erhält und die Akteure simultan innerhalb
eines spezifischen Bezugsrahmens (ver)bindet. Besonders deutlich wurde die
Rückkopplungsfunktion von Blicken bei der Herstellung von Nacktheit und
Scham. Nicht von ungefähr wurden die blinden Teilnehmer nur im Bereich der
Ent- bzw. Verhüllungsetikette instruiert, etwas nicht zu zeigen. Bei der Anweisung an blinde Frauen, keine Textilien mit tief ausgeschnittenen Dekolletés zu
tragen, handelt es sich deswegen eigentlich nicht um eine Kuvrierform, sondern
um eine Strategie der Vermeidung. Das Tragen eines Textils mit tiefem Ausschnitt evoziert schließlich eine besondere Zivilisation des Blickes, die eine
funktionierende Blickabwehr voraussetzt. Das Textil zieht einerseits die Aufmerksamkeit auf nackte Körperzonen, die andererseits aber nicht offen, sondern diskret beachtet werden sollen. Das Tragen von hochgeschlossenen Textilien vermeidet demnach, eine selbstverantwortliche Blickdisziplin der Betrachter
aufzurufen, da ihr Blick nicht mehr subtil durch einen 'Gegenblick' kontrolliert
wird.

Das 'Optische' ist damit insgesamt mit einer *Aufführungsmoral* durchzogen.
Selbst die vermeintlich neutrale Blöße des Körpers oder die Natur von Farben
werden von einem Zeichencodex absorbiert, ein nacktes Schulterblatt oder die
Farbe Grün erhalten eine Zuordnungschiffre innerhalb einer gestylten Oberfläche vom Scheitel bis zur Sohle, bei der die zusätzliche Entdeckung eines gelben
Schnürsenkels genügt, um das gesamte Zeichengefüge umzudeuten. Eine 'aussehende Person' wird damit zu einer fortlaufenden performativen Aufforderung. Umgekehrt muss sie ein Tableau von Zeichen zur Verfügung stellen, damit Resonanzen zwischen Teilnehmern erfolgen können, die ihnen wiederum
erst ermöglichen, sich innerhalb eines situativen Bezugsrahmens zu verankern.
Diesen visuellen Darstellungspflichten körperlicher Grundausrichtungen und

textiler Verhüllungen können sich die Teilnehmer *noch weniger* entziehen als geschlechtlichen Basisanforderungen. Es wird zur Natur eines Bona-Fide-Mitglieds, eine optische Kopräsenz für die anderen Teilnehmer erzeugen zu müssen.

Diese Darstellungspflichten werden schließlich als Kuvrierformen für Blinde weiterführend naturalisiert, indem die nichtsehenden Teilnehmer angewiesen werden, Darstellungen möglichst detailgetreu zu 'substituieren'. Die Ausgangslage der Informationsbeschaffung für Blinde kennzeichnet dabei ein einmaliges Gefälle. Sie ist nur im Fall von Gehörlosen ähnlich gelagert, die versuchen, sprechen zu lernen, ohne sich dabei hören zu können.[131] Die Rezeptionssperren werden aber weniger durch eine fehlende Überprüfungsmöglichkeit seitens der nichtsehenden Teilnehmer hervorgerufen als dadurch, dass das 'Offensichtliche' einer Person als immanente Eigenschaft von Personen oder Textilien erklärt und damit naturalisiert wird.

Bei textilen Zeichen äußert sich die Naturalisierung darin, die Wirkung eines Textils auf den persönlichen Geschmack zurückzuführen. Durch diese Rückbindung entsteht für Blinde unweigerlich eine Informationslücke, da persönliche Präferenzen bei der Betrachtung eines Kleidungsstückes kaum weiterführende Informationen zulassen: *„Die subjektive Meinung über ein Kleidungsstück wird oft verallgemeinert, dann krieg ich mal eine Information und kann nichts mit ihr anfangen. Dadurch wird dieser Mythos vom Sehen noch größer. Diese ganze Ebene wird ja durchaus zelebriert: dieses Sehen und Gesehen werden. Da habe ich ja keinen Zugang dazu. Da wird eine unglaubliche Überhöhung aufgebaut, die ich nicht selbst besetzen kann"* (Siegfried). Die Unzugänglichkeit von textilen Zeichen entsteht folglich nicht dadurch, ein Textil nicht selbst betrachten zu können. Mit einer Betrachtung wäre wenig gewonnen, da ein Kleidungsstück keine selbstredende Aussage trifft. Es fehlt vor allem ein Hintergrundwissen, *wie* ein Textil betrachtet wird bzw. welches 'Blickprogramm' jeweils mit einem Textil verbunden ist. Eine Information über ein Textil muss dementsprechend weniger persönliche Präferenzen des Geschmacks als die Wahl von *sozialen Angeboten* berücksichtigen.

Im Bereich der körperlichen Kuvrierformen wird Nichtsehenden die Aneignung von Informationen dadurch erschwert, dass die Bedeutung eines körperlichen Zeichens von Sehenden auf seine offensichtliche Wirkung zurückgeführt wird. Die Betrachtung einer Person wird damit tautologisch als eine natürliche optische Wahrnehmung erklärt. Das Aufdecken sozialer Vermittlungsinstanzen

---

[131] Unterstützt wird der Spracherwerb im Bereich von Gehörlosen wiederum durch ein optisches Hilfsmittel. Ein logopädisches Training setzt z.B. einen 'Farb-Sprach-Monitor' ein, der gesprochene Wörter in farbige Grafiken auf einem Monitor übersetzt (vgl.: GEO 1987-11: 166).

würde allerdings auch gegenläufig zu den Naturalisierungsstrategien Sehender verlaufen, eine Dekonstruktion widerspricht schließlich der 'Natur' von Darstellungen. Ein Routinewissen sperrt sich immanent gegen Verbalisierungen von Abläufen einer Bewegung, es vergisst obligatorisch die soziale Textur von Zeichen. Darüber hinaus müssen die sehenden Informanten ihr Darstellungswissen blindengerecht übersetzen können. Es zeigte sich jedoch, dass sowohl die taktilen als auch die verbalen Übersetzungsstrategien gerade Bewegungsabläufe kaum verdeutlichen können. Selbst die Strategien des Chorleiters, das körperliche Erfahrungswissen Blinder als verbale Verständigungsgrundlage zu verwenden und Bewegungen manuell zu korrigieren, konnten die Wirkung von Darstellungen nicht vermitteln. In letzter Instanz wurde die Verbeugung deswegen durch ein mechanisches Abzählen substituiert. Die nichtsehenden Teilnehmer lernen damit zwar, einzelne Körperhaltungen zu rekonstruieren, die reziproke Wahrnehmung durch Sehende bleibt allerdings ein kaum zugängliches Terrain. Durch die Unzugänglichkeit der Reflexivität der Zeichenproduktion bleibt es damit wiederum für die nichtsehenden Teilnehmer ein rätselhaftes Unterfangen, inwiefern eine Darstellung ein spezifisches Angebot für die anderen Teilnehmer beinhaltet.

Die Aneignung von Informationen Sehender mündet für Blinde deswegen fast schon zwingend in 'Blindlects', d.h. in lokal und technisch orientierten Darstellungsrepertoires. Als Stigmatechnik bleibt nur die Wahl von Substituten, die angeblich fehlende Personenmerkmale ausgleichen sollen. Hochgefahren werden Prothesen: ein Glasauge, eine Kopfhaltung, eine Sitzposition und ein Freizeit-Outfit. Aus den jeweiligen Quellen professioneller und pädagogischer Informanten ergibt sich dabei jeweils ein regionaler Stil von Körperbewegungen: *„Ich sehe sofort aus welcher Schule ein Blinder kommt, das sieht man an den Bewegungen"* (Erzieher). Als eine geeignete Körperdarstellung erweist sich für Nichtsehende zudem, Bewegungen eher mechanisch auszuführen, indem der Körper auf neutrale Positionen eingestellt wird, mit denen möglichst wenig 'falsche' Zeichen gesetzt werden. Die reflexive Rückbindung von körperlichen Zeichen wird schließlich durch Erinnerungsstützen substituiert. Materielle und soziale Prothesen wie ein Keilkissen, eine innere Beobachtungsposition und die Dauersouffleusedienste Sehender, die immer wieder darauf hinweisen, den richtigen Text nicht zu vergessen, werden zu unerlässlichen Gedächtnisstützen. Damit schließt sich der Kreis, innerhalb dessen Merkmale von Blinden ontologisiert werden. Eine blindenspezifische Aneignung visueller Anforderungen besteht darin, einen 'steifen' Habitus zu pflegen – und damit liegt Blindheit wieder in der Abweichung.

Die Übernahme von Visualismen zieht jedoch einen grundlegenderen Effekt nach sich, als innerhalb von Situationen erfolgreich nicht als 'blind' eingestuft zu werden. Erlernt werden von Nichtsehenden nicht nur Verdeckungsmechanismen, sondern mit ihnen, eine 'falsche' Sprache zu sprechen. Schließlich *simuliert* eine nichtsehende Person nur einen Augenkontakt durch eine optische Ausrichtung ihres Körpers – und vor allem durch das Tragen von Augenprothesen. Ein Gesprächsarrangement gleicht damit dem eines Native English Speaker mit einer Person, die dessen Sprache nicht kennt. Die eine spricht fließend Englisch, die andere versteht zwar kein Englisch, täuscht ein Verständnis aber durch ein „Yes, yes" der Gesichtsausrichtung vor. Der eigentlich stattfindende Monolog wird verdeckt, die Ausrichtung mündet in einen Fremdsprachendialog. Mit den Kuvriertechniken werden folglich massive Kommunikationsbarrieren aufgebaut bzw. aufrechterhalten. Überspitzt formuliert führt der Erwerb der Kuvrierformen dazu, dass *alle* Teilnehmer innerhalb von gemischten Situationen 'erblinden'. Erforderlich wäre eine Umstellung von kommunikativen Zeichen, gefördert werden dagegen Vortäuschungsmanöver. Das Glasauge wird damit paradigmatisch für einen Visualismus als ein Paradigma der Anpassung, es unterstützt weder eine Orientierungsfunktion noch eine medizinische Behandlung – es zielt ausschließlich auf ein 'kosmetisches' Problem.

# 6    Dialog im Dunkeln

Es ist Sonntag nachmittag, man trinkt Kaffee bei Oma Annabell. Zufälligerweise kommt man auf das Thema Blindheit zu sprechen, und noch zufälliger kennen die Anwesenden die vorliegende Arbeit[132]. Die Großmutter eröffnet: „Also, was diese Soziologin über Blindheit herausgefunden hat. Das ist alles so emotionslos! Also meine Nachbarin Frau Hitzert, die ist nämlich blind und der gehts wirklich gut. Ich guck ihr dann immer zu, wie sie die Straße langläuft. Das ist unglaublich, wie die das alles macht. Also, man sollte doch mal ernsthaft würdigen, was die alles zustande bringen!" Enkel Paul wippt kurz auf dem Sofa auf und ab und bestätigt: „Du hast recht, das finde ich auch, die schreibt gar nicht, was die Blinden so drauf haben. Ich steh' total auf Blinde! Ich habe gerade mit 'Nightball' angefangen, das ist Basketball akustisch, mit Augenbinde[133] – total abgefahren!" Sein Sitznachbar und Freund stimmt begeistert zu: „Ich war neulich in Frankfurt in 'Dinner in the Dark'. Kennste das? Das ist auch toll – ein Dreigängemenü wie beim Stromausfall, nur ohne Kerzen!" Vater Hans unterbricht „Aber das ist doch alles Blödsinn! Was heißt hier würdigen. Ich habe neulich von einem Blinden gehört, der Motorrad fuhr. Mein Gott, dieses dauernde Überbieten-müssen, das wird ja immer schlimmer! Spielen wir jetzt alle 'Wetten dass' und sollen alle dreihundert verschiedene Filzstifte am Geschmack erkennen? Da ist Reinhold Messner ja harmlos dagegen. Bestimmte Sachen lassen sich nicht wegdiskutieren, da kann diese Soziologin noch so viel erzählen. Blind bleibt blind!. Oder soll ich mich jetzt dafür entschuldigen, dass ich sehen kann!" Seine Tochter Marlies erwidert heftig: „Du hast aber auch nichts kapiert! Darum geht es doch gar nicht. Es geht darum, wie Sehende Blinde behandeln. Das hat auch diese Soziologin nicht kapiert. Was glaubst du, was Sehende mit Blinden machen, hä? Die labern sie einfach an der Bushaltestelle an, zerren sie über die Straße, obwohl sie gar nicht auf die andere Straßenseite wollen! Neulich habe ich einen Bericht von einer blinden Schülerin gelesen, die ihr Lehrer vergewaltigte. Und wisst ihr was? Sie konnte es kaum beweisen – von wegen Augenzeugen! Das heißt blind sein!"

Mit der Gesprächsrunde können einige konventionelle, aber auch einige weniger verbreitete Positionen gegenüber Blindheit illustriert werden, die innerhalb der Arbeit nur am Rande erwähnt wurden, da sie alle ontologischen Aussagen über Blinde treffen. Zu den verbreiteten Stellungnahmen gehört die *romantische* Posi-

---

[132] Das Gespräch ist zwar fiktiv, die Äußerungen der Teilnehmer gehen aber sowohl auf Anmerkungen von Sehenden zu meiner Forschung als auch auf Medienberichte zurück.
[133] Die Spieler tragen bei 'Nightball' Glocken an den Handgelenken, und der Ball ist mit Reis gefüllt, hinter dem Korb ist ein Lautsprecher mit Musik angebracht.

tion, die Blinde in einem Zustand von 'stillem Glück' wähnt und damit ein anderes typisches Vorurteil ausspielt, das 'Lichtlosigkeit' mit Einsamkeit assoziiert. Von der romantischen Position wird ebenso die Alltags-Bewältigung von Blinden als eine außergewöhnliche Fähigkeit betrachtet, was allerdings implizit dazu führt, den Alltag von Blinden zu einer fortlaufenden Ausnahmesituation zu erklären. Ähnlich populär ist eine *defizitäre* Position, die Blindheit vor dem Hintergrund medizinischer Kosmologien als Fall eines Sinnesdefektes bestimmt, der entweder zu einer umfassenden Reduziertheit verallgemeinert oder nur auf Defizite innerhalb bestimmter Bereiche bezogen wird. Eine weniger verbreitete Sprecherposition erhebt Blindheit eher zur Kunst. Sie wird als eine andere 'Sinnesprovinz' behandelt, die als Quelle der Inspiration genutzt wird. Man eröffnet ein Spiel mit *Differenzen*, das weniger den Kontakt sucht, sondern sich vor allem neue Erlebnisräume schaffen möchte. Eine vierte Position übernimmt die Rolle von Anwälten und stellt sich hinter bzw. auf die Seite von Blinden. Man agitiert *politisch* im Stil der 'Weisen' und wendet sich scharf gegen die Diskriminierung von Blinden. Das Verteidigungsmandat bestimmt Blindheit damit vorrangig als Leidensweg.

Einer wissenssoziologischen Positionsbestimmung geht es allerdings nicht darum, am Ende der Arbeit alltagspraktische Positionen lakonisch zu kommentieren. 'Der Soziologin' ist es – überspitzt formuliert – nicht vergönnt, solche Zuschreibungen an Blinde vorzunehmen. Es markierte gerade die ethnomethodologische Indifferenz, eine nicht-ontologische Position zu beziehen. Zu Beginn der Arbeit wurden deswegen als einzige Prämissen formuliert, Blindheit nicht defizitär als Körperdefekt zu bestimmen und Blinden keine spezifischen Eigenschaften zuzuschreiben. Die gesamte Arbeit begleitete daraufhin die Frage, was eine wissenssoziologische Position im Gegensatz zu alltagspraktischen und -theoretischen Stellungnahmen gegenüber Blinden kennzeichnet.

Im folgenden Schlußteil wird eine Bilanz gezogen. Hier geht es darum, die Stellen zu markieren, an denen Erkenntnisgrenzen auftauchen, aber auch die Momente zu bestimmen, die Eintritte zuließen, auf deren Grundlage Fortsetzungen bzw. Ausblicke formuliert werden können, um erste Schritte auf spekulativem Neuland zu unternehmen. Rekapituliert werden folglich die Stellen der Arbeit, welche Aufschlüsse darüber zuließen, wo Blindheit als ein kulturelles Phänomen 'sitzt' – bzw. resümiert, wie die Unterscheidung sehend/ blind praktisch hergestellt wird. Es zeigte sich schließlich, dass Blindheit untrennbar mit visuellen Praktiken verwoben ist.

Diese reflexive Beziehung von Blindheit und Sichtigkeit läßt sich mithilfe der Glasaugen-Prothese prototypisch zusammenfassen. Die Prothesen fungieren als

'Kuvrier'- und als 'Schauobjekt', d.h. sie verbergen die Erblindung einer Person, indem sie artifiziell ein Körperteil substituieren, das kommunikative Funktionen vorspiegeln muss: das Auge. Die wesentliche Rolle bei der Herstellung von Bindheit spielen folglich die 'sichtbaren' Funktionen von *Dingen* und *Körpern* – und die auf sie gerichteten Substitutionsstrategien.

Obwohl die anfängliche Suchbewegung der Arbeit von 'dem Körper' als Ansatzpunkt der Untersuchung wegführte, steht er am Ende der Untersuchung damit wieder im Zentrum der Analyse. Vor dem Hintergrund einer phänomenologischen Wende wurde er zwischenzeitlich allerdings nicht als Zeuge sinnesphysiologischer Wahrnehmungen befragt, sondern seine soziale Genese wurde lokalisiert. 'Der Körper' durchlief dabei eine Metamorphose vom Organträger im Behandlungszimmer der Ärzte über das Navigationsinstrument im Mobilitätstraining zum Resonanzraum in face-to-face-Situationen. Als die wesentlichen sinnstiftenden Referenzrahmen für seine unterschiedlichen Erscheinungsformen zeigten sich durchgängig in allen Kapiteln zwei Milieus: *Artefakte* und *Darstellungen*. Die wesentlichen Herstellungspraktiken von Blindheit werden insofern vor dem Hintergrund rekapituliert, wie eine visuelle Ordnung durch Objektwelten (Artefakte) und (Schau-)Bühnen eingerichtet wird.

In dem ersten Teil des Resümées werden deswegen zunächst die Praktiken von Sehenden fokussiert, durch die 'natürliche' Effekte von Oberflächen produziert werden. Die Praktiken Sehender werden dabei in einer naiven Form verfremdet, indem ich ihre Verhaltensweisen auf emotionale Befindlichkeiten und auf 'Glaubensbekenntnisse' zurückführe. Sehende werden daraufhin als eine Ethnie typologisiert, die eine Reihe nahezu 'mythologischer' Eigenschaften pflegen, die vor allem um die Oberflächen von Dingen und Personen kreisen (6.1).

Vor dem Hintergrund visueller Praktiken werden dann die Konstitutionsorte von Blindheit beschrieben. Für die Rekonstruktion nutze ich Beschreibungen Blinder seitens Sehender, die innerhalb der Klassifikations- und Schulungsinhalte der professionellen und alltagsweltlichen Kontexte auftauchten. Um die impliziten Zuschreibungen und Positionsangebote an Blinde zu verdeutlichen, wird zunächst die Sicht der Experten in Form eines Panoramas von 'Blindentypen' rekonstruiert. Im Anschluss wird der 'blindenspezifische' Lehrplan für eine alltagsweltliche Bühne zusammengefasst, mit dem offensichtliche Darstellungen von Personen substituiert werden sollen: Strategien und Effekte des Zeigens und Verbergens (6.2). Es folgt ein kurzer analytischer Teil, der anschließende Forschungsfragen und Ausblicke formuliert (6.3).

## 6.1 Die Welt als Oberflächentableau: Von Sehenden, Schaulustigen und Pedanten

Im Reich der Sehenden erwies sich eine Fülle von Phänomenen als auffallend, die als selbstverständlich gegebene betrachtet werden. Das 'Licht der Welt zu erblicken', wird gleichursprünglich damit behandelt, die Umwelt so wahrzunehmen, wie sie 'tatsächlich' ist: als ein *optisches Tableau*. Dieses Phänomen wird von den meisten sehenden Teilnehmern im Exkurs über die 'Natur des Sehens' mit einer Alltagstheorie erklärt, nach der Umwelt- und Personeneindrücke als ein fertiges Produkt auf die Netzhaut geworfen und 'irgendwie' im Gehirn verschaltet werden. Bei Sehenden handelt es sich demnach offenbar um *Glaubensanhänger* von 'Erscheinungen'. Sie behandeln das, was sich zeigt, einfach als real und bestimmen sichtbare Oberflächen von Lokalitäten, Dingen und Personen als Daseinsgrund. An die Realitätsmacht des Sichtbaren richten sie zudem hohe Erwartungen. Man geht z.B. davon aus, dass Blinden verbrannte Spiegeleier schmecken, „*das merken die eh nicht*", und sie auch vor Gespenstern keine Angst zu haben brauchen, „*die sehen sie ja nicht*" – so zwei Blindenpädagogen. Sehende sind demzufolge auch ziemlich leichtgläubig. Sie gehen davon aus, dass einzelnen Substanzen Eigenschaften *an*haften und durch sie *durch*scheinen. Man muss eben nur genau hingucken. Aber der Schein trügt. Das Offensichtliche von Dingen und Personen ist der Mythos, den Sehende sinnesphysiologisch begründen und naturalisieren.

Eine Beschäftigung mit dem Reich der Sehenden verlangte deswegen, sich den Herstellungspraktiken von Erscheinungen zu widmen. Im Folgenden werden vier soziale Vermittlungsinstanzen skizziert, die innerhalb meiner Untersuchung auftauchten, mit denen 'Offensichtliches' produziert wird. Als Erstes vermitteln materielle Arrangements spezifische Positionsangebote für ihre Benutzer, die vorrangig darin bestehen, sich als 'aussehende Personen' zu präsentieren. Das Design von Objekten übernimmt zweitens navigatorische Aufgaben, die drittens durch Illustrationen von Umgebungen unterstützt werden. Als ein viertes wesentliches sinnstiftendes Moment werden Choreographien des Körpers eingesetzt, um Situationen und Personen erkennbar werden zu lassen.

1.      Eine Betrachtung der *materiellen Infrastruktur* zeigte, dass das Ambiente, in dem Sehende sich bevorzugt bewegen, *Schaubühnen* sind. Urbane Zonen stel-

len ihren Benutzern schließlich allerorten Zuschauer- und Präsentationsbühnen als spezifisches Milieu für Personen zur Verfügung. Bei Sehenden handelt es sich folglich offenbar um *Schaulustige*, bzw. umgekehrt scheinen sie auch elementar auf ein Publikum angewiesen zu sein. Sie vergewissern sich fast überall eines Blickes, und er ist ihnen auch fast überall gewiss, sei es durch Personen, welche die Sitz- und Ausguckorte an einem Marktplatz oder in einem Park nutzen, oder durch eine Person, die eine leicht übermüdete Betrachterin im Spiegel über dem Waschbecken oder dem Beifahrersitz ansieht. Architektonische Anordnungen und Artefakte garantieren folglich zuverlässig Spiegelungsmomente für ihre Benutzer. Im Kontext der Versuchsanordnung für sehende Probanden zeigte sich darüber hinaus, dass eine Fülle von künstlichen Lichtquellen in Privaträumen oder in Bereichen außerhalb von Gebäuden üblicherweise dafür sorgt, dass Personen bei einem Platzregen oder im Winter nicht einfach verschwinden. Sehende sind demzufolge auch ziemlich ängstlich, sie fürchten offenbar, dass eine 'Erscheinung' plötzlich wieder unsichtbar wird. Die Untersuchung der öffentlichen Ordnung der Sinne schloss insgesamt damit, dass eindeutig Kriterien einer sichtbaren bzw. oberflächlichen 'Raumästhetik' präferiert werden. Im Vergleich zu der augenfreudigen Gestaltung mancher Eingangshalle, in der man neben pittoresken Blumenkübeln unter einem Deckenfluter in Zartrosa auf Designerstühlen wartet, bewegt man sich im Feld der Akustika durch weitgehend 'verschmutztes' Terrain.

Architektonische Arrangements wurden in diesem Sinne als 'institutional sigthisms' bezeichnet. Die materiellen Anordnungen schaffen erst ein Wissen um die Bedeutung, die dem Komplex des Sehen-und-Gesehen-Werdens zukommt und eröffnen damit ein weites Feld der Institutionalisierung des Augensinns, mit dem optische Referenzrahmen für Personen organisiert werden. Die Schauplätze bieten aber nicht nur anhaltende Studienmöglichkeiten der Anwesenden. Die architektonischen Anordnungen nötigen ihre Benutzer gleichzeitig in Beobachtungspositionen: Die *Omnipräsenz* von Blicken wird evoziert.

Als eine besondere Blick-Choreographie erwies sich die übliche Anordnung von Sitzmobiliar: Die Teilnehmer lassen sich zurechtrücken. In der Regel folgen Sehende der dramaturgischen Vorgabe von Sitzordnungen, und man platziert sich an Tischen im Rund oder im Karree stets vis-à-vis. Die Settings vermitteln eindringlich die Bedeutung, die der Gesichtsfront einer Person zukommt, sie setzen einen Spot auf ihre Kopfvorderseite. Sehende werden damit im Wesentlichen als 'Gesichtsträger' bestimmt. Die Möbelordnungen instruieren aber nicht nur, was es zu betrachten gibt, sondern ebenso, wo es nichts zu sehen gibt: Personen werden versteckt. Toilettenkabinen errichten z.B. speziell für Frauen einen Sichtschutz, die wie ein Beichtstuhl in der Kirche die Beichtenden von den anderen Besuchern abschirmen. Die materiellen Arrangements vermitteln ihren Benutzern demzufolge elementare 'sightisms', d.h. Strategien des Ausrichtens, Zeigens und Verhüllens, und sie nötigen Personen umgekehrt in spezifische 'Benutzerpositionen' (Hirschauer 1999b: 9). Im Moment des Gebrauchs von Artefakten wird demnach ein bestimmtes 'Normalprogramm' des Körpers vollzogen. Die Standards einer 'aussehenden Person' haben sich materialisiert bzw. sie werden reflexiv über Artefakte (re)produziert.

2.      Dinge werden aber nicht nur dafür verwendet, bestimmte Beziehungsfelder einzurichten. Die Gestaltung bzw. das *Design* von Artefakten verweist auf eine zweite sinnstiftende Aufgabe: Sie werden zu stilbildenden Medien, die dazu verhelfen, bestimmte 'ästhetische' Vorlieben zu verdeutlichen. Die meisten Sehenden scheinen dabei Wert darauf zu legen, als *Anhänger einer Linienfeldmesskunst* erkannt zu werden. Ihre geometrische Gestaltung von Dingen erscheint angesichts der hohen Verbreitungsdichte schon als eine 'Urbauform': Von der Milchschokolade bis zur Sitzfläche eines Stuhls schätzt man die Ordnung des Quadrats. Sehenden haftet damit ein Hauch von Pedanterie an. Wie ein klischeehafter Bürokrat einen Bleistift rechtwinkelig auf der Schreibtischablage platziert sehen möchte, wird fast die gesamte materielle Oberflächenstruktur von Straßenzügen, Häuseranlagen und Wohnzimmereinrichtungen scheinbar zwanghaft geometrisch zurechtgerückt.

Bei den ästhetischen Präferenzen handelt es sich demnach gleichzeitig um eine elementar ordnungsstiftende Technik für Sehende. Die Gestaltung von Objekten bildet ein sinnstiftendes Milieu, mit dem Sehende sich räumlich orientieren. Dementsprechend ärgerlich reagiert unser Bürokrat, wenn er feststellt, dass der Stift auf dem Schreibtisch quer liegt, da sein Ordnungssystem unterlaufen wurde. Aber auch der Feststellung von 'quer' liegt noch die geometrische Kartierung der Tischfläche zugrunde. „Unser Blick hat sich domestiziert. Er ist gerade und liebt die Gerade. Er ist beheimatet im Koordinatensystem der Ordnung" (Boeser 1981: 221). Die Gestaltung von Artefakten übernimmt für Sehende folglich wesentliche Navigationsfunktionen, indem das Design von Dingen eine 'räumliche Grammatik' für Betrachtungen erzeugt.

3.      Sehende sind aber bezüglich der Betrachtung von Dingen anscheinend auch ziemlich *misstrauisch*. Es könnte ja passieren, dass eine Person doch 'schräg' auf die Häuserwand und den Pfosten sieht. Nicht zuletzt die taktilen Karten des Mobilitätstrainings verwiesen darauf, dass eine exakte Sicht auf Lokalitäten unter Sehenden deswegen genau dokumentiert wird. Man schafft sich ein drittes Milieu, innerhalb dessen Offensichtliches fixiert werden soll: Man will es

schwarz auf weiß haben. Sehende erstellen ein umfangreiches Gedächtnis von synthetischen oder gezeichneten *Abbildungen*, die einen Überblick über Betrachtungen stiften sollen. Darstellungen von Lokalitäten wie Stadt- oder Gebäudepläne sind dabei erst der Anfang. Die Bilddichte, die eine Person durchschnittlich in ihrem Leben trifft, dürfte bei mehreren Millionen Darstellungen liegen (Duden 1995). Sehende sind eben Liebhaber von Oberflächen. *Kartierungseuphorisch* werden alle möglichen Phänomene in eine Form gebracht: Die Weltbevölkerung wird zum Balkendiagramm, ein Fußgänger zum Piktogramm, eine Brezel zum Hologramm im Schaufenster des Bäckers. Die Darstellungen können aber nicht nur Personen oder Gebäude miniaturisieren. Sie können sogar Unsichtbares sichtbar werden lassen. Ob eine Milbe im Staubsaugerbeutel hängt oder Spliss im Haar vorliegt: Eine Makroaufnahme verrät es. Man kann alles sichtbar machen. Das wissen insbesondere Blinde. Das medizinische Personal demonstrierte, dass auch ihr 'Nicht-Sehen' optisch darstellbar ist: Artefakte wie Perimeterbögen, Computertomographien und Spaltlampenmikroskope illustrieren, was die Patienten sehen bzw. nicht sehen und wo der Schaden sitzt. Auch im Falle von Blindheit orientiert man sich an Krankheits*bildern*.

'Bilder' sind nun aber nicht selbstredend. Ihr Verständnis muss erworben werden, worauf die Untersuchung des ärztlichen Blicks auf den Perimeterbogen ebenfalls verwies. Mit einem etwas bizarren Beispiel aus den 20er Jahren lassen sich exemplarisch die Schulungseffekte von 'Bildmaterial' im Alltag illustrieren. In einigen Schuhgeschäften tauchte damals ein Röntgengerät auf: das *Pedoskop*. Es ermöglichte den Kunden, die Lage ihrer Skelettzehen im Schuh zu betrachten: „Sie mögen noch so sehr das Gefühl haben, Ihr neuer Schuh passe gut. *Sicher* sind Sie erst, wenn Sie den Sitz in meinem 'PES-Durchleuchtungsapparat' geprüft haben" (zitiert nach Domann 1997: 26). Der Fuß wird hier nicht mehr 'gefühlsecht' gespürt, sondern seine Lage im Schuh wird durch ein Visualisierungsverfahren 'sichtbar' gemacht. Die einzelnen Bildmedien geben demnach spezifische Rezeptionsanweisungen, wie etwas betrachtet werden soll, und sie werden gleichzeitig zu 'Blickprothesen' der Betrachter. Sowohl Röntgenblicke auf den eigenen Zeh als auch holografische Blicke auf eine Brezel werden zu *Wahrnehmungsroutinen* der modernen Blickgemeinschaft.

An dieser Stelle öffnet sich eine Untiefe im Reich der Sehenden. Der Dialog zwischen den Dingen und ihren Betrachtern scheint ein existentielles Gespräch zu sein. Sowohl die Gestaltung der Artefakte als auch die Schulung des Blickes ergeben eine spezifische Grammatik: Illustrationen vermitteln eine bestimmte Betrachtung von Dingen, die sich wiederum reflexiv auf die Gestalt von Artefakten beziehen (vgl. dazu auch: Lynch 1990). Das Sehen von Dingen und Umgebungen kann demnach nicht als ein natürlicher Reflex verstanden werden, sondern wird als ein grundlegend sozial vermitteltes Phänomen erklärungsbedürftig. Zusätzlich zu der Erforschung wissenschaftlicher Visualisierungsverfahren bedeutet das, die Ärmel hochzukrempeln und das selbstverständliche Raumverständnis von Sehenden im Alltag zu ergründen.

4.      Es gibt aber noch eine ganz andere Seite der räumlichen Infrastruktur zu beachten. Sehende werden nicht nur architektonisch in Beobachtungspositionen gelockt, von Möbeln zurechtgerückt und auf geometrische Räume geeicht. Innerhalb der architektonischen Anlagen müssen sie unvermeidbar die zahlreichen Bühnenflächen auch bespielen. Diese Aufgabe führt zum vierten Milieu, in dem Offensichtliches erzeugt wird: die *Choreographien* des Körpers. Die dramaturgischen Vorgaben für Schaubühnen scheinen insgesamt sehr streng zu sein. Die Akteure benehmen sich bei ihren Auftritten schließlich fast schon *zwanghaft*. Sie haben offenbar Angst ausgeschlossen zu werden, weswegen sie mehr oder weniger diskret ständig versuchen, Blickkontakte mit den anderen Anwesenden zu halten. Zudem scheinen sie darum zu fürchten, ihren Auftritt zu verpassen oder sich daneben zu benehmen. Wissbegierig versuchen sie unablässig herauszufinden, welches Stück die anderen gerade spielen und welcher Rollenpart ihnen dabei zukommt. Der Laborversuch zu Täuschungsmanövern von Personen zeigte, dass Betrachter dafür akribisch jedes Detail, das die Oberfläche der anderen Darsteller preisgibt, für Zuordnungen von Personen nutzen: von der Körpergröße bis zum gelben Schnürsenkel.

Vor allem *lauern* Sehende dabei auf die Körperbewegungen der Mitspieler. Sehende müssen anscheinend ständig unter Strom stehen, da sie eine fortlaufende Bewusstseinsspannung für die *Körper* der anderen im Raum erzeugen. Dabei sind gerade die Bewegungen vieler Sehender ziemlich eigenartig: Man wirft den Kopf in den Nacken, lehnt mit einem Bein an einer Theke und küsst sich auf die Handrücken. Es handelt sich dabei aber offenbar nicht um Gymnastikübungen. Eine Praktikantin im Chor einer Schule demonstrierte eindringlich, dass es selbst bei einer aufwendigen Bewegungskoordination nichts zu lachen gibt. Richtig zufrieden wirken die Beteiligten aber erst, wenn die Körperübungen abwechselnd ausgeführt werden: Auf einen Kopfwurf folgt z.B. die Reaktion, eine Augenbraue hochzuziehen und nett zu grinsen, woraufhin die andere Person wiederum den Kopf schräg hält und lächelt. Während dieses Bewegungsspiels gibt es schließlich noch eine merkwürdige Regel zu beachten: Man darf keinesfalls benennen oder kommentieren, was der andere gerade macht. Im Gegensatz zu jeder anderen Sportart sind Bewertungen wie: „Die Kopfdrehung war ja ganz gut, aber das einbeinige Anlehnen war ein wenig dilettantisch!"

streng untersagt. Es müssen offenkundig furchtbare Dinge geschehen, wenn dieses Sprechverbot gebrochen wird. Augen-, Hand- und andere Körperzeichen dürfen nur ein pantomimisches Echo erhalten. Man darf währenddessen aber zumindest über andere Dinge sprechen – eben nur nicht über das, was sich zeigt. Das wissen wiederum insbesondere Blinde.

Endlos gepflegt werden von Sehenden demnach Strategien des Zeigens, Verhüllens, Entbergens, Sichtbarmachens. Die Notwendigkeit einer sozialen Resonanz bei der 'Zeichenarbeit' erwies sich dabei als fundamentale symbiotische Bindung der Beteiligten. Eine Augenbrauenbewegung, ein Spiel mit dem Standbein kokettieren publikumsbewusst mit einer Rückmeldung, d.h. sie bieten eine Betrachtungsposition an, die das Gegenüber entsprechend annehmen oder zurückweisen kann. Erst wenn eine sichtbare Reaktion auf die Augenbrauenbewegung folgt, können sich die Beteiligten als spezifische Teilnehmer der Situation verorten. Sehende schließen demnach einen wesentlichen Vertrag untereinander: Alle Teilnehmer werden grundlegend *blickverpflichtet*, um inter-agieren zu können. Als bedeutendste Rückkopplungszone des Körpers zeigte sich dabei das Gesicht einer Person. Insbesondere beim Anblicken benehmen sich Sehende fast wie *Hypnotiseure*. Man bannt sich gegenseitig in lieblichen, tödlichen und stoischen Blicken, man verschränkt sich wechselseitig in einer mehr oder minder anhaltenden Umarmung der Augen. Das 'interface' erwies sich entsprechend als ein multikomplexes Feld, in dem Sehende fast alle grundlegenden Abläufe von Situationen abwickeln: Kontaktanbahnungen werden eingeleitet, die Anwesenheit einer Person bestätigt, Beachtungen abgegolten, Formen des Selbstausdrucks und sichtbare Kommentare zu diskursiven Äußerungen platziert, Sprecherwechsel initiiert, Abschlusssequenzen gebildet etc. Die „Gesichtsfeldbeziehung" (Schütz 1972: 148) wird folglich zu der zentralen Eröffnungsund Rückkopplungszone sozialer Situationen.

Sehende sind aber scheinbar auch ziemlich *müde*. Man sehnt sich wohl nach einer blickfreien Zone, in der sie die Verpflichtung, als Resonanzkörper anderer agieren zu müssen, endlich einmal ablegen können. Nicht von ungefähr sprachen zahlreiche Mobilitätstrainer davon, ihre Ausbildungszeit unter der Augenbinde so genossen zu haben, weil sie ausgedehnte Zeiten einer 'Blickruhe' hatten. Manche der Trainer befiel im Gegensatz dazu aber auch eine regelrechte Panik. Es scheint, dass Sehende ohne Blickkontakte auf Dauer auch nicht sehr glücklich sind. Ohne die Möglichkeit, sich im Blick der anderen zu vergewissern, gibt es offenbar kein haltendes Umfeld mehr, man irrt angebots- und echolos auf einem leeren Spielfeld umher. Es droht damit offenbar die Gefahr, in sich zusammenzufallen. Um diesen schmerzhaften Prozess des Zusammenbruchs eines kohärenten Selbst*bildes* wissen vor allem Späterblindete. Bei dem 'Gegenblick' handelt es sich folglich um eine existentielle Rückversicherungsinstanz für Sehende: Das „looking glass self"[134] bildet das Herzstück ihrer visuellen Identität.

Am Ende lässt uns die Welt der Sehenden mit einigen Fragen zurück. Bei einer interaktiven Darstellung als Zentrum interaktionistischer Rückkoppelungen handelt es sich offensichtlich um eine hochkomplexe szenische Vitalisierung optischen Wissens (Hirschauer 1994: 675). Faszinierend sind dabei die reflexiven Bindungsmechanismen der Akteure: Ein Gesichtsausdruck bleibt solange eine asoziale Technik, bis die betrachtende Person eine Resonanz erzeugt und sie damit den Gesichtsausdruck strenggenommen erst vollzieht. Reziprozitätserzeugungen werden damit zu elementar situierten Akten, mit der fast alle interaktiven Aufgaben zu einem erklärungsbedürftigen Phänomen werden: von der Herstellung der Anwesenheit von Personen, der Zuordnung von Personen bis zu Verweisungszusammenhängen zwischen diskursiven und nonverbalen Zeichen. An dieser Stelle können eine Reihe von Mikrosoziologen die Ärmel hochkrempeln, um der reflexiven Natur von Praktiken und der 'Tiefe von Blicken' auf die Spur zu kommen. Noch grundlegender bleibt daran anschließend die Frage zu klären, was eine Reziprozität der Teilnehmerperspektiven eigentlich ist: Woran partizipieren Teilnehmer als Teilnehmer eigentlich?

---

134 Cooley spricht im Zusammenhang seiner Theorie der Ich-Identität von einem „looking glass self" (Schubert 1995: 11): „Der Handelnde kann sein Selbst aus der performativen Einstellung des 'interlocuters' wahrnehmen" (ebd. 301). D.h. 'das Selbst' kann erst innerhalb von face-to-face-Interaktionen wahrgenommen werden und ist dadurch kein 'ungebundenes Selbst' uneingeschränkter Autonomie gegenüber gesellschaftlichen Bindungen (ebd.: 11).

## 6.2 Ein Panorama von Blinden: Von Hybriden und Schaustellern

Vor dem Hintergrund einer visuellen Infrastruktur, die von leichtgläubigen An-
hängern von Oberflächen, von Spielern, die fortlaufend nach sichtbaren Resonanzen suchen, und von Hypnotiseuren, die den Blick der anderen bannen,
bevölkert wird, könnte man vermuten, dass der Kontakt mit Blinden für Sehende mehr als irritierend wirkt. Das trifft aber nur bedingt zu. Strenggenommen gibt es im Reich der Sehenden nämlich keine Personengruppe, die blind in
dem Sinne ist, dass sie visuelle Praktiken vollkommen ignoriert. Es gibt 'Nichtsehende', d.h. Personen, die 'irgendwie' auch auf ein Sehen ausgerichtet sind.
Die Untersuchung der professionellen Einstufungs- und Trainingsbereiche von
Blindheit zeigte folglich, dass Blinde unmittelbar 'eingemeindet' werden: Die
Bewertungspraktiken bestimmen Blindheit als ein optisches Handicap. Die eigentliche Eingemeindung erfolgt allerdings erst, wenn Blinde einigen Auflagen
der professionellen und alltagsweltlichen Trainings folge leisten. Auf deren Cur-
ricula steht ganz oben auf der Liste vor allem eines: Substitution. Die Ausgleichs-
strategien für Blinde, welche Experten und Laien vermitteln, verbindet dabei
eine ausnehmend sachliche Note. Sie nehmen eine 'Objektualisierung'[135] von
Nichtsehenden vor, indem sie im wesentlichen zwei (sozial-)prothetische Fest-
legungen von Blindheit vornehmen: Spezifische Umgangsformen mit Artefakten und mit dem Körper. Diese 'anderen' Mittel sollen Blinden ermöglichen, als
'Gleiche' – nämlich als Sehende – zu erscheinen. Die Objekte, Körper und Benutzer, durchlaufen dabei einen mehrfachen Umdeutungsprozess, der allerdings,
wie die Untersuchung der face-to-face-Situationen gezeigt hat, beide Seiten am
Ende etwas unglücklich aneinander bindet.

Die erste Substitutionsstrategie, die Blinden in einer visuellen Infrastruktur
'nahegelegt' wird, ist ein spezifischer Einsatz von Artefakten. Der Katalog für
Hilfsmittel für Blinde und Sehbehinderte verdeutlichte, dass ihre Verwendung
nicht nur beinhaltet, punktuell Artefakte einzusetzen, die als ein besonderes

---

[135] Knorr-Cetina (1998) beschreibt mit 'Objektualisierung' eine erweiterte Form von Sozialität,
die materielle Objekte einschließt. Eine 'Objekt-zentrierte Sozialität' nimmt ihrer Auffassung nach
in einer post-traditionalen Wissensgesellschaft eine zunehmend identitätsstiftende Rolle ein. Soziale Bindungsverluste ziehen eine Ausbreitung Objekt-zentrierter Umwelten nach sich, die „das
Selbst situieren und stabilisieren" (ebd.: 84). Die grundlegende Idee von Knorr, Dinge als identi-
tätsstiftendes Moment wesentlich stärker in Untersuchungen mit einzubeziehen, wird für die
Beschreibung der Trainingskontexte von Blindheit aufgenommen. Die Positionsangebote für
Blinde über Objekte werden allerdings rein praxeologisch skizziert und nicht, wie bei Knorr, vor
dem Hintergrund einer quasi-psychologischen Beziehung zu Objekten im Anschluss an Lacan.

Werkzeug dienen, wie eine Schere für Linkshänder. Blindsein beinhaltet vielmehr, einen ganzen Paradigmenwechsel zu vollziehen und Artefakte grundlegend umzuwerten: Man lebt in einer bzw. mehreren anderen 'Dingwelten' als Sehende. Im Gegensatz zu pittoresken Blumenkübeln und Designerstühlen sind in der Wohnung eines Blinden deswegen allerorten *Instrumente* zu finden: Vom taktilen Barometer und Temperaturanzeiger an der Wohnzimmerwand, die dazu verhelfen, exakte Wetterprognosen zu treffen und damit die Auswahl der passenden Tageskleidung, bis hin zum 'Lichtdetektor' im Kleiderschrank, der die Farben der Socken akustisch bestimmt, oder dem 'Randwächter', der auf die Flüssigkeitsmenge in einem Trinkgefäß durch einen Pfeifton hinweist.

Die Hilfsmittel definieren ihre Benutzer folglich als *Anwender von Messtechniken*, die sich mit informationsbeschaffenden Artefakten umgeben, deren Programm akustisch oder taktil vermittelt, was es zu wissen bzw. zu sehen gibt: Wolken oder cremefarbene Pullover. Die Inanspruchnahme der Artefakte sichert Blinden dabei einerseits eine gewisse Autonomie in Bezug auf alltägliche Verrichtungen, sie führen die Benutzer andererseits aber auch in eine spezifische Abhängigkeit: Wenn die Batterie eines Gerätes ausfällt, muss man im Zweifelsfall den Regenschirm und den Sonnenhut einpacken und Hindernisse wieder eigenhändig ertasten.

Neben diesen Instrumenten tauchte im Mobilitätstraining eine zweite Form von Dingen auf, die im Gegensatz zu Artefakten wie dem Barometer und dem Lichtdetektor nicht nur als 'externe Sehprothesen' dienen. Die Prothesen des Mobilitätstrainings sollen durch bestimmte Trainingsformen zum Teil des Körpers der Klienten werden. Die Effizienz des Selbsttransports kann nach Auffassung der Trainer entschieden gesteigert werden, wenn Artefakte nicht nur als Instrumente, sondern als Körperglieder eingesetzt und 'inkorporiert' werden. Auf einzelne Funktionen von solchen *'Phantomgliedern'* verwiesen die Beschreibungen der Trainer: Ein Artefakt wie der Langstock ist das 'verlängerte Auge', der elektronische Hindernismelder 'Ultra-body-guard' der erweiterte Arm, der Chip auf der Netzhaut wird zum inkorporierten neuronalen Substitut, der selbst minimale optische Signale vernetzt. Die Benutzer werden folglich in die Position von technischen *Hybriden* versetzt – allerdings nur, wenn sie die Übungen des Trainings erfolgreich absolvieren. Für manche Klienten bleibt der 'Wentz' schlicht ein Stock.

Ob hybrid oder nicht trifft man als Navigierender dann 'draußen', d.h. außerhalb des eigenen Körpers und außerhalb der eigenen Wohnung, auf die dritte wesentliche Gattung von Dingen: die *Navigationsbojen*. Ob Litfasssäule, Blumenrabatte oder Jägerzaun: Es zeigte sich, dass alle Artefakte, die während des

Selbsttransportes auftauchen, ausschließlich als Informationsträger für die eigene Orientierung genutzt und streng nach Navigationsfunktionen klassifiziert werden. Im Reich der *Navigauten* existieren ausschließlich Richtungsgeber oder Standorthinweise. Die 'Gestalt' von Dingen wird dabei sekundär. Es ist gleichgültig, ob es sich um einen blumenbemalten Mülleimer oder einen Plastikmüllsack handelt: Beides eignet sich als Orientierungspunkt. Sogar Personen werden innerhalb des Trainings als Objekte deklariert, wie der Trainer auf dem Hindernisparcours, der von einem Klienten als Pfosten registriert wird, den es zu umlaufen gilt. Strenggenommen ist die Funktionalisierung von Dingen allerdings nur vordergründig, bei genauer Betrachtung wurde eine essentielle Bindung zwischen Dingen und Klienten deutlich: Objekte werden zu ihren orientierungssichernden Begleitern. Anstelle kommunikativer Beziehungen mit Passanten treten kommunikative Beziehungen mit Dingen als „objektzentrierte Sozialformen" (Knorr-Cetina 1998: 83), die dementsprechend ein anderes Handlungsprogramm beinhalten.[136] Artefakte werden zu Navigationsbojen und Gesprächspartnern zugleich. Eine Bordsteinkante z.B. wird zum 'guten Freund', mit dem man sich anhaltend unterhält, während sie sicher geradeaus begleitet, kopfhohe Schilder und Sperrmüll sind eindeutig Feinde, die blindentechnisch wenig bis gar nicht gesicherte Baugrube ist der Erzfeind, den man meiden sollte. Blinde des Trainings sind demnach nicht nur *Freunde von Dingen*, sondern zwingend auch *Stadtmenschen*. Navigierende bedürfen eines Umfelds von Bordsteinkanten, Pfosten und lärmenden Kirchturmuhren, die geradeaus leiten oder eine Richtung angeben – und damit werden Blinde als *Materialisten* definiert, die sich mit Dingen umgeben müssen.

Ebenfalls im Mobilitätstraining tauchte dann noch eine vierte Form von Artefakten auf, die sich doch um die Gestalt von Dingen kümmert: die *Anschauungsobjekte*. Dinge und Gebäude werden 'blindengerecht' nachgebaut und 'illustriert'. Die taktilen Substitute sollen nach Auffassung der Trainer An- und Übersichten ermöglichen und als Vorstellungsprothesen fungieren. Mit der Kenntnis von Grundrissen müssten dann idealiter die ersten Schritte bei der Überquerung einer Straßenkreuzung beim Klienten eine charakteristische An-

---

[136] Latour pointiert die handlungskonstituierenden Effekte von Artefakten mit dem Begriff „Aktant" (1998: 35). Sein Ausgangspunkt für die Analyse des 'Wesens' von Dingen beschreibt er folgendermaßen: „Jedes Artefakt hat sein Skript, seine 'Gewährleistung', dieses Potential, den Vorübergehenden aufzuhalten und ihn zu zwingen, in seiner Geschichte eine Rolle zu übernehmen" (ebd.: 32). So bestechend sein Ansatz für eine Soziologie der Objekte ist, so wenig unmittelbar lässt sich seine Netzwerkanalyse von Akteuren und Aktanten und sein handlungstheoretisches Konzept in die ethnomethodologische Ausrichtung meiner Arbeit integrieren. Eine weiterführende Anbindung werde ich deswegen innerhalb des Rahmens dieses Schlussteils nicht vornehmen.

ordnung von Dingen ins Gedächtnis rufen: 'Eine T-Kreuzung!'. Die 'inneren Landkarten', die von der Form einer Kreuzung bis zur Position einer Tür in einem Gebäudetrakt reichen, zeigten sich für die Klienten jedoch häufig als unverständliche Steuerungshilfe. Für manchen Klienten stimmt die Illustration einer Straße auf der taktilen Karte nicht mit ihrer tatsächlichen Begehung überein: Die Durchquerungszeit wirkte entschieden länger, als der taktile Strich auf dem Plan vermuten ließ.[137]

Die taktilen Karten erwiesen sich als visuell infiltriert. Auch wenn auf einer taktilen Karte Linien oder Kreise erhaben abgebildet werden, liegt ihr als sinnstiftendes Gestaltungsprinzip weiterhin eine Kartierungstechnik zugrunde, mit der optische Erfahrungen organisiert werden: Bilder sind eben Beschreibungssysteme. Das Positionsangebot für Blinde besteht dementsprechend darin, ein *Fremdsprachenpatchwork* zu erwerben, das wenig an ihre eigenen Erfahrungen anschließt und noch weniger sinnhafte nicht-optische Ordnungsmuster bereitstellt. Das Gleiche gilt übrigens für taktile Personendarstellungen. Einer Darstellung von Personen in Form einer erhabenen Silhouette liegt eine Emblematik zugrunde, die für Piktogramme Sehender verwendet wird. Genau für die enthalten sie wohl auch eine Information. Für Blinde sind diese Illustrationen eher nur bedingt hilfreich. Personen sind allerdings für Blinde im Reich der Dinge auch von vollkommen nachgeordneter Bedeutung. Man lebt schließlich im Reich der Instrumente und Navigationsbojen.

Die Domäne der Dinge ist damit allerdings noch nicht vollständig. Das zweite Paket von Substitutionsstrategien bezieht sich auf den *Körper*, der ebenfalls zu einem besonderen Hilfsmittel versachlicht wird: Er wird in die Welt der Artefakte platziert. Im Mobilitätstraining und LPF-Training[138] wurde deutlich, dass Körper gezielt als Funktionseinheiten eingesetzt werden sollen, indem für jeden motorischen Einsatz ein Handlungsprogramm bzw. eine *'Technik'* entworfen wird. Ihre Anwender werden dabei allumfassend als *Technokraten* bestimmt. Vom Schälen eines Apfels, dem Aufgreifen eines Taschentuchs bis zum akusti-

---

[137] Der Modus operandi für Blinde während der Navigation ist demnach eher zeitlich strukturiert. Dementsprechend könnten Medien angedacht werden, die auch mit einer zeitlichen Struktur arbeiten. Eine Karte könnte z.B. eine Analogie zwischen der Tast- und Durchquerungsdauer einer Lokalität bilden. Erst dann machen Überlegungen Sinn, die die Tastmöglichkeiten eines Fingers physiologisch zu ergründen suchen (Lehmann 1993). Der entscheidende Punkt, den eine Darstellung berücksichtigen müsste, ist folglich nicht der, eine blindengerechte 'Übersetzung' von Bildern erreichen zu wollen. Es geht darum, ein Medium zu entwickeln, das einen nicht-optischen Erfahrungsmodus wiedergibt.

[138] Das Training wurde innerhalb der Arbeit nur am Rande bzw. einmal explizit im Kontext des Mobilitätstrainings erwähnt, bei der Übung des Eisessens beschrieben.

schen Bestimmen einer Ampelphase[139]: Bewegungsabläufe werden nach einem
tayloristischen Modus durchstrukturiert, was anschaulich die Übungsstunde des
Eisessens demonstrierte. Der Klient lernte, sein Eis in einem Acht-Sequenzen-
Takt zu essen. Jede Handbewegung wird mikroskopisch studiert und präzise
benannt: Wie die Einstichstelle für den Löffel, wie seine waagrechte Position
bestimmen? Das Eisessen entwickelte sich zu einem stoischen Pflichtakt aus
Dreh- und Abschiebetechniken.

Das gleiche Prinzip wird von den Trainern für Bewegungsabläufe angewendet, die den Selbsttransport ermöglichen sollen. Die Trainingseinheiten demon-
strierten, dass auch die Fortbewegung exakten choreographischen Auflagen
unterzogen wird. Für die Klienten entsteht ein 'Tanz' auf einem geometrischen
Gittersystem: Man mäandert oder folgt einer Leitlinie, immer geradeaus, notwendige Abweichungen werden nur in Form von exakten Achteldrehungen
vollzogen, möglichst mit 'Basistechniken' des Körperschutzes bis zum nächsten
Stop an der Ampel, an der sich der Langstockkörper wieder zusammenzieht und
eine korrekte akustische Phasenmessung vornimmt. Die Sicherung der eigenen
Fortbewegung nötigt dabei zu Pedanterie. Eine Vierteldrehung zuviel könnte
schließlich auf eine völlig falsche Fährte führen, d.h. man bestraft sich selbst im
Falle einer Abweichung.

Mit der Platzierung des Körpers zwischen Dingen wird dem Klienten gleichzeitig ein bestimmtes Raumkonzept vermittelt. Die Trainer beschrieben 'Räume'
als Ergebnis von Wahrnehmungen. Nicht-optische Eindrücke seien durch
Flüchtigkeit gekennzeichnet, optische durch Konstanz. Um die als naturgegeben
betrachtete optische Wahrnehmung von Umgebungen zu substituieren, müssen
Blinde deswegen Ersatzräume aufbauen: Man errichtet einen blindengerechten
Nischenplatz in das optische Panorama. Die Trainer instruierten die Klienten,
dafür zunächst ein Objekt zu bestimmen, auf das sie sich jederzeit rückbeziehen
können wie einen Keks, der am Eisbecherrand liegt, oder eine Bordsteinkante,
die geradeaus leitet. Von diesen Haltepunkten lässt sich dann ein Miniaturumum-
feld konfigurieren, das Stabilität und Sicherheit garantieren soll. Die Berührung
von Dingen wird damit zu einer existentiellen Verbindung und Blinde zu elementar Objektabhängigen erklärt: Ohne Dinge befinden sie sich in einem Zustand der Raumlosigkeit bzw. umgekehrt sichern Artefakte erst ihre räumliche

---

[139] Überspitzt formuliert hat man als Blinde/r alles trainiert. Eine blinde Person wird in einem
Landesbildungszentrum schließlich neben den fachlichen Ausbildern des Schul- oder Berufsbe-
reichs im Bestfall von *zwölf* 'Coaches' unterrichtet und geprüft: Von einem Mobilitätstrainer, einer
LPF-Trainerin, einer Motopädin, einem Tontherapeut, einer Tanzpädagogin, drei bis vier Erziehe-
rinnen, gegebenenfalls einer allgemeinen Psychologin und einer medizinische Betreuerin der
Krankenstation.

Existenz. Damit wird der Blindenraum als 'Kleinraum' definiert. Man bewegt sich nicht durch Lokalitäten, sondern innerhalb des eigenen Raums, der folglich permanent aufrechterhalten werden muss. Sobald die Bewegung stoppt, erlischt auch das Umfeld.

Die Welt des Trainings ist damit eine Welt der Gebrauchsanweisungen. Wie PC-Onlinedienste, Handbücher für chirurgische Handgriffe oder die gemeine Bedienungsanleitung eines Kühlschrankes führt die Versprachlichung von Bewegungen zu einer amtsdeutschen Versachlichung der Tätigkeiten, die mühsam mit Richtungsangaben kämpft und um Worte ringt, mit denen Merkmale von Dingen bestimmt werden können. Für die Anwender beinhalten die Anleitungen dabei eine etwas undankbare Position: Die konkreten Personen verschwinden hinter Aktionen und Dingen und werden durch den Zustand einer 'Betriebsbereitschaft' ersetzt – es geht primär um den Löffel, der durch eine bestimmte Greifmotorik bewegt werden soll. Die Umsetzung von Gebrauchsanweisungen führt damit letztlich zu einer Selbstversachlichung. Blinde werden zum *Ausführungsorgan* spezifischer 'Anliegen' von Artefakten. Der Eisessende wird in einem Reich der Dinge platziert, die ihn führen: Der Löffel dreht und schiebt, er stochert, fällt und kleckst.

Diese Disziplinierung des Körpers beinhaltet neben der egozentrischen Ausführung einer Technik aber auch einen kommunikativen Aspekt: Die Bewegungsabläufe sind nicht nur an Dingen, sondern ebenso an einem Publikum orientiert. Während der Trainingszeit sind zunächst die Trainer die Adressaten der Aktionen. Der kommentierende Blick der Trainer ruht schließlich auf allem, was die Klienten tun: vom Zähne putzen, Schrank aufräumen bis zum Bratwurst essen. Die Unterrichtssituation versetzt damit bildlich gesprochen beide Seiten in das Szenario einer Realityshow im Stil der „Big Brother"-Serie. Man sitzt permanent hinter einem Einwegspiegel. Die Live-Schaltung gestaltet sich gegenüber den ersten Realityshows sogar noch umfassender: Die Klo- und Duschräume sind nicht ausgespart. Es ist folglich Teil der Übungen, dass die Klienten sich sukzessive an die Betrachtung und Fremdsteuerung der eigenen Verrichtungen gewöhnen. Dolmetschend und moderierend vermitteln die Trainer den Klienten Bewegung für Bewegung, was ihre Hände und Arme bzw. die Dinge um sie herum eigentlich gerade tun.

Irgendwann verwandelt sich die Daueranimation der Trainer dann in eine Selbstbezichtigung. Die Supervision durch die Trainer wird zur Intravision der Klienten und damit zu einer Mnemotechnik, die ihnen ermöglichen soll, ihr Publikumsbewusstsein weniger leicht zu verlieren und die eigenen Aktionen insbesondere bei öffentlichen Anlässen dauerhaft zu kontrollieren. Die Körpererziehung des Trainings zielt dabei zwar im Wesentlichen auf die Disziplinierung des Tischabschnitts.[140] Die Klienten wurden schließlich nicht angewiesen, eine Pause während des Essens vorzunehmen, um sich als Genussmensch zu präsentieren. Entscheidend ist, die waagrechte Löffelhaltung zu bewerkstelligen. Sie sollten aber zumindest einige Grundregeln der Hygiene bzw. des Anstandes beherrschen und eben nicht klecksend am Tisch sitzen. Der Adressatenkreis der Aktionen wendet sich: Die Techniken werden auf Publikumsbetrieb eingestellt. In vielen Situationen wissen Blinde nun aber nicht, wer außer ihnen noch anwesend ist. Eine Verhaltensanpassung beinhaltet deswegen eher, sich auf ein virtuelles Publikum auszurichten – oder man substituiert das Nichtwissen darum, wer anwesend ist, durch ein ganz persönliches Panoptikum der eigenen Ausbildungskarriere. Und da sitzen sie dann, an den anderen Tischen in der Eisdiele: Die LPF-Trainer und Therapeuten, und sie flüstern den Text, den Text über weißes Zitroneneis.

Die Sitzplätze neben dem persönlichen Schattenkabinett bleiben aber nicht lange virtuell – ein Nachdenken über potentiell Anwesende wird richtig erst außerhalb des Trainings angestoßen: in der Welt der Schaubühnen. In Alltagskontexten erwartet Blinde folglich ein weiteres umfangreiches Schulungsprogramm. Der Körper spielt dabei wiederum die entscheidende Rolle: Jetzt wird er gänzlich auf kommunikativen Funktionen bzw. auf 'Sozialkontakte' ausgerichtet. Um den Hintergrund der Schulungsmaßnahmen zu verstehen, müssen einige Besonderheiten des Kontextes für Blinde beachtet werden, von denen eine bereits angesprochen wurde: Die Anwesenheit eines Publikums lässt sich in vielen Situationen nur erahnen. 'Alltag' beinhaltet damit für Blinde ein noch extremeres Bühnendasein als für Sehende. Man ist sozusagen dauergeblendet vom Scheinwerferlicht: „*Als Blinder ist man ja sozusagen auftrittsgewöhnt, man hat eine gewisse Routine im Auftreten, und da ist es völlig egal, ob da 20, 200 oder 200.000 Leute sind!*" (Siegfried) Durch die Kennzeichnung als Blinde mit einer leuchtend gelben Armbinde wird darüber hinaus eine explizite Beachtung fortlaufend aufgerufen. Es ist schließlich gerade die Funktion der Armbinde, nicht übersehen zu werden. Im Fokus der Aufmerksamkeit kann man dann wiederum nur auf eine diskrete Blickdisziplin der Betrachter hoffen. Von manchen Beobachtern wird die Option betrachten zu können, ohne durch einen 'Gegenblick' in die eigenen Schranken verwiesen zu werden, allerdings fast voyeuristisch ausgereizt. Man

---

[140] Im Mobilitätstraining spitzt sich die Ausrichtung von Techniken zu. Es geht schließlich bei einer Straßenüberquerung darum, nicht von einem Lastwagen überrollt zu werden. Da dürfte es ziemlich egal sein, ob die Eleganz der Straßenüberquerung auffallend schön ausfiel oder eine Passantin angemessen gewürdigt wurde – so das Argument der Trainer.

wähnt sich unbeobachtet und starrt vermeintlich 'inkognito'. Ein Peep-showeffekt entsteht. Ein blinder Aktfotograf beschreibt dazu den inversen Fall. Er bezeichnet sich selbst als einen „absoluten Voyeur": „Durch meinen Blick fühlen sich die Frauen nicht provoziert (...) es gibt keinen Spiegelpunkt. Insofern bin ich ein blinder Spiegel. Bei der Aktfotografie ist eine Frau nur in der Dunkelheit wirklich nackt..." (Jocks 1996: 3).

Jenseits künstlerischer Ambitionen taucht an solchen Stellen im alltäglichen 'Kulturkontakt' mit Sehenden bei manchen Blinden eine *kriegerische* und anarchische Seite auf, mit der Effekte der Schaubühne für Blinde besonders deutlich werden. Man dreht die Scheinwerfer um und blendet das Publikum. Durch gezielte Aktionen wird eine unliebsame Person z.B. visualistisch beschrieben: „*Du bist bestimmt eins sechzig groß, pickelig und völlig hässlich!*" (Karin) Oder man kommentiert Blicke: „*Warum guckst du denn jetzt so blöd?*" Die Bemerkungen stiften in der Regel ziemliche Verwirrung bei Sehenden, allerdings nicht nur, weil sie beleidigt wurden. Mit den Bemerkungen werden sie vor allem in die Ausgangslage einer 'normalen' Situation zurückgepfiffen, in der die Verfügungsmacht über das Geschehen unter den Anwesenden symmetrischer verteilt ist. Die Strategie des Angriffs spielt dabei mit einer Verletzung der Behindertenetikette, d.h. sie überschreitet die Grenze, die bei einer Selbstinklusion mit 'den Normalen' gestattet ist. Goffman sprach in diesem Zusammenhang von einer „Enthüllungs-Etikette" (1994: 127f), nach der Stigmatisierte eine gewisse Balance zwischen Strategien des Verbergens und des Enthüllens ihres Stigmas treffen müssen, durch die die Position des Behindertseins nicht vollkommen eskamotiert werden darf. Als Blinder soll man sich folglich in einem gewissen Rahmen auch als Blinder verhalten und eben nicht vortäuschen, die andere Person sehen zu können.

Eine Invasion in die Blickhoheit von Sehenden kann aber noch gesteigert werden. Eine Teilnehmerin nahm in unwillkommenen Gesprächen ihr Glasauge heraus und fragte, ob ihre Augenhöhle entzündet wirkt: Einmal Sehende erschrecken, bitte. Sie reizt den Panoptizismus einer optischen Schaubühne aus und holt zu einem Keulenschlag gegen eine Kultur des An-Blickens aus: „*Ich bin eben nicht so ein Sehtyp*" (Beate). Blindheit besteht folglich weniger darin, nicht nachvollziehen zu können, was es bedeutet, etwas oder jemanden zu sehen. Blindheit beinhaltet insbesondere, nicht zu wissen, was es bedeutet, *gesehen zu werden*. Der panoptische Effekt, der entsteht, schließt dabei nicht nur ein, nicht zu wissen, *von wem* man betrachtet wird, sondern insbesondere keine Kenntnis darüber zu haben, wann man *nicht* beobachtet wird. Das Moment der Öffentlichkeit versetzt Blinde damit permanent in das Szenario eines Panopticon.[141]

Innerhalb dieses Referenzrahmens beinhaltet die friedlichere Seite des Kulturkontaktes eine pädagogische 'Zusammenarbeit' zwischen Sehenden und Blinden. Es zeigte sich, dass eine umfangreiche Infrastruktur von Zuarbeitern aktiv wird, um Nichtsehenden zu vermitteln, was es zu kaschieren und was es zu zeigen gibt, um als eine 'aussehende Person' zu erscheinen. Sogar Profis des Bühnengeschäfts helfen dabei, den passenden Auftritt von Blinden vorzubereiten, was auf den Aufwand von Substitutionen verweist, durch die vor allem Publikumsverpflichtungen des Körpers als Darstellungsmedium bedient werden müssen. Die Dienstleistungen und Retouchearbeiten reichen von der kosmetischen und chirurgischen Behandlung der Kopfvorderseiten über Souffleusedienste von sehenden Begleitern beim Essen, die auf Soßenspritzer verweisen, bis hin zur Beratung bei der Auswahl von Textilien und Frisur. Familienmitglieder und Erzieherinnen der Schulen korrigieren zusätzlich die 'Feinarbeiten' am Körper: Kopf gerade halten, den Körper auf Augenhöhe dem Gesprächspartner zuwenden, neutraler Gesichtsausdruck, die Hände ruhig halten und vielleicht gelegentlich kleine Arabesken optischer Inszenierungsmittel einsetzen wie die Geste, sich publikumsbewusst durch die Haare zu streifen. Zu solchen Inszenierungen wird niemand gezwungen. Blinde werden eher zu der Position von *Blendern* und *Simulanten* verführt, wenn sie Sonderbehandlungen als Behinderte vermeiden wollen.

Neben sozialprothetischen Maßnahmen und Neutralhaltungen des Körpers erwiesen sich zudem erneut Artefakte als Substitutionsstrategien von Blindheit. Auf der Bühne des Sehen-und-Gesehen-Werdens werden Dinge zu *Schaustücken* und *Kuvriergegenständen*, d.h. die Artefakte verhelfen einerseits dazu, die Erblindung einer Person zu verbergen und damit *inkognito* zu bleiben, indem sie als ein 'normales Bona-Fide-Mitglied' ausgewiesen werden. Die Herausgeber des Hilfsmittelkatalogs formulierten entsprechend in ihrer Ausschreibung, dass der Wäschemarkierungsknopf an 'unsichtbaren Stellen' eingenäht werden kann. Im Kontext des 'doing presence' von Personen wurde andererseits deutlich, dass gerade die Auffälligkeit von Artefakten wie eine sprechende Uhr oder eine Blin-

---

[141] Vgl. dazu die Beschreibung des Panopticon von Bentham – einer Gefängnisanlage –, die von Foucault als eine architektonische Machttechnik des Blickens pointiert analysiert wird: „Daraus ergibt sich die Hauptwirkung des Panopticon: die Schaffung eines bewußten und permanenten Sichtbarkeitszustandes (...). Die Wirkung der Überwachung ist permanent, auch wenn ihre Durchführung sporadisch ist (...). Zu diesem Zweck hat Bentham das Prinzip aufgestellt, dass die Macht sichtbar ist, aber uneinsehbar sein muss; sichtbar, indem der Häftling ständig die hohe Silhouette des Turms vor Augen hat, von dem aus er bespäht wird; uneinsehbar, sofern der Häftling niemals wissen darf, ob er gerade überwacht wird" (Foucault 1994: 258f).

denarmbinde im Alltagsbetrieb strategisch genutzt werden kann: Sie dienen als *Lockmittel*, die erleichtern, von Sehenden angesprochen zu werden. Die Artefakte verleihen Blinden demnach ebenfalls die Position von *Schaustellern*, die Sehende 'ködern'.[142] Als ein besonderes Artefakt erwies sich das eingangs zitierte Glasauge: Es übernimmt Kuvrier- und Schaufunktionen gleichzeitig. Es verhilft Blinden zum einen dazu, über eine 'normale Gesichtsfront' zu verfügen. Zum anderen spiegelt es einer sehenden Person vor, ein Gegenüber zu sein, das wahrgenommen wird. Die Glaskörper übernehmen damit die wesentliche Aufgabe von Situationsteilnehmern, das Gesicht einer anderen Person 'sichtbar' werden zu lassen, indem sie eine vermeintliche Resonanz durch einen Gegenblick erzeugen.

Der Einsatz von Artefakten als kommunikative Mittel gelingt allerdings nur, wenn man über Grundkenntnisse von optischen Resonanzzonen verfügt. Bei der Aneignung von optischem Wissen wurde jedoch deutlich, dass sich Sehende dabei selten als qualifizierte Informanten bewähren. Den Modellen, an denen Nichtsehende taktile Studien vornehmen, fehlt häufig die professionelle Gelassenheit, sich 'einfach' abtasten zu lassen. Die Dolmetscher wiederum leiden unter einer massiven Spracharmut und ringen mühsam um Worte, um einen Gesichtsausdruck oder eine Geste zu beschreiben. Ihre Explikationen beziehen vor allem selten ein Hintergrundwissen mit ein, das beiden Seiten zugänglich ist, wie der Chorleiter, der den Bewegungsablauf einer Applausordnung vor dem Hintergrund des körperlichen Erfahrungswissens der Chormitglieder erklärte. Er rekurrierte auf Aktionen, die den Chormitgliedern bekannt waren, wie das Kirschkernspucken, aus dem schließlich eine publikumsbewusste Neigung des Oberkörpers entstand. Im Gegensatz dazu zeigten sich Beschreibungen einer Bewegung wie: 'Sitz nicht so krumm wie ein Fragezeichen', als wenig bedeutungsvoll für Blinde, da sie einen piktoralen, und damit visuell ausgerichteten, Verstehenshintergrund aufrufen. Trotz der Übersetzungshürden gelingt es den Informanten zwar insgesamt, Blinden einzelne Körperhaltungen zu vermitteln. Die Haltungen bleiben aber Fragmente einer Fremdsprache: Die Reflexivität der Zeichenproduktion, d.h. die Verschränkung von Darstellungs- und Beobachtungspositionen, kann von Blinden nicht nachvollzogen werden, womit es ein rätselhaftes Unterfangen bleibt, inwiefern eine Körperposition ein spezifisches Angebot für die anderen Teilnehmer darstellt.

---

142 Unter Blinden wird die Uhr, die wie ein Hahn kräht, dagegen eher genervt registriert. In den eigenen Reihen setzt man sich eher diskret durch den Besitz bestimmter Statussymbole voneinander ab: Die, die Kanadier-Langstöcke mit Teleskopverstellung des Schaftes und leicht marode quietschenden Rollspitzen verwenden, gehören zur 'Crème' der Navigauten.

Um sich an soziale Resonanzen zu erinnern, bedarf es deswegen weiterer Prothesen. Bereits für die Einhaltung von Grundhaltungen merkten einige Nichtsehende an, besondere Gedächtnisstützen zu benötigen. Eine Teilnehmerin nutzte ein Artefakt als fortlaufende Erinnerungsprothese. Sie verwendete ein Keilkissen, um Haltung zu wahren: Ihr Oberkörper wird durch das Kissen gezwungenermaßen in einer korrekten Position gehalten. Andere Teilnehmer praktizieren eine spezifische Form von Selbstbeobachtung: Man spult regelmäßig Checklisten ab, die immer wieder Basishaltungen des Körpers ins Gedächtnis rufen. Unter 'Seinesgleichen' oder in Anwesenheit vertrauter Personen, kann man dann wieder zurücksinken, die Augen einfach schließen und das konventionelle Vis-à-vis durch ein ear-to-ear ersetzen und sich nebeneinander setzen. Man hat Gesprächspartner schließlich lieber bei sich als vor sich.

Mit diesen sozialprothetischen und artifiziellen Substitutionsstrategien gelingt es Blinden zwar einerseits, nicht als Blinde 'erkannt' zu werden, es wurde aber deutlich, dass es sich bei dieser Bühne um eine semiotische Zone handelt. Die kommunikativen Verpflichtungen beinhalten eine Fülle von situativen Aufgaben, bei denen sich die Teilnehmer etwas (an)zeigen: Wer sie sind, wann sie einen Kontakt eröffnen wollen etc. Mit der Übernahme der 'Sprache der Sehenden' können blindenspezifische Präferenzen und Kommunikationsformen folglich nur spärlich auftauchen. Umgekehrt allerdings führt das Fehlen blindenspezifischer Codierungen Sehende ebenso in eine sprachlose Position. Schließlich *simulieren* Blinde nur, optische Präferenzen zu pflegen. Damit stellt sich die Frage, um was für ein Gespräch es sich eigentlich handelt, wenn – bildlich gesprochen – eine Person wild gestikuliert und die andere dazu irgendwo im Nebel irgendwie nickt. Vor dem Hintergrund von Selbstbeobachtungen wurde vor allem deutlich, dass mit der optischen Ausrichtung für Sehende die Gefahr besteht, auf der Suche nach Blickkontakten wie gebannt zu bleiben und in Erwartung eines Echos auf den eigenen mimischen Monolog in einem bestimmten Gesichtsausdruck 'einzufrieren'.

Mit der Übernahme der Sprache der Sehenden erblinden demnach beide Seiten in dem Sinne, dass Methoden der Sichtbarmachung und damit bestimmte situationale Abläufe nicht wechselseitig aufeinander abgestimmt werden können. Die Gespräche zwischen Sehenden und Blinden können folglich als ein kultureller Erstkontakt beschrieben werden: *Alle* Beteiligten in gemischten Situationen werden zu *innerkulturellen Fremden*. Eine gemeinsame Sprache muss demnach erst noch entwickelt werden, d.h. die Teilnehmer müssen Umgangsformen bzw. Interaktionsebenen kreieren, die ihnen ermöglichen, einen Erfahrungsraum zu schaffen, an dem *beide* Seiten partizipieren können. Das scheitert bislang allerdings vor allem an zwei Hürden.

Als erste Kommunikationsbarriere erwies sich das Evidenztabu, Dinge, die offensichtlich sind, nicht auszusprechen. Das Tabu führt zwingend dazu, dass Blinde z.B. beim Erkennen von Personen und bei Kontaktaufnahmen 'behindert' erscheinen. Auf eine Nachfrage wie: „Wer sind Sie denn?" reagieren sehende Befragte schließlich vor allem empört. Also lässt man es als Nichtsehender, stellt keine Fragen und löst wieder Empörung aus, diesmal weil man jemanden nicht gegrüßt hat. Sehende müssten dementsprechend stoischer als manche der zitierten Nachbarn ertragen, von einer blinden Person nicht erkannt worden zu sein. Ebenso müssten sie in Kauf nehmen, als redundante und vergessliche Darsteller zu erscheinen, wenn sie sich explizit vorstellen, obwohl sie doch offensichtlich anwesend sind. Diese Ausgangslage würde sich allerdings ebenfalls nicht entspannen, wenn Blinde häufiger taktil ihr Umfeld erkunden. Bereits die Studiensituationen, bei denen eine sehende Person taktil erkundet wurde, zeigten, wie Berührungsetiketten Blinden als zweite Hürde im Wege stehen. Selbst mit einer Ankündigung war es für die Studienobjekte kaum möglich, die intime Konnotation ihrer Gesichtszone zu versachlichen – ganz zu schweigen von Erkundungen des gesamten Körpers oder von unvorbereiteten Berührungen einer fremden Person.

Also spricht man die Alltagssprache. Einfach so, blank und wortgetreu wie sie von Sehenden verwendet wird, ohne eigene Codierungen. Um zumindest vereinzelt diskursive Äußerungen zu kontextualisieren und nonverbale Zeichen setzen zu können, wird zwar von manchen Blinden versucht, Privatsprachen einzuführen. Aber auch der Rückzug ins Private entbindet eben nicht von den gewöhnlichen Konnotationen von Verbalisierungen und Berührungen: *„Wenn ich mich jetzt über dich freue und dich sozusagen anlächeln möchte, ist das okay, wenn ich dich dann berühre? Manche Sehende mögen das nämlich nicht!"* (Paula)

Die Suche nach einer 'Blindensprache' öffnet deswegen ein weites Forschungsfeld. Einzelfallstudien könnten individuelle Begriffsfindungen zusammentragen, die sinnliche Präferenzen alltäglicher Selbst- und Fremderfahrungen von Nichtsehenden wiedergeben und ein Wörterbuch für 'Blindisch/ Seherisch' erstellen. Insbesondere müsste aber die akustische Aufmerksamkeit von Blinden innerhalb von Interaktionen untersucht werden, um z.B. durch Gesprächs- und Videoanalysen zu klären, wie Sprecherwechsel von Blinden organisiert werden, welche Distanzierungsstrategien bei Kontaktaufnahmen angewendet werden, wie 'Duz'- und 'Siez'-Qualitäten von Blicken substituiert werden – und eruieren, ob z.B. das Schaukeln einzelner Teilnehmer als Äquivalent zum Blickkontakt verstanden werden könnte. Vor diesem Hintergrund könnte ein Kanon von

Blindengebärdensprachen zumindest modellhaft erprobt werden.

Ein Hineinversetzen Sehender in eine 'Blindensicht' halte ich ansonsten schlicht für unmöglich – dafür sind 'wir Sehenden' zu tief in unsere eigenen visuellen Selbstentwürfe verstrickt. Ein Identitätskonzept, das nicht auf ein Sehen und Gesehen-werden geeicht ist, ist kaum vorstellbar und lässt sich noch weniger konkret begreifen. Wenn mich eine feministische Forscherin bei einem Vortrag fragt, ob blinde Frauen ihre Falten im Gesicht spüren, dann ahne ich, wie weit der Weg dahin ist, die eigenen Präferenzen nicht in andere hineinzuspiegeln – und gerade Blinde bieten sich als besondere *Projektionsflächen* an, da ihre Glasaugen keine Hinweise geben bzw. keine Platzverweise erteilen und ihre Praktiken keine eigenen Formen einer Evidenzerzeugung erkennen lassen.

Das Fehlen von blindenspezifischen Codierungen lädt zu einem abschließenden Vergleich mit einer anderen Sinnesbehinderung ein. Es mag ein Handicap sein, Sprecherwechsel nicht eindeutig organisieren zu können. Aber es geht um viel mehr. Seit Jahrzehnten kämpfen Gehörlose um die Annerkennung der Gebärdensprachen, die eben nicht nur eine unter vielen anderen oralen Sprachen wie chinesisch oder portugiesisch sind, sondern eine anderes *Ordnungs*system von Erfahrungen darstellen. Gehörlose verfügen damit 'wirklich' über eine andere, nämlich ihre eigene Sinnesprovinz. Blinde haben gegenüber Gehörlosen aber sicherlich einen wesentlichen Nachteil: Bei Gebärdensprachen handelt es sich um ein System optischer Zeichen. Sie sind hübsch anzusehen und verletzen kein Tabu. Eine Chiffrierung von Berührungen würde dagegen eine existentielle Krise für Sehende auslösen. Abgesehen von Störungen der Berührungsetikette könnte vor allem Folgendes passieren: Mit einer taktilen Sprache würde die Erblindung einer Person permanent 'sichtbar' gehalten, was Sehenden signalisiert, dass sie ihr gesamtes Zeichengefüge nicht mehr etablieren können. Das wäre wirklich eine Behinderung. Im blindenpädagogischen Bereich hört man deswegen wohl vor allem ein Stichwort: Integration. Es bleibt aber fragwürdig, ob davon wirklich die Rede sein kann. Aus den professionellen Trainings- und Alltagskontexten ergeben sich eher desintegrative Effekte. Die Auflage an Blinde, 'natürliche Sichtbarkeiten' zu substituieren, mündet in Ersatzstrategien, die Blinde dazu nötigen, zwischen Anwenderpositionen vermitteln zu müssen, die sie höchst ambivalent in einer visuellen Infrastruktur situieren: Sie sollen sich einmal ausschließlich an Objekten und einmal ausschließlich an Publikumspräsenz orientieren. Die Prothesen eines Navigations- und Neutralprogramms des Körpers lassen sie damit am Ende zwingend als 'Andere' *und* als Defizitäre erscheinen.

## 6.3    Forschungs-Ausblicke

Diese explorative Studie öffnet ein weites Feld für Grundlagenforschungen. Die symmetrische Untersuchungsanlage zog schließlich zweierlei dekonstruktivistische Effekte nach sich. Sie denaturalisierte *erstens* das, was als natürliche Offensichtlichkeit behandelt wird: Die Oberflächen von Dingen oder Personen wurden durchlässig, sie verloren ihre Substanz. Die Untersuchung von Blindheit zwang zu fundamentalen Fragen nach Reproduktionsmechanismen von Wissen, sie nötigte in fast allen Bereichen des Alltags zu einem sokratischen Zweifel: Woher weißt du, wie dein Gesicht wirkt? Woher weißt du, dass andere genau das Gleiche sehen wie du selbst? Die Frage nach der Aneignung von Wissen und die mit ihr verbundene Organisation von Erfahrungen wurde zur zentralen Fragestellung der gesamten Arbeit, um welche die Untersuchung von Blindheit als Zugangs-, Verständnis-, Kommunikations- und Übersetzungsproblem kreiste. Das Zugangsproblem zu Blindheit führte damit zur Entzauberung des Visuellen: Im Spiegel von Blindheit wurde 'das Optische' als eine besondere soziale Form sichtbar.

Die Untersuchung entzog damit *zweitens* der Annahme die Substanz, Blindheit als einen Sehdefekt zu beschreiben. Es zeigte sich, dass die sozialen Vermittlungsprozesse optischer Selbstverständlichkeiten die kulturalistischen Auslöser von Blindheit sind. Blindheit ist folglich untrennbar verwoben mit der optischen Wissensproduktion. Wenn Blindheit verortet werden kann, dann liegt sie innerhalb der Praktiken, mit denen Blinden optisches Wissen vermittelt wird bzw. innerhalb der Strategien, mit denen Blinde sich 'den Blick' der Sehenden aneignen. Innerhalb der gesamten Grauzone der Aneignung optischen Wissens: *Dort* sitzt Blindheit.

Als die wesentliche Hürde, die dem Entdecken von Blindheit und von Visualität im Weg steht, erwies sich dabei der *kognitive Bias* zahlreicher Alltagstheorien bzw. ihre Übernahme in soziologische Theorien. Im Mobilitätstraining erklärten die Trainer die Wahrnehmung von Dingen und Lokalitäten als das natürliche Resultat einer Betrachtung. Bei Wahrnehmungen wiederum handele es sich um ein genuin kognitives Wissen. Der Schlüsselhinweis der Trainer bestand darin, dass die Klienten sich ein Bild machen müssten, „wie die Dinge *aussehen*". Der visualistische Sprachgebrauch verweist eindringlich auf die Tautologie der Alltagstheorie, mit der die Wirkung eines Dings gleichursprünglich als ein natürlicher *und* als ein optischer Reflex beschrieben wird. Es gibt nicht einmal ein Wort dafür, das 'Sein' eines Dings anders zu beschreiben als optisch. Ein nicht-optisches Wahrnehmen von Dingen oder Umgebungen wird damit unvorstellbar, wodurch man Blinden unterstellt, dass sie sich räumliche Gegebenheiten nur über Vorstellungsprothesen aneignen können. In Alltagskontexten wiederum erklärten Sehende die Offensichtlichkeit einer Person als selbstredendes Ergebnis kognitiver Prozesse. Es dürfte dementsprechend kaum eine blinde Person geben, die nicht von Sehenden einmal gefragt wurde, wie sie sich eine Person vorstellt – und wie immer beinhaltet die Frage die eigentlich erklärungsbedürftigen Prämissen.

Bei den kognitiv begründeten Erklärungen handelt es sich demnach um eine essentielle Naturalisierungsstrategie von Sehenden, mit der zahlreiche soziale Hervorbringungsmechanismen ontologisiert werden. Aber schon Garfinkel konstatierte: „Hence there is no reason to look under the skull since nothing of interest is to be found there but brains" (1963: 190).

Ein wissenssoziologischer Arbeitsauftrag besteht deswegen weiterführend darin, die 'Natur der Sinne' wieder aus ihren neuronalen Netzwerken zu lösen und nach den 'externalizing retinas' (Lynch 1985: 59) zu fragen, ohne auf mentale Verarbeitungsprozesse zu rekurrieren. Es gilt demfolgend, Produktionsorte und Funktionen des Sehens und Blickens zu untersuchen, in denen Personen, Dinge und Lokalitäten in sinnstiftenden Milieus organisiert werden. An die Stelle 'der Sinne' treten dann moderne Bildgebungsverfahren, Sehtests und eine Fülle von Praktiken, mit denen Offensichtliches in face-to-face-Situationen hergestellt wird. Die Untersuchungsausrichtung berührt damit ähnlich tief verwurzelte Überzeugungen wie die einer natürlich gegebenen Geschlechtszugehörigkeit. Diesmal gilt es, 'das Sehen' als sozial erworbene Praktiken zu ergründen und die Entstehung alltäglicher Wahrnehmungsroutinen und 'vergemeinschafteter Blicke' zu erklären. Der Untersuchungsfokus schließt dabei ein, eine wissenssoziologische Differenz zu anderen professionellen Blicken zu entwickeln, und sinnesphysiologische, entwicklungspsychologische und sozialisationstheoretische Konzepte vor dem Hintergrund einer *Kultursoziologie* des Sehsinnes zu rekonstruieren.

Als Einstieg bieten Blinde dafür einen umfassenden Pool der Inspiration. Die Suche der Mobilitätstrainer nach deiktischen Substituten für Blinde führt unmittelbar zur Untersuchung von visuellen Praktiken des Zeigens, mit denen in situ räumliche Bezüge sinnstiftend organisiert werden. Ebenso lassen blindenspezifische Artefakte und Anschauungsmaterialien wie taktile Pläne Rückschlüsse auf Visualisierungsmethoden des 'modernen Sehapparates' zu, wie z.B. Kartierungstechniken, mit denen eine Lokalität als „graphic space" (Lynch 1985:

42) in eine spezifische Ordnung gebracht wird. Die Verwendung einer Navigationssprache für 'Dinge' im Training führt zu Fragen nach einem 'doing things', d.h. nach Praktiken, mit denen die Unterscheidung zwischen Dingen und Personen praxeologisch hergestellt wird. Im Gegensatz zum Common Sense über Ding- und Sozialwelten wird wissenssoziologisch folglich die Organisation alltagsweltlicher Bezüge durch Artefakte grundlegend erklärungsbedürftig.

Die Körperschulung von Blinden eröffnet weitere Fragen. Mit dem 'Vergessen' von Körperhaltungen bei Blinden verliert die These an Plausibilität, dass die Bewegungsrepertoires von Sehenden einem einmaligen Lernprozess unterliegen. Es bedarf offensichtlich anhaltender Sozialisationsagenturen in situ. Ihre Funktion besteht aber nicht nur darin, dass die Anwesenden nicht vergessen, sich angemessen zu verhalten. Die Synchronisation von Bewegungen ermöglicht den Teilnehmern überhaupt erst, sich als Teilnehmer sozialer Situationen zu verorten. Die Schwierigkeiten Sehender, Darstellungswissen an Blinde zu vermitteln, verwies daher auf die elementaren Funktionen von Körpern als Darstellungsmedium: Sie müssen als Resonanzzonen agieren, um Teilnehmern zu ermöglichen, ihre reflexive Zeichenproduktion zu platzieren. Es gilt dementsprechend, Blick-Akt-Konzeptionen zu entwickeln, die den arbeitsteiligen Prozess von Darstellungs- und Betrachtungspositionen plausibilisieren können und Rückkopplungsmechanismen zwischen Betrachtern und Darstellern wie das 'interface' zu ergründen. An die Stelle eines Konzeptes des 'Offensichtlichen' treten damit zwei wissenssoziologische Fragestellungen. Zum einen werden die Blickkompetenzen der sehenden Teilnehmer als sozial vermittelte erklärungsbedürftig. Zum anderen gilt es, die Praktiken zu fokussieren, durch die Sehende Evidenzen in face-to-face-Situationen erzeugen.

Die einzelnen Milieus der Bildtechniken, Materialisierungspraktiken, der performativen Rückkopplungen von Bewegungen und des 'interface' bilden jeweils Bausteine einer Infrastruktur des Visuellen. Die Forschungsausrichtung richtet sich folglich einerseits auf die Entdeckung sozialer Herstellungsorte des Visuellen, andererseits geht es darum, ihre Verweisungszusammenhänge zu ergründen, und die Gedächtnisstützen, die die Akteure in actu entlasten.

Diese Zugänge bedeuten gerade nicht, Blindheit als 'Abklatsch' von Visualität zu betrachten bzw. festzustellen, dass Blinde fortlaufend gegen Mauern des Visualismus laufen. Die Übertragung einer visuellen Organisation von Erfahrungen in nicht-optische Kontexte kann nur unterbrochen werden, wenn die Baupläne und Konstitutionsorte des Visuellen bekannt sind. Blindheit existiert solange als Abweichung, solange der Mythos vom Sehen weiter unhinterfragt bestehen bleibt.

# Literaturverzeichnis

Abel, T./ Thorstensen, K. 1995: „Ich höre was, was Du nicht siehst". Bericht über ein Seminar zur nonverbalen Kommunikation Blinder und Sehbehinderter, in: horus - Marburger Beiträge zur Integration Sehbehinderter 57-2: 67-70.

Amann, K. 1997: Visuelle Soziologie: Ein Programm (Vortragsskript für das Kolloquium „Kultursoziologische Forschung"), Bielefeld.

Amann, K./ Hirschauer, S. 1997: Die Befremdung der eigenen Kultur. Ein Programm, in: dies. (Hrsg.): Die Befremdung der eigenen Kultur. Zur ethnographischen Herausforderung soziologischer Empirie, Frankfurt a.M.: 7-52.

Amann, K./ Knorr-Cetina, K. 1990: The Fixation of (visual) evidence, in: Lynch, Michael/ Woolgar, Steve (Hrsg.): Representation of scientific practice, Cambridge: 85-122.

Anger, R. 1997: Zur Begutachtung der Augen im sozialen Entschädigungsrecht und nach dem Schwerbehindertengesetz unter Berücksichtigung mehrerer Augenschäden, in: MED SACH 93-6: 173-177.

Ausbildungsstätte für Rehabilitationslehrer für Blinde und Sehbehinderte (Hrsg.) 1986: Orientierung & Mobilität/ Lebenspraktische Fertigkeiten, Marburg (unveröffentlicht).

Barley, N. 1990: Traumatische Tropen. Notizen aus meiner Lehmhütte, Stuttgart.

Barzen, K. 1988: Behinderte Frauen in unserer Gesellschaft: Lebensbedingungen und Probleme einer wenig beachteten Minderheit, Bonn.

BAS (Bundesministerium für Arbeit und Sozialordnung) (Hrsg.) 1998: Anhaltspunkte für die ärztliche Gutachtertätigkeit im sozialen Entschädigungsrecht und nach dem Schwerbehindertengesetz, Bonn.

Beck, U./ Brater M. 1978: Berufliche Arbeitsteilung und soziale Ungleichheit: eine historisch-gesellschaftliche Theorie der Berufe, München.

Bek, U. 1995: Die Augen vor etwas verschließen – Psychogene Blindheit, in: OH - Orientierungshilfe. Organ der Berufsvereinigung der Mobilitätstrainer für Sehgeschädigte Deutschlands e.V. 1: 31-34.

Bendel, K. 1999: Behinderung als zugeschriebenes Kompetenzdefizit von Akteuren, zur sozialen Konstruktion einer Lebenslage, in: Zeitschrift für Soziologie 28-4: 301-310.

Berla, E.P./ Nolan, C.Y. 1972: Tactual Maps: A Problem Analysis, in: International Council of Educators of Blind Youth, Madrid: 287-294.

Bloor, D. 1976: Knowledge and Social Imagery, London.

Blum, W. 1998: Neue Sicht aufs Alter. Ein Simulator hilft Technikern, die Probleme alter Menschen besser zu verstehen, in: DIE ZEIT 32, 30.7.: 26.

Boeser, K. 1981: Der blinde Blick. Assoziationen zum Auge, in: Psychoanalyse 2-3: 218-248.

Boll, S./ Degner, T. 1985: Geschlecht: Behindert. Besonderes Merkmal: Frau, Bern.

Born, C./ Burger, C. 1992: Du mußt dich halt behaupten: die gesellschaftliche Situation behinderter Frauen, Würzburg.

Bourdieu, P. 1991: Die feinen Unterschiede. Kritik der gesellschaftlichen Urteilskraft, Frankfurt a.M.

Boy, J. 1994: Wieder selbst einen Kuchen backen, in: Dein Weg geht weiter. Ratgeber für Blinde, Sehbehinderte und deren Angehörige und Freunde, hrsg. vom Deutschen Blindenverband e.V., Köln: 19-21.

Butler, J. 1991: Das Unbehagen der Geschlechter, Frankfurt a.M.

Cain, H. 1985: Feldforschung eines Blinden in Westsamoa, in: Fischer, H. (Hrsg.): Feldforschungen: Berichte zur Einführung in Probleme und Methoden, Berlin.

Clifford, J. 1993: Über ethnographische Autorität, in: Berg, E./ Fuchs, M. (Hrsg.) 1993: Kultur, soziale Praxis, Text. Die Krise der ethnographischen Repräsentation, Frankfurt a. M. : 109-157.

Clifford, J. 1993b: Über ethnographische Allegorie, in: Berg, E./ Fuchs, M. (Hrsg.) 1993: Kultur, soziale Praxis, Text. Die Krise der ethnographischen Repräsentation, Frankfurt a. M.: 200-239.

Cloerkes, G. 1997: Soziologie der Behinderten: Eine Einführung, Heidelberg.

Cole, J. 1999: Über das Gesicht. Naturgeschichte des Gesichts und unnatürliche Geschichte derer, die es verloren haben, München.

DBV (Deutscher Blindenverband e.V.) (Hrsg.) 1993: Wie wirke ich auf Sehende?, in: Gegenwart 47-3:3.

Dorner, E. 1946: Die Bedeutung von Stimme und Sprechweise für die Persönlichkeitsdiagnose beim Blinden, Hannover (Diss.).

Domes, H. 1957: Mein Weg in die Blindheit und zurück. Beobachtungen und Experimente während mehrwöchigen völligem Lichtabschlusses und nach dessen Entfernung, Innsbruck (Diss.).

Domman, M. 1997: „Sehen ist sicherer denn fühlen": Körpergeschichtliche Aspekte einer Repäsentationstechnologie am Beispiel der Radiographie (1895-1935), in: Körper macht Geschichte – Geschichte macht Körper, Bielefeld: 20-28 (Reader).

Drerup, K. 1993: Merkblatt für Blinde und Sehbehinderte, hrsg. vom Deutschen Blindenverband e.V., Bonn.

Duden, B. 1991: Geschichte unter der Haut. Ein Eisenacher Arzt und seine Patientinnen um 1730, Stuttgart.

Duden, B. 1993: Die Frau ohne Unterleib: zu Judith Butlers Entkörperung. Ein Zeitdokument, in: Feministische Studien 11-2: 24-33.

Duden, B. 1995: Einführung in die Geschichte des Blickens, Hannover (Vortragsskript).

Elder, B. P. 1983: Rehabilitation: The Double Bind for Blind Woman, in: Journal of Visual Impairment & Blindness 77-7: 298-300.

Erismann, T. 1951: Die Raumwelt des Blindgeborenen, in: Sonderdruck UNIVERSITAS, Zeitschrift für Kunst und Literatur: 6-12.

Evans, J./ Hall, S. (Hrsg.) 1999: Visual Culture. The Reader, London.

Feher, M./ Naddaff, R./ Nadia, T. 1989: Fragments for a History of Human Body, Part one, New York.

Feministische Studien 1993: Kritik der Kategorie 'Geschlecht': 11-2.

Ferber, C. von 1976: Zum soziologischen Begriff der Behinderung, in: Zeitschrift für Heilpädagogik 27: 416-423.

Fischer, J. 1990: Elektronische Orientierungsgeräte, in: OH – Orientierungshilfe, Organ der Berufsvereinigung der Mobilitätstrainer für Sehgeschädigte Deutschlands e.V., Sonderausgabe Januar: 20-22.

Foucault, M. 1994: Überwachen und Strafen. Die Geburt des Gefängnisses, Frankfurt a.M.

Fraiberg, Selma 1977: Insights from the blind. Comparartive Studies of Blind and Sighted Infants, New York.

Freidson, E. 1979: Der Ärztestand – berufs- und wissenschaftssoziologische Durchleuchtung einer Profession, Stuttgart.

Frisch, M. 1975: Mein Name sei Gantenbein, Frankfurt a.M.

Fromm, W. 1974: Probleme der Verwendung typhlografischer Darstellungen im Unterricht der Blindenschule, in: Die Sonderschule 19: 285-291.

Fuchs, M./ Berg, E. 1993: Phänomenologie der Differenz. Reflexionsstufen ethnographischer Repräsentation, in: Berg, E/ Fuchs, M. (Hrsg.): Kultur, soziale Praxis, Text. Die Krise der ethnographischen Repräsentation, Frankfurt a.M.: 11-108.

Fuchs, P. 1995: Die Umschrift. Zwei kommunikationstheoretische Studien: <japanische Kommunikation> und <Autismus>, Frankfurt a.M.

Gallagher, E. 1976: Lines of Reconstruction and Extension of the Parsonian Sociology of Illness, in: Social Science and Medicine 19: 207-218.

Garfinkel, H. 1963: A Conception of, and Experiments with, „Trust" as a Condition of Concerted Stable Actions, in: Harvey, O. J. (Hrsg.): Motivation and Social Interaction: Cognitive Determinants, New York.

Garfinkel, H. 1967: Studies in Ethnomethodology, Englewood Cliff/ New York.

Geo. Das neue Bild der Erde 1987: Logopädie. Farbe lehrt sprechen, 11: 166.

Geertz, C. 1994: Dichte Beschreibung. Beiträge zum Verstehen kultureller Systeme, Frankfurt a. M.

Giddens, A. 1992: Die Konstitution der Gesellschaft, Frankfurt a.M./ New York.

Goffman, E. 1973: Asyle. Über die soziale Situation psychiatrischer Patienten und anderer Insassen, Frankfurt a.M.

Goffman, E. 1974: Das Individuum im öffentlichen Austausch, Frankfurt a.M.

Goffman, E. 1976: Geschlecht und Werbung, Frankfurt a.M.

Goffman, E. 1977: Arrangement between the Sexes, in: Theory and Society 4: 301-331.

Goffman, E. 1983a: Wir alle spielen Theater. Die Selbstdarstellungen im Alltag, München.

Goffman, E. 1983b: Civil Inattention, in: Katz, A./ Katz, V. (Hrsg.): Foundations of Nonverbal Communication, Illinois: 94-97.

Goffman, E. 1983c: The Interactional Order, in: American Sociological Review 45-1: 1-17.

Goffman, E. 1993: Rahmen-Analyse. Ein Versuch über die Organisation von Alltagserfahrungen, Frankfurt a.M.

Goffman, E.: 1994: Stigma. Über Techniken der Bewältigung beschädigter Identität, Frankfurt a.M.

Gosch, A./ Brambring, M. 1996: Die Bewegungsaktivität bei blinden und sehbehinderten Kindern, Bielefeld (Sonderforschungsbericht).

Griffin, D. 1958: Listening in the Dark. The Acoustic Orientation of Bats and Men, New Haven.

Häußler, M./ Wacker, E./ Wetzler, R. 1996: Haushaltserhebung zur Lebenssituation von Menschen mit Behinderung in privaten Haushalten. (Forschungsbericht, hrsg. vom Bundesministerium für Gesundheit), Baden-Baden.

Hammerstein, W. 1983: Rehabilitation in der Augenheilkunde, Stuttgart.

Haynes, R.B./ Taylor, D.W./ Sackett, H. (Hrsg.) 1982: Compliance-Handbuch, München/ Wien.

Heintz, B. 1993: Wissenschaft im Kontext. Neuere Entwicklungstendenzen der Wissenschaftssoziologie, in: Kölner Zeitschrift für Soziologie und Sozialpsychologie 45-3: 528-552.

Heinze, R.G./ Runde P. (Hrsg.) 1982: Lebensbedingungen Behinderter im Sozialstaat. Beiträge zur sozialwissenschaftlichen Forschung, Opladen.

Henley, N. 1991: Körperstrategien. Geschlecht, Macht und nonverbale Kommunikation, Frankfurt a.M.

Hirschauer, S. 1993: Die soziale Konstruktion der Transsexualität, Frankfurt a.M.

Hirschauer, S. 1994: Die soziale Fortpflanzung der Zweigeschlechtlichkeit, in: Kölner Zeitschrift für Soziologie und Sozialpsychologie 46-4: 668-692.

Hirschauer, S. 1996: Die Fabrikation des Körpers in der Chirurgie, in: Borck, Cornelius (Hrsg.): Anatomien medizinischen Wissens. Medizin, Macht, Moleküle, Frankfurt a.M.: 86-124.

Hirschauer, S. 1999: Die Praxis der Fremdheit und die Minimierung der Anwesenheit. Eine Fahrstuhlfahrt, in: Soziale Welt 50-3: 221-245.

Hirschauer, S. 1999b: Beiträge wissenschaftlichen Wissens zur Praxis der Geschlechterunterscheidung. Zu einer Wissenssoziologie der Geschlechterdifferenz (Vortragsskript).

Hoffman, E.T.A. 1969: Der Sandmann, hrsg. von Wacker, M., Stuttgart: 3-42.

Hoffmann-Axthelm, D. 1987: Sinnesarbeit. Nachdenken über Wahrnehmung, Frankfurt/ New York.

Hofstädter, D. R./ Dennett, D. C. (Hrsg.) 1992: Einsicht ins Ich. Fantasien und Reflexionen über Selbst und Seele, München.

Hohoff, C. 1958: Kleist, Hamburg.

Huber, C. 1995: Sprache und Weltbild bei Sehbehinderten, München.

Hug, B. 1990: Orientierungs- Mobilitätsunterricht/-training, in: OH – Orientierungshilfe. Organ der Berufsvereinigung der Mobilitätstrainer für Sehgeschädigte Deutschland e.V., Sonderausgabe: 4-6.

Hull, J. M. 1990: Touching the Rock. An Experience of Blindness, New York.

James, G.A. 1972: Problems in the Standardisation of Design and Symbolisation in Tactile Route Maps for the Blind, in: The New Beacon 56: 87-91.

Jocks, H.N. 1996: Über die Schwelle. Ein Gespräch mit dem blinden Fotografen und Schriftsteller Evgen Bavcar, in: Frankfurter Rundschau 262: 9.Nov.:3.

Judovitz, D. 1993: Vision, Representation, and Technology in Descartes, in: Levin, David Michael (Hrsg.): Modernity and th Hegemony of Vision, Berkeley/ Los Angeles/ London.

Kaden, R. 1978: Sehbehindert – blind: medizinische, soziale und pädagogische Informationen für Betreuer und Betroffene, Stuttgart.

Kalthoff, H. 1996: Das Zensurenpanoptikum. Eine ethnographische Studie zur schulischen Bewertungspraxis, in: Zeitschrift für Soziologie 25-2: 106-124.

Kamper, D. 1984: Vom Hörensagen. Kleines Plädoyer für eine Sozio-Akustik, in: Kamper, D./ Wulf, C. (Hrsg.): Das Schwinden der Sinne, Frankfurt a.M.: 112-114.

Katz, A.M./ Katz, V.T. (Hrsg.) 1983: Foundations of Nonverbal Communication. Readings, Exercices and Commentary, Illinois.

Keidel, W.-D. (Hrsg.) 1985: Kurzgefaßtes Lehrbuch der Physiologie, Stuttgart/ New York.

Keller, H. 1977: Geschichte meines Lebens, Berlin.

Kessler, S./ McKenna, W. 1978: Gender – An Ethnomethodological Approach, New York.

Klebe, I./ Klebe, J. 1984: Durch die Augen in den Sinn. Eine popularwissenschaftliche Darstellung über richtiges Sehen und optische Täuschungen, Berlin.

Kiss, P./ Malottki von, B. u.a. 1990: Aus der Arbeit des DVBS. Bericht von einem Frauenseminar, in: horus - Marburger Beiträge zur Integration Sehbehinderter 52-1: 24-25.

Klingmüller, B. 1990: 'Stigma' als Perspektive, Berlin (Dissertation).

Kloske, G. 1996: „Schönheit ist Macht" – Tips für Mode und Kosmetik blinder Frauen, in: Dein Weg geht weiter. Ratgeber für Neuerblindete und ihre Angehörigen, Bonn: 142-144.

Knauth, B./ Wolff, S. 1991: Zur Fruchtbarkeit der Konversationsanalyse für die Untersuchung schriftlicher Texte – dargestellt am Fall der Präferenzorganisation in psychiatrischen „Obergutachten", in: Zeitschrift für Soziologie 20-1: 36-49.

Knorr-Cetina, K. 1984: Die Fabrikation der Erkenntnis. Zur Anthropologie der Naturwissenschaft, Frankfurt a.M.

Knorr-Cetina, K. u.a. 1988: Das naturwissenschaftliche Labor als Ort der „Verdichtung" von Gesellschaft, in: Zeitschrift für Soziologie 17-2: 85-101.

Knorr-Cetina, K. 1998: Sozialität mit Objekten. Soziale Beziehungen in posttraditionalen Wissensgesellschaften, in: Rammert, W. (Hrsg.): Technik und Sozialtheorie, New York/ Frankfurt a. M.: 83-120.

Krähenbrühl, P. 1977: Der Blinde in gemischten sozialen Situationen, Rhein-stetten.

Küpfer, R. 1994: Spezifische Perspektiven des Blindseins, in: OH – Orientie-rungshilfe. Organ der Berufsvereinigung der Mobilitätstrainer für Seh-geschädigte Deutschlands e.V.: 13-20.

Lachmund, J. 1997: Der abgehorchte Körper. Zur historischen Soziologie der medizinischen Untersuchung, Opladen.

Lachmund, J. 1999: Die kartographische Konstruktion des Raums: Biotopkar-tierungen und die Natur in der Stadt, Berlin (Vortragsskript).

Länger, C. 1998: Sinnkrisen – Sehkrisen, in: der blaue reiter. Journal für Philo-sophie 8-2: 34-37.

Lang, M. 1995: Ansätze der rythmisch-musikalischen Erziehung zur motori-schen Förderung blinder Kinder, in: blind-sehbehindert 2: 88-98.

Laqueur, T. 1992: Auf den Leib geschrieben. Die Inszenierung der Geschlechter von der Antike bis Freud, Frankfurt a.M.

Latour, B. 1986: Visualization and cognition. Thinking with eyes and hands, in: Knowledge and Society: Studies in the Sociology of Culture Past and Present 6: 1-40.

Latour, B. 1998: Über technische Vermittlung, in: Rammert, W. (Hrsg.): Tech-nik und Sozialtheorie, New York/ Frankfurt a.M.: 29-81.

Laufenberg, W. 1982: Stadtpläne für Blinde und hochgradig Sehbehinderte. Tast- und sichtbare Information zur Verbesserung der Mobilität Sehge-schädigter, in: horus - Marburger Beiträge zur Integration Sehgeschä-digter 44-2: 42-45.

Law, J./ Lynch, M. 1990: Lists, field guides and the descriptive organization of seeing: Birdwatching as an exemplary observational activity, in: Lynch, M./ Woolgar, S. (Hrsg.): Representation in scientific practice, Cam-bridge: 267-299.

Lehmann, K. 1990: Handbuch des taktilen Kartenbaus. Tastbare Karten, hrsg. vom Bundesminister für Arbeit und Sozialordnung, Hamburg (For-schungsbericht).

Lehmann, K. 1993: Die Gestaltung tastbarer Karten, in: blind-sehbehindert 2: 80-85.

Lichtenberg, Georg C. 1949: Gesammelte Werke, Vol.1, Frankfurt a.M.

Lindemann, G. 1993: Das paradoxe Geschlecht, Transsexualität im Spannungsfeld von Körper, Leib und Gefühl, Frankfurt a.M.

Lüthi, R.-M. 1976: Die Bedeutung des Gehörs für den Blinden, Zürich (Diss.).

Luhmann, N. 1992: Die Wissenschaft der Gesellschaft, Frankfurt a.M.

Lusseyran, J. 1989: Das wiedergefundene Licht. Die Lebensgeschichte eines Blinden im französischen Widerstand, München.

LWL (Landschaftsverband Westfalen-Lippe, Hauptfürsorgestelle) (Hrsg.) 1993: Für Schwerbehinderte: Behinderung und Ausweis, Münster.

Lynch, M. 1985: Discipline and the Material Form of Images: An Analysis of Scientific Visibility, in: Social Studies of Science 15: 37-66.

Lynch, M. 1990: The externalized retina: Selection and mathematization in the visual documentation of objects in the life science, in: Lynch, M./ Woolgar, S. (Hrsg.): Representation of scientific practice, Cambridge: 153-186.

Lynch, M. 1993: Scientific practice and ordinary action. Ehtnomethodology and social studies of science, Cambridge.

Lynch, M./ Bogen, D. 1991: In Defense of Dada-Driven Analysis, in: Sociological Theory 9-2: 269-76.

Mauss, M. 1975: Soziologie und Anthropologie. Gabentausch – Soziologie und Psychologie – Todesvorstellung – Körpertechniken – Begriff der Person, Frankfurt am Main, Bd. 2.

McConnell-Ginet, S. 1978: Intonation in a Man's World, in: Signs: Journal of Woman in Culture and Society 3-3: 541-559.

Michel, B. 1990: Der menschliche Körper und seine gesellschaftliche Bedeutung: Phänomen, Phantasma, Mythos, Bad Homberg.

Mohn, E. 2002: Realismus als nützliche Fiktion. Spielarten des Dokumentierens in den Kulturwissenschaften, Stuttgart.

Mosel, G. 1995: 150 Jahre Blindenbildung in Hannover 1845 - 1995. Chronik, Hannover.

Müller, D. & Co 1999: Behandlungsanweisung für künstliche Augen aus Glas, hrsg. von der Vereinigung deutscher Kunstaugen-Institute e.V., Bremen.

Mulkay, M. 1979: Science and the Sociology of Knowledge, London.

Musée d'Art Moderne/ Societé des Amis du Musée d'Art Moderne (Hrsg.) 1986: 1960 Les Nouveaux Realistes, Paris (Catalogue).

Nassehi, A. 1999: Die Paradoxie der Sichtbarkeit. Für eine epistemologische Verunsicherung der (Kultur)Soziologie, in: Soziale Welt 50-3: 349-362.

Neff, J. 1983: Sexual Well-Being: A Goal for Young Blind Woman, in: Journal of Visual Impairment & Blindness 77-6: 296-297.

Neubert, D./ Billich, P./ Cloerkes, G. 1991: Stigmatisierung und Identität. Zur Rezeption und Weiterführung des Stigma-Ansatzes in der Behindertenforschung, in: Zeitschrift für Heilpädagogik 42: 673-688.

Neumann, J. (Hrsg.) 1995: 'Behinderung': von der Vielfalt eines Begriffs und dem Umgang damit, Tübingen.

Nielsen, L. 1993: Das Ich und der Raum. Aktives Lernen im „Kleinen Raum", Würzburg.

Parsons, T. 1968: Sozialstruktur und Persönlichkeit, Frankfurt a.M.

Révész, G. 1953: Die Formenwelt des Tastsinns, Amsterdam.

Runde, P./ Heinze, R.G. (Hrsg.) 1979: Chancengleichheit für Behinderte. Sozialwissenschaftliche Analysen für die Praxis, Neuwied/ Darmstadt.

Ryave, L. A./ Schenkein, J. N. 1974: Notes on the Art of Walking, in: Turner, Roy (Hrsg.): Ethnomethodology selected Readings, Harmonsworth/ Middlesex: 265-274.

Sachsenweger, R. (Hrsg.) 1981: Neuroophthalmologie, Stuttgart.

Sacks, O. 1992: Stumme Stimmen. Reise in die Welt der Gehörlosen, Hamburg.

Sacks, O. 1994: Der Mann, der seine Frau mit einem Hut verwechselte, Hamburg.

Saerberg, S. 1990: Blinde auf Reisen, Köln.

Schlegel, H. 1995: Integration als Prozeß gemeinsamen Lernens. Aspekte einer integrativen Bildung von blinden und hochgradig sehbehinderten Kindern, Jugendlichen und Erwachsenen in Niedersachsen, Landesbildungszentrum für Blinde, Hannover.

Schlephorst, A./ Stahl, K. 1994: Raumerfahrung bei blinden Menschen, Marburg (Hauptdiplomprüfung Allgemeine Gebäudekunde).

Schmidt, G. 1994: Schwerbehinderte und ihr Recht: ein Ratgeber für Behinderte und Angehörige, Köln.

Schmidt, R.F./ Thews, G. (Hrsg.) 1977: Physiologie des Menschen, Berlin/ Heidelberg/ New York.

Schmidt, S. J. 1988: Der radikale Konstruktivismus: ein neues Paradigma in interdisziplinären Diskurs, in: ders. (Hrsg.): Der Diskurs des radikalen Konstruktivismus, Frankfurt a.M.: 11- 88.

Schmitt, A. 1954: Helen Keller und die Sprache, Münster/ Köln.

Schneller, T./ Wildgrube, K. 1980: Medizinisch- psychologische Interventionsmöglichkeiten im kurativen Bereich, in: Schneller T. u.a. (Hrsg.): Medizinische Psychologie III. Die Integration psychologischer Konzepte in die Medizin, Stuttgart.

Schopmans, B. 1995: „Lieber lebendig als normal !" – Zur Situation behinderter Frauen, in: horus - Marburger Beiträge zur Integration Sehgeschädigter 57-3: 90-92.

Schrader, L. 1969: Sinne und Sinnesverknüpfungen, Heidelberg.

Schubert, H.-J. 1995: Demokratische Identität. Der Soziologische Pragmatismus von Charles Horton Cooley, Frankfurt a.M.

Schütz, A. 1960: Der sinnhafte Aufbau der sozialen Welt. Eine Einleitung in die verstehende Soziologie, Wien.

Schütz, A. 1972: Gesammelte Aufsätze, Studien zur soziologischen Theorie, Den Haag, Bd. 2.

Schütz, A./ Luckmann, T. 1979: Strukturen der Lebenswelt, Frankfurt a.M., Bd. 1.

Scott, R.A. 1969: The Making of Blind Man. A Study of Adult Socialization, New York.

Senden, M. 1932: Raum und Gestaltauffassung bei operierten Blindgeborenen vor und nach der Operation, Kiel.

Seuß, C. 1995: Erziehung in den Blinden- und Sehbehindertenschulen – Haben Blinde ein „Recht auf Blindismen ?", in: horus – Marburger Beiträge zur Integration Sehgeschädigter 57-3: 93-94.

Seywald, A. 1977: Körperliche Behinderung. Grundfragen einer Soziologie der Benachteiligten, Frankfurt a.M.

Shostak, M. 1982: Nisa erzählt. Das Leben einer Nomadenfrau in Afrika, Hamburg.

Simmel, G. 1968: Soziologie. Untersuchungen über Formen der Vergesellschaftung, Berlin, Bd.2.

Simon, G. 1992: Der Blick, das Sein und die Erscheinung in der antiken Optik, München.

Smith, M.E.G./ Campbell, P. 1997: Discourses on Deafness: Social Policy and the Communicative Habilitation of the Deaf, in: The Canadien Journal of Sociology 22-4: 437-456.

Soeffner, H.-G./ Raab, J. 1998: Sehtechniken. Die Medialisierung des Sehens: Schnitt und Montage als Ästhetisierungsmittel medialer Kommunikation, in: Rammert, W. (Hrsg.): Technik und Sozialtheorie, New York, Frankfurt a.M.: 121- 48.

Spradley, J. P. 1980: Participant observation, New York.

Stein, G. 1985: Poetik und Grammatik, in: dies.: Was ist englische Literatur?, Zürich: 158-190.

Stirn, V. 1998: Warum sieht diese Frau bei Mozart Blau?, in: Die Freundin 7, 11.März: 114-116.

Stoller, P. 1989: The taste of ethnographic things: the senses in anthropology, Philadelphia.

Streeck, J. 1996: Vis-à-vis an Embodied Mind, San Francisco (Paper presented to the panel „Between Cognitive Science and Anthropology: A Re-Emerging Dialgue").

Sülberg, H. 1991: Ein Leben ohne Licht, in: Geo. Das Wissen der Erde 10: 156-176.

Taylor, F.W. 1917: Die Betriebsleitung insbesondere in Werkstätten, Berlin.

Thimm, W. 1972: Soziologie – Soziologie der Behinderten – Rehabilitation, in: ders. (Hrsg.): Soziologie der Behinderten, Neuburgweiser/ Karlsruhe.

Thimm, W. 1994: Leben in Nachbarschaften. Hilfen für Menschen mit Behinderungen, Freiburg.

VzfB (Verein zur Förderung der Blindenbildung e.V.) (Hrsg.) 1991/ 1992:
Hilfsmittel für Blinde und Sehbehinderte, Hannover-Kirchrode.

VzfB (Verein zur Förderung der Blindenbildung e.V.) (Hrsg.) 1993: Einrichtungen für Blinde und Sehbehinderte, Hannover-Kirchrode.

Verein der blinden Geistesarbeiter Deutschlands e.V. und der Deutschen Blin-
denstudienanstalt, Marburg/ Lahn (Hrsg.) 1983: Taktile Pläne und Pal-
mengarten-Begleiter für Blinde und Sehbehinderte, in: horus - Marburger Beiträge zur Integration Sehgeschädigter 45-2: 36-37.

Walthes, R. 1995: Behinderung aus konstruktivistischer Sicht – dargestellt am
Beispiel der Tübinger Untersuchung zur Situation von Familien mit einem Kind mit Sehschädigung, in: Neumann, J. (Hrsg.): 'Behinderung':
von der Vielfalt eines Begriffs und dem Umgang damit, Tübingen: 89-
104.

Warren, D. H. 1984: Blindness and Early Childhood Development, American
Foundation of the blind, New York.

Welsch, W. 1993: Auf dem Weg zu einer Kultur des Hörens?, in: Paragrana.
Internationale Zeitschrift für Historische Anthropologie: Das Ohr als
Erkenntnisorgan, Berlin, Bd. 2: 87-103.

Wetterer, A. (Hrsg.) 1992: Professionen und Geschlecht: Über die Marginalisie-
rung von Frauen in hochqualifizierten Berufen, Frankfurt a.M./ New
York.

Wobbe, T./ Lindemann, G. (Hrsg.) 1994: Denkachsen. Zur theoretischen und
institutionellen Rede vom Geschlecht, Frankfurt a.M.

Woolgar, S. (Hrsg.) 1988: Knowledge and Reflexivity. New Frontiers in the
Sociology of Knowledge, London.

Wulf, C. 1984: Das gefährdete Auge. Ein Kaleidoskop der Geschichte des Sehens, in: Kamper, D./ Wulf, C. (Hrsg.): Das Schwinden der Sinne,
Frankfurt a. M.: 21-46.

# Bildnachweis

Abb. 1: Klebe, I./ Klebe, J. 1984: Durch die Augen in den Sinn. Eine popular-wissenschaftliche Darstellung über richtiges Sehen und optische Täuschungen, Berlin.

Abb. 2: Spekreijse, H. 1991: Localization of the Electromagnetic Sources of the Pattern Onset Response in Man: 211-221, in: Valberg, A./ Barry, B. Lee (Hrsg.): From Pigments to Perception. Advances in Understanding Visual Processes, New York.

Abb. 3 und 4: Robin, H. 1992: The Scientific Image. From Cave to Computer, New York.

Abb. 5: Mueller, C./ Rudolf, M. 1966: Light and Vision, London.

Abb. 6 und 7: Sinclair, S. 1985: How Animals See. Other Visions of Our World, London/ Sydney.

# Qualitative Soziologie

Herausgegeben von Klaus Amann, Bielefeld, Jörg R. Bergmann, Gießen, und Stefan Hirschauer, Bielefeld

Die Reihe "Qualitative Soziologie" präsentiert ausgewählte Beiträge aus der qualitativen Sozialforschung, die methodisch anspruchsvolle Untersuchungen mit einem dezidierten Interesse an der Weiterentwicklung soziologischer Theorie verbinden. Ihr Spektrum umfasst ethnographische Feldstudien wie Analysen mündlicher und schriftlicher Kommunikation, Arbeiten zur historischen Sozialforschung wie zur Visuellen Soziologie. Die Reihe versammelt ohne Beschränkung auf bestimmte Gegenstände originelle Beiträge zur Wissenssoziologie, zur Interaktions- und Organisationsanalyse, zur Sprach- und Kultursoziologie wie zur Methodologie qualitativer Sozialforschung und sie ist offen für Arbeiten aus den angrenzenden Kulturwissenschaften. Sie bietet ein Forum für Publikationen, in denen sich weltoffenes Forschen, methodologisches Reflektieren und analytisches Arbeiten wechselseitig verschränken. Nicht zuletzt soll die Reihe "Qualitative Soziologie" den Sinn dafür schärfen, wie die Soziologie selbst an sozialer Praxis teilhat.

Band 1
## Asylgewährung
Eine ethnographische Verfahrensanalyse
**von Thomas Scheffer**

2001. 249 S. kt. € 23,- / sFr 41,20.
(ISBN 3-8282-0165-2)

Asyl wird nicht anerkannt, sondern in überschaubarer Zahl gewährt. Die praktizierte Asylgewährung fungiert als Filter zwischen globalen Wanderungs- und Fluchtbewegungen auf der einen und dem nationalen Wohlfahrtsstaat auf der anderen Seite. Das Asyl fußt auf einem höchst eigensinnigen und eigenmächtigen Prüfverfahren, das mit "unsichtbarer Hand" und abgekoppelt von den je aktuellen Flüchtlingskrisen immer wieder neu stabile Anerkennungsquoten fabriziert.

Die Frage, wie diese Regulation praktisch ermöglicht und vollzogen wird, steht im Zentrum der detailreichen Feldstudie des Autors. Seine Beobachtungen zum Asylverfahren führten ihn zu den Kontrollgängen an der "grünen Grenze" Ostdeutschlands, zu den Prozeduren einer Erstaufnahmeeinrichtung, zu den "aufenthaltsbeendenden Maßnahmen" einer Zentralen Ausländerbehörde und zur Endstation Abschiebehaft. Die Fülle an Material wird wie in einem Brennglas auf die entscheidende Asylanhörung und deren Nachspiel gerichtet. Scheffer zeigt lebensnah, wie die bürokratische Mühle mahlt - und auch zuweilen ins Stottern gerät.

Die Studie ist eine bislang einmalige Praxis-Analyse des Asylverfahrens. Sie liefert das nötige Detail- und Hintergrundwissen für all jene, denen an einer Versachlichung der wiederkehrenden Asyl- und Migrationsdebatte gelegen ist. Zusätzlich entwickelt sie Konzepte für eine neue, realistische Soziologie verfahrensförmiger Vermachtung, bürokratischer Organisation und staatlicher Herrschaft.

 **LUCIUS**
α **LUCIUS** *Stuttgart*

# Qualitative Soziologie

Herausgegeben von Klaus Amann, Bielefeld, Jörg R. Bergmann, Gießen, und Stefan Hirschauer, Bielefeld

Band 2

## Weit hergeholte Fakten

Eine Parabel der Entwicklungshilfe

**von Richard Rottenburg**

2002. VI/271 S. kt.
€ 25,- / sFr 43,80
ISBN 3-8282-0213-6

Entwicklungskooperation lebt vom Mitteltransfer aus den reichen Ländern des Nordens in die armen Länder des Südens. Der Autor seziert die Anatomie dieses Transfers auf der Grundlage umfangreichen ethnographischen Materials. Er konfrontiert uns mit der zentralen Aporie des offiziellen Entwicklungsdiskurses, die mit großem Aufwand unsichtbar gehalten wird: Um den Erfolg der Förderung berechenbar kontrollieren zu können, werden zusammen mit den Mitteln unvermeidbar Zwecke, Verfahren und Modelle transferiert, die in einen unauflösbaren Widerspruch zum politischen Ziel eigenverantwortlicher Entwicklung geraten. Beide Seiten der Kooperation suchen kommunikative Übereinstimmung auf der Ebene objektivierungsfähiger technischer und organisatorischer Lösungen, die überall gelten sollen. Jenseits dieser 'weit hergeholten Fakten' versuchen sie ihre kulturelle Heterogenität als politisch heikles Thema auszuklammern. Die Studie zeigt, daß dieses Lösungsmuster zu einer selbstgeschaffenen Falle wird. Was gemeinhin als kleinster gemeinsamer Nenner einer partnerschaftlichen Zusammenarbeit gilt, entpuppt sich als Hauptursache ihres Scheiterns.

Band 3

## Filming Culture

Spielarten des Dokumentierens nach der Repräsentationskrise

**von Elisabeth Mohn**

2002. XVI/242 S., 37 Abb., kt.
€ 29,- / sFr 51,-.
ISBN 3-8282-0214-4

In Kulturanthropologie und Soziologie findet seit den 80er Jahren ein "Eiertanz" um die erkenntnistheoretische Orientierung qualitativer Forschung statt. Einerseits ist man vorsichtig geworden gegenüber naturalistischen Annahmen, andererseits lassen sich solche Annahmen in der Forschungspraxis aber auch nicht einfach (de)konstruktivistisch verabschieden. Diese Problematik spitzt sich beim Gebrauch von Video und Film in Forschungsprozessen noch zu. In dieser Ausgangslage unternimmt die Autorin eine vergleichende Analyse von Konzepten des Dokumentierens in der Visuellen Anthropologie, der Ethnomethodologie und der soziologischen Ethnographie. Aus der Perspektive einer methodologischen Supervision heraus kommt die innere Rationalität jeder untersuchten Forschungshaltung zur Geltung. Der Vergleich zeigt, dass sich Positionen, die sich erkenntnistheoretisch bestreiten, praxeologisch aufs Trefflichste ergänzen. Die Autorin plädiert daher für eine kulturwissenschaftliche Forschungspraxis, die "Orthodoxiekosten" vermeidet und pragmatische Wechsel zwischen epistemologischen Registern anstrebt.

  Stuttgart

# Wörterbuch der Soziologie

Herausgegeben von Prof. Dr. Günter Endruweit, Kiel, und

Prof. Dr. Gisela Trommsdorff, Konstanz.

Unter Mitarbeit zahlreicher Fachautoren.

2. völlig neubearb. u. erw. A.

2002. X/753 S., kt., € 34,90 / sFr 57,80

ISBN 3-8282-0172-5

UTB 2232 (ISBN 3-8252-2232-2)

In dieser zweiten grundlegend neubearbeiteten und erweiterten Auflage geben Fachwissenschaftler aus dem gesamten deutschsprachigen Raum in über 400 z.T. relativ umfangreichen Stichworten einen fundierten, übersichtlichen und aktuellen Überblick über das heutige soziologische Wissen und derzeitige Forschungstendenzen, ergänzt um aktuelle Literaturhinweise.

Das schon in der 1. Auflage sehr erfolgreiche Wörterbuch wird damit wieder ein unentbehrliches Arbeitsmittel für Studenten, Fachwissenschaftler und auch Interessierte aus benachbarten Disziplinen sein.

# Neue Entwicklungen in der soziologischen Theorie

Auf dem Weg zu einem gemeinsamen Verständnis der Grundprobleme

von Andreas Balog

2001. 386 Seiten, kt. € 19,90 / sfr 37,-
ISBN 3-8282-0159-8
UTB 2202 (ISBN 3-8252-2202-0)

Angefangen mit den Klassikern werden in diesem Buch bekannte Soziologen wie Durkheim, Weber, Habermas oder Giddens, aber auch im deutschen Sprachraum weniger bekannte neue Autoren mit ihren Theorien diskutiert.

Auf den ersten Blick präsentiert sich soziologische Theorie als eine chaotische Vielfalt von Ansätzen und Richtungen, deren Verhältnis zueinander ungeklärt und kontrovers ist. In diesem Buch wird diese Sichtweise aufgrund einer Analyse der Entwicklung der Theorien in den letzten Jahrzehnten widerlegt. Die Entwicklung der Theorien weist eine rekonstruierbare Ordnung auf, die besonders auch in den neueren Beiträgen erkennbar wird.

In insgesamt 14 Abschnitten wird diese neue Tendenz in ihren Verästelungen herausgearbeitet. Gleichzeitig wird gezeigt, wie schwierig die Abkehr von gewohnten Sichtweisen ist und auch wie sehr einzelne Theorien durch widersprüchliche Vorstellungen geprägt sind.

  *Stuttgart*

Zeitfracht Medien GmbH
Ferdinand-Jühlke-Straße 7
99095 Erfurt, Deutschland
produktsicherheit@kolibri360.de